CHRISTOPH RUEGER · Franz Liszt – Des Lebens Widerspruch

CHRISTOPH RUEGER

Franz Liszt
Des Lebens Widerspruch

DIE BIOGRAPHIE

Mit 98 Abbildungen

LANGEN MÜLLER

Bildnachweis

Archiv: 17, 18, 21, 22, 23, 24, 29, 33 oben, 35, 36 oben, 37, 43 oben, 43 unten, 46, 53, 54 oben links, 54 oben rechts, 54 unten links, 54 unten rechts, 55 unten, 61 unten, 64 (auch Vor- u. Nachsatz), 71 unten, 72, 79, 81, 87 oben, 87 unten links, 88 unten, 91, 97, 103 unten, 104 oben, 104 unten, 105 unten, 110, 116, 119, 121, 122 oben, 122 unten, 123 oben, 123 unten, 124 unten, 127, 133, 139 oben, 139 unten, 140, 142 oben, 142 unten, 144, 151, 153, 156, 157, 158, 174, 175 oben, 175 unten, 176, 183, 189 oben, 197, 198, 207 oben, 207 unten, 208, 209, 210 oben, 210 unten, 216, 225, 226.

Archiv für Kunst und Geschichte, Berlin: Seite 19 oben, 19 unten, 33 unten, 36 unten, 38, 55 oben, 57, 61 oben, 66, 71 oben, 87 unten links, 88 oben, 102, 103 oben, 105 oben, 106, 111, 124 oben, 141, 189 unten, 190 oben, 190 unten, 191, 192.

Vor- und Nachsatz: Skizzen zur Revolutionssinfonie, 1830, Autograph.

Für Brigitte

Inhalt

Legitimation eines Standpunktes

Meine Biographie ist weit mehr
zu erfinden als nachzuschreiben.
Liszt an Lina Ramann

Trotz dieser großzügigen Lizenz werden keine Fakten zu erfinden sein, sondern es darf vermutet, kombiniert und geschlossen werden, vor allem dort, wo es keine Überlieferung gibt.

Über Liszt schreiben heißt sich entscheiden. Denn nicht nur er selbst schillert in allen möglichen und unmöglichen Farben, sondern auch die Berichte über ihn.

Da ist als erstes die Frage seiner Nationalität. Ich habe mich entschieden, daß sein Ungarntum eine verwaltungstechnische und zeitabhängige Gegebenheit war. Liszt ist Europäer, auf ungarischem Territorium geboren, abstammend von österreichischen Eltern, von der deutschen zur französischen Sprache in Denken und Schreiben umgeschwenkt, in Paris zum Mann gereift und von der Neudeutschen Komponistenschule zum Haupt ernannt, schließlich aber pendelnd zwischen Italien, Deutschland und Ungarn.

Liszt war eitel und selbstlos, war tief gläubig und stark sinnlich. Wer von uns kennt derartige (scheinbare) Widersprüche nicht auch in sich selbst? Diese Widersprüche, das darf ich als Standpunkt zu Liszt anmelden, sind das Leben; spätestens seit dem Garten Eden gehört der Widerspruch dazu. Der herrliche, zerstörerische, zeugende und schmerzhaft-selige Riß, der durch die Schöpfung geht. Die Menschen haben gelernt, mit ihm zu leben, und die Kunst lebt sogar *aus* ihm.

Die Biographen haben fast jeder einen anderen, für sich überzeugenden Liszt vorgeführt. Die Praxis, ihn entweder auf den Don Juan oder den Asketen, auf den treusorgenden Familienvater oder auf den Revolutionär und Patrioten festzulegen, hat Tradition und macht es sich bequem – wie jede

Einseitigkeit. Gerecht wird ihm keine dieser Lesarten. Ich mußte mich entscheiden: Er hat von allem etwas.

> Es bildet ein Talent sich in der Stille,
> sich ein Charakter in dem Strom der Welt.
> *Goethe in »Torquato Tasso«*

Ihm wollte er nacheifern – in Goethes Stadt, in Weimar. Und er hatte sogar
seinen (Ton-)»Dichterfreund« parat – in der Person Wagners. Aber er kam
als Europäer, als Kosmopolit in die verschlafene Ilmresidenz.
Doch sind gerade in dieser Abgeschiedenheit zeitlose Werke entstanden,
die ganze Generationen von Komponisten anregen werden – etwa Smetana
zu seiner »Moldau«, Tschaikowski zu »Romeo und Julia« oder Richard
Strauss zu »Till Eulenspiegel« und »Don Juan«...
Liszt war *der* Virtuose seines Jahrhunderts und wurde ein zukunftsweisen-
der Komponist, aber primär war er *Persönlichkeit*: kreativ und kommunika-
tiv wie kaum ein anderer. In der »Stille« hat er sich präpariert – noch vor
Paris, im brodelnden Europa zwischen den Revolutionen von 1830 und
1848 als »Charakter« herausgeformt. Er war stets unterwegs – und das nicht
nur räumlich (er hat nachweisbar innerhalb von 25 Jahren zweimal den Erd-
ball umrundet; in den restlichen Jahren dürfte er mindestens ein drittes Mal
um den Globus gereist sein). Er hörte nie auf, zu experimentieren und zu
erkunden. Liszt hat nicht nur das Klavier studiert, sondern auch die Bühne
und das Publikum, dann die Literatur und Philosophie seiner Zeit und nicht
zu vergessen – das Dirigieren und Komponieren.
Selbst in Alltagsbereiche hat Liszt Anspruch hineingebracht: Salonmusik
wird bei ihm Konzertliteratur. Eine Melodie, die ihn heute als Komponisten weltbekannt gemacht hat, ist der As-Dur-*Liebestraum*. Doch hinter dieser längst auch von der Popmusik aufgegriffenen »Melodie« verbirgt sich
ein grandioser Einfall – versuchen Sie doch mal, den Anfang nachzusingen!
Sie werden merken, daß das nur ein und derselbe Ton ist, aber innerlich die
wechselnden Harmonien hören, die sich Ihnen – einmal vernommen – un-
auslöschlich eingeprägt haben... Farbenspiel der Klänge!
Liszt – ein Mensch und Künstler, spannend wie sein Jahrhundert, das neun-
zehnte, magisch und universal wie seine Kunst, die Musik.

Christoph Rueger

Panorama Europa – Ein Kontinent häutet sich

> Es ist schon ein eigenartiges Erlebnis,
> den Mann unter uns weilen zu sehen,
> der dieses Jahrhundert der Musik so
> ungemein geprägt hat... Er hat die
> Welt gekannt, die schönen Seiten des
> Lebens geliebt und aus allem seine Vita
> geschaffen. An ihm kann man ablesen,
> wie es in diesem Jahrhundert war.
>
> *L'Ambassadeur, Paris 1885*

Bei den meisten Geistesgrößen könnte man eine Einführung überschreiben: »Land und Leute«. Bei Franz Liszt gibt es kein Land, bei ihm gibt es von Anfang an nur – *Europa.*

Und was für ein Europa! Der alte Kontinent im Umbruch, im Aufbruch, im Chaos, im Gärungsprozeß, im schicksalhaften Wechsel von Evolution und Revolution.

Durch die Napoleonischen Kriege hatten sich die europäischen Nationen sozusagen unfreiwillig kennengelernt. Russen kämpften vor Waterloo, Franzosen verließen das brennende Moskau, Engländer siegten in Spanien. Seit der Französischen Revolution war die alte Welt nicht mehr zur Ruhe gekommen. Immer wieder und allerorten fanden sich blinde oder unfähige Herrscher wie Louis XVI. und seine Marie-Antoinette oder zynische Décadents wie ihre Höflinge, die dem Rad der Geschichte kräftig in die Speichen griffen, auch wenn es sie dann selbst überrollen sollte. Und überall und ständig fanden sich todesmutige, ja fanatische Kämpfer gegen Bevormundung und Sklaverei, für Gedankenfreiheit und Menschenwürde, für das Privileg des Individuums und den Vorrang des Gemeinwohls vor Fürstenwillkür.

Es gab keine isolierten politischen Erschütterungen mehr. Die revolutionären Wogen erfaßten ganz Europa. Am längsten blieb dem 18. Jahrhundert verhaftet das ferne Rußland. Dort folgte auf den relativ liberalen Alexander (Napoleons Gegenspieler) Nikolaus I., von der zaristischen Geschichtsschreibung zweifelhaft »der Große« genannt; er regierte unerfreulich lange und machte sich selbst zum Anwalt des Gestern. Wo immer das Morgen zaghaft sich hervorwagte, war Nikolaus mit seinen Divisionen zur

Stelle und verhalf der Reaktion zum Sieg – so bei der Niederschlagung des ungarischen Freiheitskampfes 1848.

Diesem Hort der Reaktion auch geographisch entgegengesetzt war der andere Pol des politischen Europa – Frankreich; an zwei Seiten vom Meer umspült, nach Süden durch die Pyrenäen vom stillen Spanien abgeschottet, nach Osten gefährlich offen. Über diese natürliche Grenze, den Rhein, flogen die gewagten Gedanken und schwärmten die Boten des Fortschritts aus. In Paris konzentrierte sich die künstlerische und geistige Elite des Kontinents. Liszt und Chopin taten das Richtige, sich dieser Stadt zuzuwenden. Sie wählten damit die Zukunft.

Aus unerfindlichen Gründen läßt der »Kulturfahrplan« der Geschichte immer wieder einmal Künstler ein und derselben Disziplin gleich scharenweise starten. Bach, Händel und Scarlatti wurden 1685 geboren, die beiden Operngrößen des 19. Jahrhunderts – Wagner und Verdi – im Jahr der Völkerschlacht bei Leipzig, als Napoleon seine erste, nicht wieder aufzuholende Niederlage erlitt, 1813.

Aber es ist einigermaßen verblüffend, daß ebenfalls um diese Zeit die drei größten Klavierkomponisten ihres Jahrhunderts zur Welt kamen – Chopin und Schumann (dem ein falsches Training die Virtuosenkarriere verdorben hatte) 1810, *Franz Liszt* 1811. Chopin wird an Tuberkulose noch vor der Jahrhundertmitte sterben, Schumann wenig später in einer Irrenanstalt enden.

Das aktive, bewußt gestaltete Leben des Franz Liszt, der über eine vergleichsweise robustere Konstitution verfügte, legt sich symmetrisch um die Jahrhundertmitte – jeweils dreieinhalb Jahrzehnte vor und nach 1850. Damit umspannt sein Leben die entscheidenden politischen Ereignisse in Europa: 1815 Wiener Kongreß, Neuordnung Europas nach dem Stand vor Napoleons gigantischen Umformungen. In Frankreich wird der unpopuläre Ludwig XVIII. König – ein Bourbone; Perücke und Rokoko werden rehabilitiert, das moderne Empire unterdrückt. 1830 fegt die Julirevolution den arroganten Nachfolger Ludwigs XVIII., Karl X., vom Thron. Den besteigt jetzt Louis Philippe, der Bürgerkönig. Zur selben Zeit gärt es in Polen gegen die russische Besetzung. Der Aufstand wird blutig niedergeschlagen; Chopin war rechtzeitig nach Paris gegangen.

1848 erreichte die Unzufriedenheit mit dem Bürgerkönigtum und seiner Finanzmoral ihren Höhepunkt: Louis Philippe wird verjagt und die Republik ausgerufen, die zweite.

Es brodelt in ganz Europa: Wagner, Kgl. Sächsischer Hofkapellmeister, steht auf den Dresdener Barrikaden; aus Wien flieht Metternich; in Berlin verneigt sich der König vor den »Märzgefallenen«. Doch die Demokratisierung, die jetzt allenthalben zur Beschwichtigung der Völker einsetzt, ist nur eine halbe Sache. Schon bald gelingt es dem Neffen Napoleons I., sich mit einem Staatsstreich zum zweiten Kaiser der Franzosen zu machen. Inzwischen ist auch der ungarische Aufstand niedergeschlagen – mit des Zaren Hilfe; man findet einen bemerkenswerten Kompromiß: Ungarn wird autonome Monarchie, der österreichische Kaiser ist zugleich ungarischer König. Liszt schreibt die Krönungsmesse.

Nach dem Tod des »Gendarmen Europas« wird Alexander II. den überfälligen Forderungen nach Aufhebung der Leibeigenschaft (der russischen Version der Sklaverei) gerecht. Doch blieb diese Aufhebung letztlich nur Papier, denn die Bauern mußten sich erst »freikaufen«, was nur über Generationen möglich war.

In Deutschland formt Otto von Bismarck – wenn auch als Kunstprodukt und auf den Schultern eines besiegten Frankreich – 1871 ein neues Kaiserreich. Realpolitiker und Diplomat mit Gespür für Kompromisse, hatte er erkannt, daß man sich vom schwerfälligen Vielvölkerkoloß Österreich-Ungarn trennen müsse, wollte man flexibel auf die Forderungen der Zeit reagieren. *[no way!]*

Mit der Proklamation des Deutschen Kaiserreichs geht zugleich das französische zu Ende; eine eigentümliche Wachablösung – Napoleon III. an Wilhelm I. Nach den Wirren der Pariser Commune und ihrer blutigen Liquidierung erhält Frankreich seine nächste Republik, die dritte.

Liszt befindet sich nun schon in seiner Dreieck-Phase und pendelt alljährlich zwischen dem verschlafenen Weimar, dem konservativen Rom und dem aufblühenden Budapest, dem habsburgische Subventions- und Präventivpolitik die Atmosphäre eines mondänen Kurorts mit Casinobetrieb verlieh. Liszt erlebt noch, wie sein agiler Freund Wagner den labilen Bayernkönig Ludwig II. so weit bringt, daß der sein Bayreuth-Projekt großzügig finanziert, den (bescheidenen) Rest steuert der deutsche Kaiser bei – 1876 kann das Festspielhaus in Anwesenheit Wilhelms I. als aktuelles Symbol gesamtdeutscher Kulturpflege eröffnet werden.

Aber Liszts Profil ist längst geprägt. Paris, das brodelnde Paris der Jahre um 1830, hat ihn geformt – seine Romantik, sein künstlerisches und politisches Kosmopolitentum, seine soziale und ästhetische Weltsicht.

In die Lebenszeit des Künstlers 1811 bis 1886 fallen aber auch epochale Erfindungen und zivilisationsgeschichtliche Neuerungen: Lokomotive und Eisenbahnnetz, Zollverein, Telegraf (Samuel Morse) und Telefon, Straßenbahn und Gasbeleuchtung. Die Rotationspresse läßt die Auflage der Tageszeitungen sprunghaft anschwellen, jetzt enthalten sie zunehmend Werbung, Veranstaltungshinweise, Kritiken und neuerdings auch Fortsetzungsromane. Auf dem Gebiet des Instrumentenbaus ermöglicht die Einführung des Eisenrahmens ab Jahrhundertmitte die Massenfabrikation von Flügeln und Klavieren; diese wiederum wird Voraussetzung für den Aufschwung der Klaviermusik und den wachsenden Bedarf an Kompositionen für dieses Instrument. Die »Repetitionsmechanik« des Parisers Sébastien Érard (der Listzs erste Tourneen finanziert) verbessert die Spielbarkeit und schafft überhaupt erst die Grundlage für Liszts überwältigende Virtuosität. Auch das Weltgefühl, der Zeitgeist, verändert sich. Bis zu den 48er Revolutionen liegt der Akzent auf der Freiheit der Individualität, der Liebe, des Volkes. Lord Byron geht nach Griechenland, um gegen die türkische Fremdherrschaft zu kämpfen; Heine schreibt sein Gedicht über die schlesischen Weber und verspottet »Ritter Franz«, weil der mit seinem ungarischen Ehrensäbel nur Konzerte gibt, aber keinen Streich riskiert; Liszt wiederum komponiert für die aufständischen Seidenweber in Lyon; Chopin spielt – wenn auch im eleganten Pariser Salon – für Polen; Liszt nährt die Sympathie für das unterdrückte Ungarn und läßt sich von ihr tragen.

Seinen Weg säumen Frauen. Marie d'Agoult verläßt – welch eine Schande, eine Liebschaft so ernst zu nehmen – ihre Familie und gemeinsam mit Liszt Paris; George Sand pfeift auf die Konvention und läßt die Künstler der Metropole Revue passieren, ihr Verhältnis zu Chopin ist ein Spiel mit vertauschten Rollen – wie sie ja selbst auch Männerkleidung bevorzugt. Liszts Abenteuer mit der Tänzerin Lola Montez zeigt eine ihrer Waffen bewußte Frau, die einen König zum Abdanken gebracht hat – Ludwig I. von Bayern. Und das im gesitteten München, wo man über derlei Skandale hinter vorgehaltener Hand und mit wohligem Gruseln sprach. Dort gibt es bald einen ebenso spannenden Skandal: Liszts Tochter Cosima verläßt Hans von Bülow – mit allen vier Kindern –, um mit Wagner zu leben.

Liszt also mitten im Umbruch der Zeiten, im Gären eines Kontinents, im Wandel von Tradition und ethischen Maßstäben.

Da braucht es entweder eine krasse Egozentrik wie im Fall Wagner oder ein starkes kommunikativ-kreatives Profil wie bei Liszt, um seinen eigenen Kurs, sein Selbst zu wahren. Wenn Wagners Devise lauten könnte: Der Zweck heiligt die Mittel, so würde auf Liszt am ehesten das Wort des Thomas von Aquin zutreffen: *Bonum est diffusivum sui* – Das Gute liegt im Sich-Verströmen.

Der Start

Napoleon abgeblitzt – Ein Esterházy verweigert sich

Unter den ungarischen Großgrundbesitzern oder – wie man dort sagte – Magnaten gehörten die Esterházy zu den reichsten und angesehensten. Über Generationen hinweg wirkten sie als Mäzene und wurden dadurch für die Musikgeschichte wesentlich. Stammvater Paul, 1687 zum Fürsten von Galantha erhoben, war ein guter Cembalospieler und komponierte sogar; der Enkel Paul Anton holte 1761 Joseph Haydn als Vizekapellmeister nach Eisenstadt (Kismarton). Sein Bruder und Nachfolger Nikolaus Joseph war österreichischer Feldmarschall und wurde der »Prachtliebende« genannt. Er ließ das Schloßtheater bauen, erweiterte das Orchester und galt als Virtuose auf dem Baryton (einer Art Gambe), für das ihm Haydn über 200 Kompositionen schreiben mußte. Unter Nikolaus Joseph wurde der

dann Hofkapellmeister. Sohn Paul Anton löste zwar die Kapelle auf, zahlte Haydn aber eine Pension. Enkel Nikolaus (regierte ab 1794) baute das Orchester wieder auf, kümmerte sich weiterhin um Haydn und bestellte bei Beethoven eine Messe. Sein Hofkapellmeister war 1804 bis 1811 Johann Nepomuk Hummel, später in Weimar einer der Vorgänger von Franz Liszt.

Von Beethoven weiß man, daß er das schmeichelhafte Angebot, als Hofkapellmeister zum König von Westfalen, Napoleons Bruder, nach Kassel zu gehen, wohlweislich ausschlug. Der Volkstribun Buonaparte hatte ihn zutiefst enttäuscht, als er sich zum Kaiser ausrief.

Von Nikolaus Esterházy ist kaum bekannt, daß ihm »l'Empereur« 1809 ein noch schmeichelhafteres Angebot machte: Er

Joseph Haydn. Scherenschnitt von Rossini.
Der italienische Meister war nicht nur genialer
Komponist und Feinschmeckerkoch,
sondern besaß auch bildkünstlerisches Talent

Eisenstadt (Kismarton), Schloß der Fürsten Esterházy. Stahlstich nach Ludwig Rohbock um 1857. Am Hofe dieser ungarischen Magnaten wirkten Haydn und J. N. Hummel; Liszts Vater spielte zeitweilig in der fürstlichen Kapelle mit

sollte ungarischer König werden! Doch der Fürst ließ sich nicht »umdrehen«, blieb dem »Ancien régime« treu und schien das Ende des französischen Spuks nur abzuwarten – echter Gefolgsmann der Habsburger Monarchie. Hatte er doch noch 1797 eintausend Freiwillige gegen die jakobinische Armee gestellt zur Verteidigung der alten Ordnung. Kriege kosteten Geld, und was zuvor der Kampf *gegen* die Franzosen war, wurde ab 1809 die Allianzpflicht *für* Napoleon. Er hatte sich auf erpresserische Weise der Bündnistreue Habsburgs versichert: durch seine Vermählung 1810 mit der Kaisertochter Marie Louise, die ihm dann auch den ersehnten Thronerben, den König von Rom, zur Welt brachte. Das erleichterte Aufatmen Österreichs beim Sturz des Emporkömmlings ist gut zu verstehen; dafür nahm man vorübergehend auch den Rückfall ins 18. Jahrhundert in Kauf und die ganze reaktionäre Innenpolitik des allmächtigen Metternich

Der Wiener Kongreß. Nach einem Gemälde
von Jean-Baptiste Isabey (1767-1855).
Links am Rande stehend Wellington, vor ihm
sitzend Hardenberg, neben ihm stehend
Metternich, rechts außen Talleyrand
(am Tisch sitzend), hinter ihm stehend
W. v. Humboldt

Johann Nepomuk Hummel. Kupferstich von
F. Fleischmann nach F. H. Müller 1822.
Ursprünglich sollte Hummel den jungen
Franz unterrichten; der Plan scheiterte an
den Honorarforderungen. Hummel wurde
später einer der Amtsvorgänger Liszts am
Weimarer Hof

nach dem Wiener Kongreß. Es hatte nun eben alles wieder seinen »Schick«.

Es gehört zu den Kuriosa der Musikgeschichte, daß Haydn, der 30 Jahre, ohne zu murren, die Livree eines Hofbediensteten getragen hatte, daß Joseph Haydn – das personifizierte 18. Jahrhundert – und der rebellische Franz Liszt, *der* Vertreter der neuen Zeit, Untertanen ein und desselben ungarischen Magnaten waren und sich nur um zwei Jahre verfehlt haben: Haydn starb 1809, 1811 wurde Liszt geboren. Immerhin gilt es als sicher, daß Vater Liszt Haydn noch gekannt hat.

Väter und Söhne – Franz als Hoffnungsträger

Adam Liszt gehörte zu den Vätern, die sich nichts sehnlicher wünschen, als daß ihre Söhne einmal verwirklichen, was ihnen selbst versagt geblieben war. Im Stammbaum ist er sozusagen die Generalprobe für den »Auftritt« des Komponisten. Der Urgroßvater namens Sebastian (noch Zeitgenosse Bachs) war Kätner, mehr weiß man nicht. Sein Sohn Georg Adam, ein vielseitig begabter Mann, arbeitete als Lehrer, Notar und Schreiber, spielte nebenbei Orgel und Violine und hat sich später besonders um den Knabenchor seiner Dorfkirche gekümmert. Sein größtes Verdienst vor der europäischen Musikgeschichte bestand darin, daß er Sohn Adam (1777–1827) sorgfältig in der Tonkunst unterweisen ließ: Klavier, Violine, Cello und Kontrapunkt. Adam Liszt sang im Chor mit, spielte im Orchester und trug drei Jahre lang sogar die Livree der Musiker. Nicht nur, daß er so ein solides Repertoire an weltlicher und geistlicher Musik kennenlernte, er komponierte auch, unter anderem ein »Tedeum« für Chor und Orchester.

Nur die dürftigen häuslichen Verhältnisse, in denen Adam mit einer Vielzahl jüngerer Geschwister aufgewachsen war, hatten den begabten jungen Mann seinerzeit gezwungen, ein Philosophiestudium abzubrechen und beim Fürsten Dienst zu suchen. Ohne sein Vorbild wäre Franz wohl kaum auf die Idee gekommen, Musiker zu werden; und ohne die einstigen eigenen Ambitionen hätte Adam Liszt wohl nie die Kraft aufgebracht, sein ganzes weiteres Leben der Ausbildung und der Karriere seines Sohnes zu widmen.

Als Schreiber diente er sich rasch nach oben und landete schon 1805 in der »Zentrale« des Fürstentums, in Eisenstadt, wo damals noch wirklich Hof gehalten wurde. Hier dürfte er auch Haydn kennengelernt haben, der als Hof-

Adam Liszt, anonyme Guasch 1819. Er war der erste Klavierlehrer seines Sohnes und ▶ Initiator seiner Virtuosenkarriere. Sein unerwarteter Tod zwang Franz Liszt zu früher Selbständigkeit

Raiding (Doborján), Liszts Geburtshaus

kapellmeister »von Haus aus« (also nicht mit ständiger Anwesenheits-
pflicht) bei Festen etc. von Wien herüberkam, und hier hat er sich mit dem
fürstlichen Konzertmeister und späteren Hofkapellmeister Hummel ange-
freundet.
Der war noch Mozarts Schüler und schon als Kind ein berühmter Pianist
gewesen. Als Adam Liszt ihn spielen hörte, soll er beschlossen haben, selbst
mit dem Klavier aufzuhören. Andere Biographen versichern das Gegenteil:
Hummel habe ihn dazu gebracht, sich verstärkt dem Instrument zu widmen. So oder so, das Klavierspiel des Vaters war ein Grunderlebnis für die
Entwicklung des späteren Komponisten.
Als tüchtiger Verwaltungsbeamter brauchte Liszt senior nicht lange auf Beförderung zu warten: 1808 wurde er Rechnungsführer, aber wo! In Raiding
(Doborján), Komitat Ödenburg (Sopron), 50 km von Eisenstadt entfernt.
Der Zugang zur Außenwelt bestand in einem einzigen, ungepflasterten
Weg, es war eine Beförderung ins Abseits ... Einige Hütten, nur ein größe-
res Haus, das des Verwalters der fürstlichen Schäferei, Adam Liszt. Hierher
holt er seine Braut, die Bäckerstochter Maria Anna Laager, aus Krems. Am

Anna Liszt, geborene Laager, Bäckerstochter aus Krems, Pastell von L. Demarey 1832, ▶
Ausschnitt. Bis zu ihrem Tod 1866 in Paris gab sie Franz Liszt immer wieder Rückhalt
und gelegentliche Korrekturen; auch zog sie vorübergehend seine drei Kinder auf

22. Oktober 1811 bringt sie ihr erstes und einziges Kind zur Welt. Die einfache, stets nüchtern denkende Frau wird den Lebensweg des Sohnes noch bis 1866 begleiten und auf seine komplizierte Psyche stets einen günstigen, ausgleichenden Einfluß ausüben. Sie blickt hinter seine glänzende Hülle; in einer Krise wird sie ihn davon abhalten, Priester statt Musiker zu werden.

Napoleon II. Zeitgenössischer Stich. Der Sohn Napoleons I. und seiner zweiten Gemahlin Marie Louise wurde im selben Jahr und unter demselben Kometen geboren wie Liszt. In der Geschichtsschreibung figuriert er als König von Rom und – nach seines Vaters Sturz und Verbannung – als Herzog von Reichstadt. Die Bonapartisten zählen ihn als zweiten Napoleon

Es gab damals einen Kometen, der Aufsehen erregte: Wie Franz war unter ihm auch der König von Rom geboren (von den Bonapartisten als Napoleon II. gezählt). Ihm wird der Stern Unglück bringen. Es handelte sich um den Kometen 1811-I, der damals noch in einer Entfernung von mehr als 60 Millionen Meilen gesehen werden konnte. Sein Entdecker Wilhelm Olbers, Astronom und Arzt aus Bremen, versichert, es sei von »ungemeinem Vorteil, unter diesem Stern geboren zu werden. Denn der Komet zeigt sich vom Kern her sehr hart und günstig. Und günstig wird seine lange Bahn sein. Noch ist er ein wohlleuchtender Punkt, aber die gleißende Hülle zeigt sich alsbald. . . Wir haben es mit einem Phänomen zu tun, das in diesem Jahrhundert nicht alltäglich ist.« Es klingt wie ein Orakel für den Virtuosen und Komponisten Franz Liszt.

In seiner Biographie wird dieser Komet denn auch noch manches Mal auftauchen. So schreibt der Vater vor der Abreise nach Wien ins Tagebuch:

»Vertrauen auf Gott... Seine Hand über uns und dem Franz. Amen... Wahrlich, der Komete war gut!« Und als Liszt 1850 in Weimar Wagners
»Lohengrin« uraufführt, nennt er das Werk einen »Kometen, der auf der
neuen Bahn« der Zukunftsmusik voranziehen wird. Die Großherzogin
greift das Bild auf: »Von Kometen haben Sie… schon immer viel gehalten;
schließlich sind Sie unter einem solchen Zeichen geboren worden...«
Dramatisches hielt das Jahr 1812 bereit: Napoleon fiel in Rußland ein,
Moskau wurde von den Russen angezündet, die Große Armee zog sich in
kläglichen Resten nach Frankreich zurück, die nationalen Kräfte in Österreich schnupperten Morgenluft. In Raiding große Aufregung aus anderem
Anlaß: Großvater Georg Adam war vom Dienstherrn fristlos entlassen worden (vielleicht hatte er aus Not Unterschlagungen begangen) und stand mit
seiner großen Familie plötzlich mittellos da. Sohn Adam, der erfolgreiche
Beamte, nahm Vater und Geschwister in sein Haus auf und bat den Fürsten
für den Vater »fußfällig um gnädige Lossprechung«. Erst viel später ver-
diente sich Georg Adam sein Brot wieder selbst, als Fabrikarbeiter. Sein
Trost war das Orgelspiel. Doch auch der Sohn mußte sich über die Öde und
Monotonie des Provinzlebens hinweghelfen. *Sein* Trost war das Klavierspiel. Und damit beginnt die schöpferische Biographie von Franz Liszt.

List statt Lischt: also »Liszt« – Auftakt auf dem Lande

Zuerst war es der Vater, der aus taktischen Gründen behauptete, Franz sei
ungarischer Abstammung. Als er die magyarischen Aristokraten so weit gebracht hatte, daß sie dem Jungen ein jährliches Stipendium stifteten, bedankte er sich als Patriot und schrieb für seinen Sohn in der Presseankündi-
gung des ersten Pester Konzerts: »Ich bin ein Ungar und kenne kein
größeres Glück, als die ersten Früchte meiner Erziehung und Bildung meinem teuren Vaterlande als das erste Opfer innigster Anhänglichkeit vor meiner Abreise nach Frankreich und England ehrfurchtsvoll darzubringen.«
Später bezeichnete sich der Künstler selbst gern als Ungar. Das stimmte
rein verwaltungsmäßig, und es machte sich gut, schließlich war Chopin
Halbpole, und das kam bei den Leuten bestens an. Es ist unwahrscheinlich,
daß Liszt wirklich geglaubt haben sollte, magyarischer Abstammung zu sein.
Eher könnte er – romantisch wie er war – angenommen haben, daß etwas
Zigeunerblut in seinen Adern fließt. Und Magyaren und Zigeuner waren
für ihn ohnehin eine Einheit. So wehrte er sich nicht, sondern ließ es sogar
gern geschehen, daß man für ihn 1840 einen Adelsstammbaum aus einem
alten ungarischen Geschlecht zimmerte.
Die Fakten sind etwas verworren. Eine reine Österreicherin war die Mutter; Vater Liszt kam wie dann der Sohn aus einem Landstrich der Doppel-

monarchie, der rund zweieinhalb Jahrhunderte von Ungarn verwaltet wurde. Das Burgenland, zu dem Raiding gehört, war als deutschsprachiges Grenzgebiet um 1680 zu den ungarischen Komitaten gekommen, wo es bis zur Auflösung des Habsburger Reiches blieb. Seit 1921 ist es der jüngste Bundesstaat der Repulik Österreich. Amtssprache aber war schon seit 1786 deutsch. Ungarisch sprach der Vater nur bruchstückhaft – gerade so viel, um sich mit den niederen Angestellten der Esterházy zu verständigen. Franz konnte nur einige Brocken. Und sein Bekenntnis, er sei Ungar, formulierte er – französisch. Was das typisch ungarische »z« im Familiennamen betrifft: Das hatte ohnehin erst Adam Liszt eingefügt, damit die Magyaren den Namen nicht »Lischt« aussprachen, was »Mehl« bedeutet.

Wenn man verwaltungstechnische Formalien nicht über Fragen von Sprache und Mentalität stellt, kann man schwerlich vom Ungarn Liszt sprechen, sondern muß ihn als Österreicher akzeptieren. Doch entwickelt er sich schon sehr bald unter Pariser Einfluß zu einem Hauptvertreter der französischen Romantik und wird diese Sprache bald als die ihm gemäße bezeichnen – des Französischen bedient er sich sogar, um seine Neigung zur Weimarer Klassik zu erklären! Abstammung österreichisch, deutschsprachig aufgewachsen, registriert im ungarischen Teil der Doppelmonarchie, zeitlebens französischer Romantiker, primär französisch denkend und sprechend, engagiert im deutschen Musikleben, ist Liszt das frühe Beispiel eines europäischen Kosmopoliten.

Die später zunehmende Hinwendung des Komponisten zu Ungarn ist auf dreierlei zurückzuführen: romantische Sehnsucht nach den friedlichen Gefilden einer fast statischen Kindheit; Inspiration aus der Zigeunermusik, die ebenfalls von romantischer Sehnsucht nicht zu trennen war; und schließlich Geborgenheit in einem Land, das ihn rückhaltlos, ja verzückt als seinen Botschafter feierte, während er als Komponist später in Westeuropa immer heftiger attackiert wurde. In dieses traute Verhältnis mischte sich dann, in Liszts Spätphase, jedoch Bitterkeit: Die nationalistischen Kreise Ungarns verübelten ihm sein Europäertum.

»Ein bleiches, schwächlich aussehendes Kind«, so beschrieb Carl Czerny den Knaben, den man ihm als Schüler zugeführt hatte. Der ungarische Journalist Adolf Frankenburg, ein Jugendfreund des Komponisten, erinnerte sich: »Wollten wir mit ihm spielen, in Hof oder Garten, folgte er uns nur selten, eher zog er sich an einen einsamen Ort zurück oder spazierte still sinnend auf und ab im Schatten der Bäume.« Die ersten Lebensjahre waren die gefährdetsten. Das Tagebuch des Vaters über die Zeit nach den ersten Impfungen: »Einmal hielten wir ihn für tot und ließen seinen Sarg machen. Dieser beunruhigende Zustand dauerte bis in sein sechstes Jahr fort.«

Aus dieser frühen Zeit, der Ruhe vor dem Sturm, der mit der Berufstätigkeit des neunjährigen Wunderkindes einsetzen wird, sind die Grunderlebnisse wichtig, die Mentalität und Charakter des Knaben formten. Da ist die durchaus romantische Naturschau, die mit seinem Einzelgängertum harmoniert. Auch später bezieht er die Natur in sein Schaffen ein, schwärmt von den Steppen Ungarns, läßt sich von den landschaftlichen Reizen der Schweiz zu musikalischen Impressionen anregen und vertont die Zypressen der Villa d'Este in Tivoli. Aber für ihn ist Natur kein grundlegender Bestandteil des Schaffens wie etwa für Tschaikowski, der den weiten Blick aus dem Fenster brauchte, um schreiben zu können. Natur ist für Liszt eher eine, wenn auch inspirierende, kleidsame romantische Staffage.

Beeinflußt hat ihn auch das Ritual der katholischen Kirche, des einzigen »Kulturzentrums« in dem Dorf Raiding, wo er Weihrauch schnuppern, der Liturgie und den Klängen der Orgel lauschen und sich im mystischen Halbdunkel seinen Träumen hingeben konnte. In Rom wird er einst über neun Jahre hinweg fast ausschließlich Kirchenmusik komponieren... Und dann der Gegenpol dazu. Mit Sicherheit haben ihn die Zigeunerkapellen (andere gab es damals in Österreich-Ungarn kaum) mit ihren teils mitreißenden, teils schmachtenden Weisen in ihren Bann gezogen – ihn, den späteren Meister pianistischer Zigeunerklänge.

Das einzige konkret abgesicherte Grunderlebnis vertraut der Vater seinem Tagebuch an: »In seinem sechsten Jahr hörte er mich ein Konzert von Ries in cis-Moll spielen. Er lehnte sich ans Klavier, war ganz Ohr. Am Abend kam er aus dem Garten zurück und sang das Thema. Wir ließen's ihn wiederholen, er wußte nicht, was er sang: Das war das erste Anzeichen seines Genies. Er bat unaufhörlich, mit ihm das Klavierspiel zu beginnen.«

Mit einem Male war die innere Öde vorbei, Adam Liszt hatte einen neuen Lebensinhalt. Es setzte der bekannte Kompensationsmechanismus ein: Was ihm nicht beschieden war, soll Franz erreichen. Mit seiner, Adam Liszts Hilfe. Man muß den Vater bewundern, mit welcher Umsicht und Entschiedenheit, doch auch Gelassenheit er von jetzt an seinen Sohn führte. Natürlich haben ihm die beiden Mozarts vorgeschwebt. Aber er investierte mehr. Hatte Leopold aus der gefestigten Position eines Hofkomponisten gehandelt, so mußte *er* das Äußerste riskieren. Nach den ersten Anfängen, die er dem Kind auf dem Klavier selbst beigebracht hatte, galt es jetzt, dem voranstürmenden Schüler einen Lehrer von Rang zu besorgen. Ein neues Instrument war schon gekauft. Dafür hatte Adam Liszt seine goldene Uhr und seine Rinder gelassen. Nun bat er seinen Dienstherrn, er möge Franzens Ausbildung finanzieren. Dazu gehörte: »Erstens den Knaben nach Wien (als den Wohnsitz der Musik) in eine solide Versorgung, wo er nebst Kost auch eine gute moralische Erziehung erhält, zu geben«; Unterricht durch einen »großen Meister, die Woche wenigstens dreimal«, dazu Französisch und Italienisch sowie einen Führer für Franz, damit er das Kulturleben der Metropole gewinnbringend aufnehmen kann.

Man sieht, es war an alles gedacht. Leider aber schrieb man das Jahr 1819. Zu Haydns Zeiten wäre das vielleicht denkbar gewesen, aber inzwischen gab es schon nicht einmal mehr die Eisenstädter Hofkapelle.

Wenigstens konnte Adam Liszt dem Fürsten seinen Sproß vorstellen. Franz hinterließ den besten Eindruck und wurde für sein Spiel mit einem Galaanzug belohnt. Doch dabei blieb es. Den Rest mußte der Vater selbst wagen. Da sein Plan, in fürstlichen Diensten nach Wien zu kommen, fehlgeschlagen war, entschloß er sich schweren Herzens, ein Jahr unbezahlten Urlaub zu nehmen und alle bewegliche Habe zu verkaufen, um mit der Familie in die Kaiserstadt zu ziehen.

Von unerwarteter Seite kam Unterstützung: Ein blinder Violinvirtuose, Baron Braun, hörte von dem Neunjährigen und arrangierte in Ödenburg ein Konzert in festlichem Rahmen. Franz spielte das als sehr schwierig geltende Es-Dur-Konzert von Ries (ein Ries-Konzert hatte ja zu seiner »Entdeckung« geführt) und verblüffte das Publikum durch seine Improvisationen.

Adam Liszt nutzte die Gunst der Stunde und ließ gleich ein zweites Konzert folgen; nun ist Franz als Wunderkind etabliert und kann offiziell bei Hofe spielen. Er darf in dem Preßburger Palais der Esterházy auftreten, zugegen ist die Crème des ungarischen Adels. Fünf Magnaten, die Grafen Esterházy, Apponyj, Amadé, Szapáry und Viczay versprechen, mit jährlich 6000 Gulden die weitere Ausbildung für sechs Jahre zu finanzieren. Wenn man die späteren Briefe des Vaters liest, in denen er die extremen Schwierigkeiten beschreibt, unter denen er den weiteren Weg des jungen Musikers bahnen mußte, kann dieses Versprechen nicht oder nur in geringem Umfang eingelöst worden sein.

Jetzt hatte Franz auch seine erste Kritik. »Die außerordentliche Fertigkeit dieses Künstlers sowie auch dessen schneller Überblick im Lösen der schwersten Stücke, indem er alles, was man ihm vorlegte, vom Blatt weg spielte, erregte allgemeine Bewunderung und berechtigt zu den herrlichsten Erwartungen.«

Bericht vom Konzert ▶
des neunjährigen Liszt
in Preßburg
(heute Bratislava)

Ungarn.

Preßburg. Verflossenen Sonntag, am 26. dieses in der Mittagsstunde, hatte der neunjährige Virtuose Franz List, die Ehre, sich vor einer zahlreichen Versammlung des hiesigen hohen Adels und mehrerer Kunstfreunde, in der Wohnung des hochgebornen Herrn Grafen Michael Eszterházy, auf dem Clavier zu produciren. Die außerordentliche Fertigkeit dieses Künstlers, so wie auch dessen schneller Überblick im Lösen der schwersten Stücke, indem er alles, was man ihm vorlegte, vom Blatt wegspielte, erregte allgemeine Bewunderung, und berechtigt zu den herrlichsten Erwartungen.

Ofen. Am 18. d. M. Abends verschied hier einer der ältesten, und (in der k.k. Artillerie) verdientesten Veteranen der k.k. Armee, nämlich der pens. Hr. Generalmajor Joachim v. Schönfuß, an Alters-Schwäche im 93. Lebens-Jahr, das er am 6. d. M. angetreten hatte. Die Hülle dieses, sowohl wegen seiner militärischen Auszeichnungen, als auch wegen seines biederen frommen Charakters, verehrtesten Kriegers wurde vorgestern Nachmittags, mit den gebührenden kriegerischen Ehrenbezeugungen unter Commando des Herrn Brigadiers Generalmajors Wolfg. v. Laimel, feierlich, unter zahlreicher Begleitung zur Erde bestattet.

Als Wunderkind in dem »geldfressenden Wien«

Zunächst dachte Vater Liszt bei der Suche nach einem geeigneten Lehrer für Franz an Hummel, der seit 1819 Hofkapellmeister in Weimar war. Doch der verlangte ein zu hohes Honorar. In Wien erklärte sich nach Anhören der begehrte Klavierpädagoge Carl Czerny, einer von Beethovens letzten Schülern, bereit, den Jungen gegen sehr geringes Entgelt zu unterrichten. (Es wird oft behauptet, Czerny habe Franz von Anfang an kostenlos unterwiesen; in Wahrheit entschloß er sich erst später dazu. Liszt hat aber dann von dieser großzügigen Haltung seine eigene Praxis abgeleitet, zumindest seit Genf unentgeltlich zu unterrichten. Bei dem Heer seiner Schülerinnen und Schüler eine hochherzige Entscheidung!)

Auf diese Weise gab statt des Mozart-Schülers Hummel der Beethoven-Schüler Czerny dem berühmtesten Pianisten und Klavierpädagogen des 19. Jahrhunderts den ersten (und einzigen) professionellen Unterricht auf Hochschulniveau. Abgesehen von der Schwächlichkeit des Kindes – »beim Spielen wankte es am Stuhl wie betrunken herum, so daß ich oft dachte, es würde zu Boden fallen« – fiel dem Lehrer die Urtümlichkeit seines Spiels auf: »…ganz unregelmäßig, unrein, verworren, und von der Fingersetzung hatte er so wenig Begriff, daß er die Finger ganz willkürlich über die Tasten warf.« Diese Aussage ist aufschlußreich: Mozart spielte bereits mit fünf – halb so alt wie Liszt damals – makellos Klavier (und Violine). Unter Wunderkindern war Franz ein Spätentwickler.

Das war die fachliche Seite; ungeklärt blieb die existentielle. Adam Liszt wußte nicht, wie er den Aufenthalt »in dem geldfressenden Wien« ohne Anstellung noch länger finanzieren sollte. Und er schildert dem Fürsten seine Situation ein weiteres Mal: »Aus Liebe für mein Kind… opferte ich Ruhe und Vermögen… die Zahl der vaterländischen Künstler zu vermehren… wodurch er sich und dem Vaterlande nützlich sein kann… glaubte ich dann alles getan zu haben, was Natur und moralische Gesetze Eltern aufbürden können.« Eine klare Sprache: *Ich* habe meinen Teil getan, nun bist *du* am Zuge! Wien ist die erste Station in Liszts Karriere, die ihn von Metropole zu Metropole führen wird. Das Wien der Restauration mit seiner »Melange« aus Unterhaltungssucht, Resignation und Sensationsgier wird seine Wirkung auf den jungen Künstler nicht verfehlen. Und hier leben seine wichtigsten Lehrmeister, direkte und indirekte.

1821 stand die Donaumetropole noch ganz unter dem Zeichen des Wiener Kongresses und seiner Beschlüsse. Nach dem Pariser Frieden und Napoleons Verbannung auf Elba hatten sich 1814 die Abgesandten der Siegermächte in Wien getroffen, um unter Metternichs Leitung über die Neuordnung Europas zu beraten. Zuerst schien man den Sieg kräftig feiern zu wollen. »In einem steten Rausch wechselten Privatbälle und Hofredouten,

Maskeraden und lebende Bilder, Feuerwerke und Karusselle, Jagden, Wagen-
und Reiterzüge, Musterungen und Feldübungen der Truppen. Heute ein
wenig passendes Totenamt für Ludwig XVI., am Abend Ball, am andern Tag
eine prachtüberladene Schlittenfahrt. Die Staffage in diesem großen Zeit-
bild war von der außerordentlichsten Mannigfaltigkeit«, schreibt der Kulturhistoriker Georg Gottfried Gervinus.

Wien war prächtig. Zum großzügigsten und fidelsten Kongreß aller Zeiten
hatte man die horrende Summe von 30 Millionen Gulden verflüssigt und als
zusätzliches Amüsement zu den ortsansässigen noch viertausend weitere
Prostituierte herangeschafft.

Es blieb wenig Zeit zum Verhandeln; »…man machte Staaten wie Fabrik-
ware schnell fertig, aber gebrechlich…« (Gervinus). In die Serie der Festi-
vitäten platzte im März 1815 wie eine Bombe die Alarmmeldung: Napoleon
hat Elba verlassen und ist in Frankreich gelandet. Plötzlich, in hektischer
Sorge um ihre eigene Position, begannen die Kongreßteilnehmer zu arbeiten… Preußische Pünktlichkeit – Blücher kam zum vereinbarten Zeitpunkt
auf das Schlachtfeld bei Waterloo – rettete in letzter Sekunde den schon
wankenden Sieg der Verbündeten. Damit war der napoleonische Alptraum
zerstoben, der Abenteurer wurde nach seinem 100-Tage-Intermezzo auf
St. Helena festgesetzt. Dafür kam, von Wien verordnet, ein neuer Alptraum, der früher oder später zur Auflehnung der Völker führen mußte: die
Restauration.

Diese politischen Ereignisse um Liszts Kindheit sind auch für sein Leben
von Belang: Europaweit wird das Fundament für die Umwälzungen und Erschütterungen der folgenden Jahrzehnte bis zur Gründung des deutschen
Kaiserreichs und der Pariser Commune von 1871 gelegt. Aus ihnen folgen
aber auch ganz unterschiedliche, oft gegensätzliche Geistesströmungen –
etwa die politisch engagierte französische Romantik oder die nach innen gerichtete Beschaulichkeit des deutschen Biedermeier; literarische Haltungen
wie Vor- und Nachmärz, die sich um die 48er Revolutionen gruppieren
werden.

Politisch – das war die Hauptsache – herrschte Ruhe. Das System der Ge-
sinnungsschnüffelei und totalen Zensur, mit dem der allmächtige Kanzler
das Land und ganz Europa überzogen hatte, funktionierte reibungslos.
Liszt denkt später zurück: »Die Atmosphäre zu Wien war damals sehr un-
gesund, man kam sich vor wie in einem riesigen Gefängnis. Alles hörte auf
Metternichs Kommando. Und hätte es nicht die großen, alles Politische
und Diplomatische in den Schatten stellenden Männer der Kunst gegeben,
wir wären wohl gar bald dieser Stätte entflohen.«

In Wien wird Franz mit den damals populären und aufsehenerregenden
Kunstschöpfungen in Berührung gekommen sein, mit den Walzern Joseph
Lanners und den Volksstücken Ferdinand Raimunds, den Dramen Theodor

Körners und Franz Grillparzers und den Opern von Gioacchino Rossini und Carl Maria von Weber (dessen »Freischütz« bejubelt wurde). Immerhin lebten und schufen damals in der österreichischen Hauptstadt noch Ludwig van Beethoven und Franz Schubert. Beiden wird später der Virtuose und Komponist Liszt mit brillanten Klavierbearbeitungen ihrer Werke den Weg zum breiten Publikum ebnen. Er hört die großen Pianisten jener Zeit: Franz Hünten, Ignaz Moscheles, vor allem Hummel. Und er erlebt erstmals Zigeunermusik aus Meisterhand. Gebannt lauscht der Elfjährige dem Spiel des Geigers Biháry, für ihn schon lange vor Paganini Inbegriff müheloser, angeborener Virtuosität. »Wie Tropfen einer geistfeurigen Essenz schlugen die Töne der Geige an mein Ohr... Wäre... jeder Ton des Künstlers ein befruchtendes Samenkorn..., er hätte nicht tiefer in mir wurzeln können.«

Adam Liszt, tüchtiger Agent seines Sohnes, versucht natürlich, ihn dem großen, nun schon ertaubten Beethoven zuzuführen. Das ist alles andere als einfach. Immerhin kann sich Adam Liszt bei Beethoven ins Konversationsbuch eintragen und ihn zu einem Konzert seines Jungen einladen. »Versprechen Sie es mir, daß Sie dahin kommen.«

Ob sich Beethoven wirklich aufgerafft hat, tatsächlich aufs Podium gestiegen ist und den Knaben auf die Stirn geküßt hat (wie es dann abgebildet wurde), bleibt fraglich. Liszt aber behauptet es.

Seine Versicherung könnte ebenso symbolisch gemeint sein wie die seiner ungarischen Abstammung. Worauf es ihm ankam, hat er später zum Ausdruck gebracht: auf die »Staffettenübergabe« vor der europäischen Musikgeschichte. »Es steigerte sich in mir die Gier, endlich dem großen Manne zu begegnen, von dem ich den Weihekuß empfangen sollte.« Beethovens Verleger Diabelli interessiert sich für Franz: Bei ihm bekommt er alle Noten umsonst. Dafür steuert er einen *Walzer* für dessen Variationswerk bei. Der Wiener Musikverleger hatte 50 Komponisten um Beiträge gebeten; Beethoven lieferte (verspätet) gleich einen kompletten Zyklus, die »Diabelli-Variationen«.

Selbst auf Czerny schlägt der Erfolg seines Zöglings zurück: Er erhält enormen Zulauf an zahlungskräftigen Schülern. Und er revanchiert sich bei Franz, indem er ihn nunmehr kostenlos und einzeln unterrichtet. Vorübergehend studiert dieser auch bei Antonio Salieri, dem einstigen Gegenspieler Mozarts und späteren Lehrer Schuberts; er gilt als profunder Kenner des Orchesters und der Oper. Franz hat bei ihm Partiturspiel. Das erscheint wichtig, weil sich der Komponist spätestens in der Weimarer Zeit als Dirigent und Komponist intensiv mit dem Orchester beschäftigen wird.

Der mächtigste Mann in Wien, Metternich, hat wenig Sinn für Musik. Man weiß, daß er eine Unterstützung für den bedürftigen Schubert ausgeschlagen hat, ebenso eine Staatsrente für Beethoven. Adam Liszt bringt das Kabinett-

Wiener Konzertprogramm
vom 13. April 1823.
Diesem Konzert
soll Beethoven beigewohnt
haben

Mit hoher Bewilligung
wird
der eilfjährige Knabe,
Franz Liszt,
aus Ungarn gebürtig,
die Ehre haben
Sonntags den 13. April 1823 um die Mittagsstunde.
im k. k. kleinen Redouten-Saale
ein Concert
zu geben.

Vorkommende Stücke.

1.) Erster Satz aus der Symphonie in C mol , von W. A. Mozart.
2.) Grand Concerto für das Pianoforte aus H mol, von J. N. Hummel, mit ganzem Orchester, vorgetragen von dem Concertgeber.
3.) Vocal-Quartett von Herrn Conradin Kreuzer, gesungen von den Herren Haitzinger, Rauscher, Ruprecht und Seipelt, Sänger des k. k. priv. Theaters an der Wien.
4.) Grandes Variationes für das Pianoforte, mit Orchester-Begleitung, von J. Moscheles, vorgetragen von dem Concertgeber.
5.) Große Arie von Rossini, vorgetragen von Mad. Schütz, Sängerin des k. k. priv. Theaters an der Wien.
6.) Freye Fantasie auf dem Pianoforte von dem Concertgeber, wozu er sich zum Sujet von Jemand der P. T. Zuhörer ein schriftliches Thema untertänigst erbittet.

Mad. Schütz, die Herren Haitzinger, Rauscher, Ruprecht und Seipelt haben, aus besonderer Gefälligkeit für den Concertgeber, angezeigte Musikstücke, so wie Herr Hildebrand, zwepter Orchester-Director bei k. k. Hoftheater nächst dem Kärnthnerthore, die Leitung des Ganzen übernommen.

Billets zu 3 fl. W. W. sind beym Concertgeber, Krugerstraße Nro. 1016, 2ten Stiege, 2ter Stock rechts, in der Kunsthandlung Steiner und Comp. im Paternostergäßchen, und am Tage des Concerts an der Gasse zu haben.

Anfang um halb 1 Uhr. — Ende nach 2 Uhr.

Antonio Salieri.
Lithographie von Friedrich
Rehberg 1821. Der einstige
Gegenspieler Mozarts galt
als Kapazität auf dem
Gebiet der italienischen
Oper. Liszt lernte bei
ihm Partiturspiel

stückchen fertig und den gefürchteten Kanzler dahin, ein Empfehlungsschreiben an Luigi Cherubini ausstellen zu lassen, er befürworte das weitere
Studium des Knaben an dessen Pariser Institut. Ebenso geschickt, wie Liszt
senior das zuwege gebracht hat (durch recht opportunistische, wohlgezielte
Kommentare zu Metternichs Regierungstätigkeit), bringt er dieses Resultat
unter die Leute. Bald weiß ganz Wien, wer Franz Liszt protegiert.

Mit dem Erreichten konnten Vater und Sohn zufrieden sein. Die Öffent-
lichkeitsarbeit lief ausgezeichnet, man wußte die Mächtigen hinter sich,
hatte um den jungen Musiker die Aura des Gesalbten (genauer: Geküßten)
aufgebaut; Franz hatte sich fachlich vervollkommnet, einen enormen Fundus an Eindrücken und Anregungen gesammelt und nicht zuletzt das Feuer
der Zigeunermusik in sich aufgenommen. Damit war er bestens vorbereitet,
um in Paris seine höheren künstlerischen Weihen zu erhalten, die biogra-
phisch mit seiner Pubertät zusammenfallen und ihn demnach äußerst auf-
nahmebereit vorfinden werden.

Der elfjährige Knabe. Lithographie von François Villain nach A. E. Roehn (1770 bis ▶
1867). Ein Vergleich zwischen diesem staunenden, aufnahmebereiten Gesicht mit der
Lithographie desselben Künstlers von 1824 (Abb. Seite 46) zeigt, welchen gewaltigen
Sprung die Persönlichkeitsentwicklung des jungen Liszt in den nächsten zwei Jahren
nehmen wird

Assemblage étonnant   de génie et d'enfance

Il a devancé   l'avenir ;

Et dans l'age   de l'espérance

Fait déjà naître   un souvenir

FRANÇOIS LISZT,

age de 11 ans

Carl Czerny. Lithographie von
Joseph Kriehuber 1833.
Der Beethovenschüler und begehrte
Pädagoge war Liszts erster und
einziger professioneller Klavierlehrer

Beethoven umarmt den kleinen
Liszt. Lithographie, Budapest 1873.
Dieser »Musenkuß« ist möglicherweise nur eine Fiktion des Jüngeren,
der sich gern dieses musikgeschicht-
lichen »Auftrags« durch den großen
Klassiker versichern wollte

Nach einer Vorstellung in der Grand Opéra zu Paris. Frederick Health nach Eugène Lami, Paris 1844. Hier erlebte Liszts einzige Oper *Don Sancho* ihre Premiere. Die heutige Große Oper mit ihren Prachtfassaden wurde erst 1875 eröffnet.

Die Julirevolution in Paris 1830. Ölgemälde von Eugène Delacroix 1831. Das europa-
geschichtliche Ereignis fiel in Liszts entscheidende Entwicklungsphase als Mensch und
Künstler

Bestandsaufnahme vor Paris

Bevor Franz Liszt mit Wien seine Heimat und zugleich seine Kindheit im eigentlichen Sinne verläßt, sei skizziert, wie seine Persönlichkeit schon damals angelegt war. In Wien hatten sich gewissermaßen die Farbflächen herausgebildet, die dann in Paris klare Konturen gewinnen werden. Die weitere Biographie des Künstlers wird dieses Grundmuster nur noch ausfüllen.

Ein Kind, für das schon einmal der Sarg bereitstand. Schwächlich, introvertiert, sein engster Vertrauter das Klavier, seine Sozialstellung aus der Normalität herausgelöst – mit sechs war er gerade noch ein Kind, dann begann schon die berufsorientierte Ausbildung. Er kommt vom Land, aus einem Dorf, sein Vater war subalterner Beamter eines Fürsten, seine Mutter eine sehr einfache Frau. Er wird sich ihrer nie schämen, sie aber auch nie voll in sein Leben einbeziehen (wie etwa Napoleon seine »Madame Mère«). Er hat keine abgeschlossene Schulbildung, ein weiteres Trauma, das seine Pariser Jahre prägen wird. Er hat die für sein Schaffen wichtige Fähigkeit erworben, sich nach innen zurückzuziehen. Später wird man ihn von Zeit zu Zeit als apathisch oder lässig kritisieren, die Fürstin Sayn-Wittgenstein gar als faul. Er wird sich in offenkundiger Selbstironie »Fainéant« – Faulpelz – nennen.

Schon als Elfjähriger kennt er die Mechanismen des Podiums, weiß Beifall zu heischen, ein Publikum zu faszinieren – es wird ihm bald Reflex sein. Später läßt ihn das, zumal in der Soutane des Abbé, fast diabolisch wirken. Die beiden Komplexe, mit denen sich Liszt zeitlebens herumschlagen muß, hängen eng miteinander zusammen: Herkunft und Bildung. Das erste Trauma verschweigt er, ist aber tödlich getroffen, wenn ihm Marie, Gräfin d'Agoult, später entgegenschleudert: »Don Juan parvenu«, denn er *ist* ein Emporkömmling. Und seine Eitelkeit macht das nur noch deutlicher.

Seine niedere Herkunft, die Kindheit auf dem Dorf wird er später durch hohen bis höchsten gesellschaftlichen Umgang auszugleichen versuchen. Das gilt besonders für seine Beziehungen zu Frauen: Mit einer Ausnahme (Lina Schmalhausen, die Getreue seiner letzten Jahre) gehörten sie zur Aristokratie. Die beiden großen Frauengestalten seiner Biographie sind eine Gräfin und eine Fürstin.

Die Mystifikation um Geburt und Abstammung (Komet, Ungar, Zigeuner), die Liszt selbst unterstützt, erklärt sich als Flucht nach vorn. Denn unter patriotischem Vorzeichen bedeutet »auf dem Lande geboren« bekennerhaft und positiv »aus dem Volke stammend«. Anlaß für Solidarität, Stolz auf erreichte Fortschritte und Rückenstärkung durch eine Gemeinschaft. Distinktion und Understatement wären bei »Geburtsort Raiding« weniger angebracht.

Ehrlicher spricht er über sein Bildungsdefizit. Er empfindet schon bald schmerzhaft die Wissenslücken, die aus einer unsystematischen und zu früh abgebrochenen Schulbildung folgen müssen. Diese objektive Selbsteinschätzung macht ihm dann das Nachholen möglich. Was aber unbestritten gilt: Liszt war einer der geistig interessiertesten Komponisten und nutzte später jede Gelegenheit, sich zu vervollkommnen. Er war überzeugt, daß »einseitige Fertigkeit und Wissenschaft für den Künstler nicht mehr ausreichend ist, weil der *ganze* Mensch sich mit dem Menschen erheben und bilden muß, indem Macht und Inhalt seines Geistes den Inhalt bestimmt, den er in seinem Werke niederlegt«.

Wie Marie ihn mit dem giftigen Kommentar »Parvenu« treffen wird, so später die Fürstin Sayn-Wittgenstein mit dem Hinweis auf seine »Raidinger Herkunft«. Noch der 43jährige bedauert seinem Sohn Daniel gegenüber: »Denen, die nicht regelrechte Schulstudien durchgemacht haben, mangelt immer ein gewisser Fonds, der leicht flüssig gemacht werden kann«, und er bedauert, nach dem Tod des Vaters keinen strengen, systematischen Unterricht genossen zu haben. Er verteidigt sich damit, daß ihn damals keiner auf diesen Weg gewiesen habe und er außerdem seit seinem 12. Lebensjahr genötigt gewesen sei, »für meinen und meiner Eltern Unterhalt zu sorgen« und deshalb »musikalische Studien zu machen, die meine Zeit ganz in Anspruch nahmen bis zum 16. Jahr, in dem ich begann, im Klavierspiel und sogar in der Harmonielehre und im Kontrapunkt Unterricht zu erteilen und mich in den Salons und Konzertsälen wohl oder übel als Virtuose hören zu lassen«. Er holte nach, so gut er konnte, auch, um sich dadurch vor »manchen meiner Fachgenossen auszuzeichnen, die auf nichts anderes bedacht sind als auf ihre 16telnoten und den gewöhnlichen Verlauf ihres Philisterlebens«. Geistigkeit ist für ihn auch Hebung des Lebens, Vertiefung der Erlebnisfähigkeit und natürlich die Voraussetzung für Kommunikation überhaupt. Mitunter steht er, besonders wenn er sich herausgefordert fühlt oder seine Bildung beweisen will, mit seinem offensiven Geltungsdrang sich selbst im Weg. Bei skeptischen Zeitgenossen kommt er dann nicht an. Das weiß Liszt, und dieses Wissen dürfte sein Leben lang eine unangenehme Hypothek gewesen sein. Giacomo Meyerbeer urteilt unbarmherzig: »Er weiß von allem nur das Notwendigste, deckt seine Lücken mit abscheulichen, wenn auch recht blumigen Phrasen zu und glaubt, damit geantwortet zu haben. Es ist unglaublich, welche Naivität dieser Herr neben seiner Arroganz besitzt... Er muß lernen, will er vor der geistigen Welt bestehen...« Aber zu einer systematischen Bildung kam er zeitlebens nicht mehr.

Durch die Isolierung in jungen Jahren und die allzu frühen Erfolge (gerade aus dieser Vereinzelung heraus) wird Liszt notwendigerweise eitel. Er *braucht* Bewunderung und Beifall als Selbstbestätigung, weil er andere Formen der Kommunikation nicht erlernt hat. Wenn er später Freundschaften aufbaut, hat er dazu doch kein rechtes Geschick oder Vermögen. Er betreibt sie entweder aus Idealismus und überfordert sein Gegenüber oder aus einer Samariterpose heraus, die natürlich erst recht keine ungetrübte Erwiderung auslösen kann. Eine einzige Freundschaft, die er hingebungsvoll pflegt, wird für ihn tragisch enden – Richard Wagner.

Das fast spartanische Haushalten und die strenge Sittlichkeit des Elternhauses hatte er wahrscheinlich als ebenso muffig empfunden wie die ländliche Situation überhaupt. Er wird alles tun, um Konventionen zu zerbrechen, und in dem frivolen Paris wird er sogar unter den Vordersten sein, die die Gesellschaftsnormen verhöhnen. Die Weimarer finden später seine Lebensführung einfach skandalös; aber auch Freunde wie Bülow empfinden seine Zwanglosigkeit gegenüber der gutbürgerlichen Moral als peinlich.

In den Wiener Jahren hat Franz Liszt nicht zuletzt den Anschluß an eine erhabene Künstlertradition gefunden: per »Handauflegung« durch Czerny, und – falls authentisch – per »Musenkuß« durch Beethoven. Er kommt nach Paris mit den Keimen eines Auftragsbewußtseins, das ihn schon bald etwa von Paganini abrücken und an die Seite eines Berlioz stellen wird.

Geistige Heimat Paris

Ich und das Leben, wir beide sind wie
ein junger Mann und seine Braut...
Balzac in »Vater Goriot«

Liszts Pariser Jahre umspannen drei Abschnitte. Der erste gehört (statistisch) noch in die Kindheit und wird durch den Tod des Vaters und die anschließende Krise beendet. Im zweiten erobert der zum jungen Mann Gereifte den Salon, erarbeitet sich Literatur und Zeitphilosophie, komponiert und hat Erfolge. Der dritte bringt ihn mit der Frau zusammen, die über dem ersten Lebensabschnitt des nun schon anerkannten Virtuosen stehen wird.

»Ein neuer Mozart ist uns erschienen!«

Die Reise nach Paris war bereits von Triumphen begleitet. München, Augsburg, Stuttgart und Straßburg standen auf dem Programm. Eine Rezension sprach es aus: »Ein neuer Mozart ist uns erschienen.«
Genauso wird Adam Liszt gedacht haben, und genau wie Leopold Mozart sein »Wolferl« ein knappes halbes Jahrhundert zuvor im Triumphzug nach Paris geführt hat, will er es mit seinem Franz tun.
Dabei war das eigentliche Ziel die Vervollkommnung des Knaben in der Komposition. Denn pianistisch schien er ausgereift – wenn ihm der Beethovenschüler Czerny nichts mehr beizubringen wußte, wer dann? Die Hoffnungen galten dem berühmten Pariser Konservatorium, dem ältesten Musikinstitut außerhalb Italiens. Luigi Cherubini, der Direktor, hatte mit Beginn der Restauration als Bonapartist gegolten und erst 1821 den hohen Posten erhalten. Nun gab er sich betont autoritär und tyrannisierte seine Umgebung. Durch einen unglücklichen Zufall hatte ihn Beethoven einmal als den bedeutendsten Opernschöpfer der Gegenwart bezeichnet. Seitdem leitete Cherubini jede wichtige Äußerung mit der Floskel ein: »Beethoven und ich...«

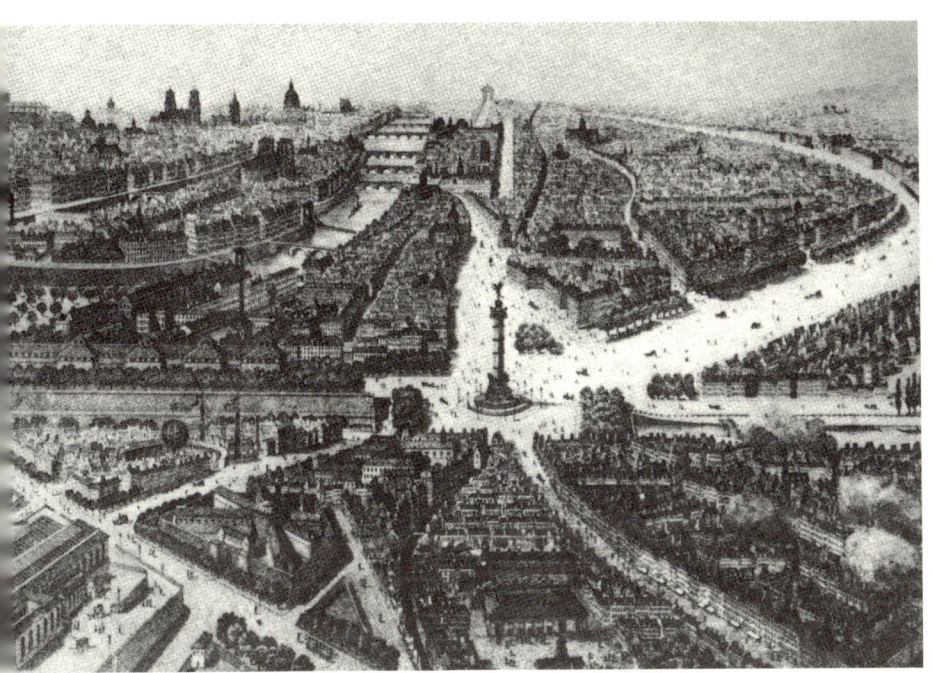

Paris um 1830. Lithographie
von Schwabe. Deutlich zu erkennen sind im Hintergrund
links das Panthéon, auf der
Seine-Insel Notre-Dame
mit den charakteristischen
Doppeltürmen, am Horizont
der Triumphbogen, unter
ihm in der Bildmitte die
Place de la Concorde, links
unten der »Bauch von Paris«,
die mächtigen Markthallen,
die erst um 1975 abgerissen
wurden

Luigi Cherubini.
Zeichnung von Horace Vernet
(1789–1863).
Der gestrenge Direktor,
obgleich selbst Italiener,
schloß den jungen Liszt
als Ausländer vom Besuch des
Pariser Conservatoire aus

Jetzt stehen Vater und Sohn Liszt dem Musikpapst gegenüber. Und da muß der junge Künstler den ersten Tiefschlag seines Lebens hinnehmen: Am Pariser Konservatorium dürfen keine Ausländer studieren. Und das sagt ausgerechnet ein Italiener. Später schildert Liszt, wie tief der Schlag gesessen hat. »Ich bebte an allen Gliedern. Nichtsdestoweniger verharrte, flehte mein Vater; seine Stimme belebte meinen Mut, und ich versuchte, ebenfalls einige Worte zu stammeln. Allein, das Reglement war unerbittlich – und ich untröstlich. Alles schien mir verloren, selbst die Ehre, und ich glaubte an keine Hilfe mehr... Die Wunde war zu tief und blutete noch lange Zeit fort.«

Was die hartherzige Entscheidung Cherubinis betraf: Er hat tatsächlich nur einmal eine Ausnahme gemacht – bei Jakob Eberscht, den sein Vater, ein jüdischer Kantor aus Offenbach, nach Paris gebracht hatte. Zum Fall Liszt aber meinte Cherubini später: »Ich habe ihm... leider nicht helfen können; aber er besaß so viel Genie, daß er sich selber half. Für ein Genie der beste Weg.« Und das traf tatsächlich zu, denn Vater und Sohn gaben nicht auf, sondern gewannen zwei Privatlehrer, den Italiener Ferdinando Paër und den Böhmen Antonín Reicha. Paër war Protegé Napoleons gewesen und Direktor der Italienischen Oper geworden. Reicha, der mit Beethoven noch im kurfürstlichen Orchester zu Bonn gesessen hatte, galt als erfolgreicher Opernkomponist und begehrter Lehrer. Zu seinen Schülern gehörten Berlioz, César Franck und Charles Gounod. Von ihm berichtet Berlioz: »Reicha lehrte den Kontrapunkt mit bemerkenswerter Klarheit; er hat mir in kurzer Zeit und mit wenig Worten viel beigebracht. Er glaubte in gewissen Bezirken der Kunst an Fortschritt, und seine Hochachtung für die Erzväter der Harmonie ging nicht bis zum Fetischismus.« Reicha plädierte auch für die Einbeziehung der Volksmusik in die Komposition. Diese Aspekte treffen auf den künftigen Komponisten Liszt zu. Die klingende Bestätigung von Reichas These ist die »couleur locale«, das folkloristische Lokalkolorit in der französischen Oper, besonders bei Gioacchino Rossini, Daniel François Auber und Gaspare Spontini. Über Themen aus ihren Werken schreibt Liszt seine frühen Pariser Paraphrasen und Fantasien.

Das erste öffentliche Konzert, das »le petit Litz«, wie man ihn dort nannte, 1824 (angeblich elfjährig!) in Paris gab, war vollendet inszeniert. Und zwar nicht zuletzt von seinen beiden Lehrern, die sich mit ihm dekorieren wollten. In der Grand Opéra ließ Reicha nach dem umjubelten Spiel Lilienblüten auf den kleinen Virtuosen regnen (man ist derzeit wieder gut bourbonisch), Paër körbeweise Rosen auf ihn schütten. Sogar Talma – Mime der Nation und einst Napoleons Schauspiellehrer – wurde gegen stattliches Geld dafür gewonnen, daß er Franz auf offener Bühne umarmte und abküßte. Ein fulminanter Start! »Dieses... Konzert war ein Triumph für meinen Buben: Sobald er auftrat, war des Applaudierens kein Ende... nach jedem Stück wurde er zwei- und dreimal gerufen... Man nennt ihn allgemein das Wunderkind… Seine Phantasie am Klavier ist wirklich außerordentlich, und dieses ist's eben, was… Paris zum höchsten Grad des Erstaunens und der Bewunderung bringt…« Und wenig später meldet Adam Liszt stolz seinem Vater: »Sei'n Sie indessen vergnügt, wenn ich Ihnen sage, daß Franzl seinesgleichen noch nicht gefunden hat und daß Hummel und Moscheles durch ihn ins Winkel gesetzt worden sind. Seine Kompositionen übersteigen unsere Vernunft.«

Die Erfolgsmeldungen sprechen sich herum. Czerny ist besorgt, der Vater könne Franz frühzeitig verschleißen oder seine weitere Ausbildung vernachlässigen: »In einer so vielversprechenden Karriere, als er jetzt ist, kann er mit weiser Benutzung seiner Kräfte und der jedesmaligen Umstände auf einen Grad gelangen, den vor ihm in diesem Alter vielleicht keiner bisher erreicht hat. Ihre väterliche Vorsicht wird ihn auch vor allen Verirrungen und vorzüglich vor dem Eigendünkel bewahren… und der Beifall der Menge wird ihn nie im Studium lässiger machen.«

Die Warnungen waren berechtigt. Die größte Gefahr für ein Talent, der allzu frühe und allzu große Erfolg, stellte sich ein. Schon um den Zwölfjährigen wurde ein regelrechter Starkult veranstaltet: In den Schaufenstern lagen seine Porträts und die Gipsabgüsse seiner Hände als Souvenirs, und der Begründer der Phrenologie, Franz Joseph Gall, nutzte die Gelegenheit zu einer spektakulären Prognose, vermaß Franzens Schädel und sprach von einem »bewundernswerten Haupte«.

Eine Baronin (es werden von nun an fast immer Aristokratinnen sein, die dem Künstler den Weg ebnen, und das nicht nur aus künstlerischen Motiven) bringt ihn zu dem Klavier- und Harfenfabrikanten Sébastien Érard, der gerade seine berühmte Repetitionsmechanik entwickelt hat, die bislang ungeahnte Effekte ermöglicht (rascheste Tonwiederholungen). Mit einem solchen Flügel schickt er Franz auf eine erste Englandtournee. In London wird das Wunderkind von Georg IV. empfangen, für eine Galavorstellung zahlt man 200 Pfund, die Presse stellt ihn an die Seite der führenden Pianisten seiner Zeit und erfindet farbenreiche Legenden – dem Knaben soll die ungarische Nationalheilige, St. Elisabeth, eine »feuerumkränzte Lyra« gezeigt haben. Es konnte nicht ausbleiben, daß man auch – wie seinerzeit von Mozart – von »le petit Litz« eine Oper erwartete. Ein etwas albernes Sujet, keineswegs der Vorstellungswelt eines Dreizehnjährigen entsprechend, wurde von ihm schlecht und recht mit ein paar hübschen Melodien versehen und achtbar in Töne gekleidet: *Don Sancho oder Das Liebesschloß*. Nach vier Aufführungen verschwand das Stück in der Versenkung. Man hatte allzu sehr Meister Paër durchgehört. Der matte Achtungserfolg lag wie eine Prophezeiung über dem weiteren Schaffensweg des *Komponisten* Liszt, denn es ist meistens der *Pianist*, dem man auch später zujubeln wird. (Dirigent der Premiere war übrigens Rodolphe Kreutzer, dem Beethoven seine berühmte

α. X.
Leprince. 1824.

Violinsonate gewidmet hat, die ihrerseits Tolstoi zu seiner packenden Novelle »Die Kreutzersonate« anregen wird.)

Und wieder geht es auf Reisen. Érard hat eine neue Tournee organisiert, in die Schweiz und nach London. Den Alltag einer solchen Konzertreise mag ein weiteres Zitat aus Vater Liszts Bericht vom Pariser Debut des Sohnes vor Augen führen. »Und stelle Dir vor, wir gehen fast jeden Tag in Gesellschaften, überall wird nur phantasiert, improvisiert und über aufgegebene Themen gespielt.« Wie aufreibend muß dieses Leben sein – nicht nur konzertieren, sondern auch noch in privatem Rahmen auftreten, konversieren (später flirten) und stets gute Figur machen! Nicht zu vergessen die endlosen Kutschfahrten über Hunderte von Kilometern mit den Zufallstreffern der Gasthöfe. Und das alles von einem Kind zu verkraften, das ohnehin kein Vitalitätsausbund war, sondern schwächlich und anfällig.

Nach weiteren drei Jahren, ausgefüllt mit Gastspielen, ist es dann nicht verwunderlich, wenn Liszt den Salon und das Podium, den Applaus und das Fluidum der Bewunderung gleichzeitig braucht wie der Fisch das Wasser und zunehmend verabscheut.

Erste Krisen – erste Wunden

> Die Liebe ist das leuchtende Frührot
> jedes Herzens.
> *Aus Liszts Vorwort zu »Les préludes«*

In den Pausen zwischen den Tourneen konnte sich Franz nicht etwa ausruhen. Da galt es, Klavierstunden und Konzerte am Ort zu geben, um sich und beide Eltern zu versorgen. Für Adam Liszt war die Rechnung aufgegangen, er hatte sein Ziel erreicht. Doch sein Sohn befand sich in einer Persönlichkeitsentwicklung, die das Vorstellungsvermögen des Vaters überstieg. Niemals hätte er den Widerwillen seines Kindes gegen das ständige Sichzurschaustellen begriffen. Für ihn war das *der* Erfolg schlechthin.

Franz war nur begrenzt belastbar. Die Folge: Er versuchte sich zu entziehen und strebte zur »zweiten Instanz« seiner Kindheit, in die Kirche. Er las asketische Schriften, u. a. Thomas a Kempis' »Nachfolge Christi«, und wollte ernsthaft Priester werden. Adam Liszt nahm ihm die Bücher weg und erklärte kurzerhand, er sei für die Kunst, nicht für die Kirche bestimmt. Immerhin begriff er, daß sein Sohn ausspannen mußte. Auch ihm wird das Reiseleben beschwerlich geworden sein. Man suchte einen Kurort auf, Bou-

◄ Der dreizehnjährige Franz Liszt am Klavier, Lithographie von François Villain nach Xavier Leprince 1824

logne-sur-Mer. Dort befiel Adam Liszt ein gastrisches Fieber, an dem er nach drei Tagen starb.

Die Beziehungen zwischen Vater und Sohn waren zuletzt gespannt gewesen. Der Tod versöhnte sie wieder. Die letzten Worte des Sterbenden waren in die Zukunft des Künstlers gerichtet: »Auf dem Totenbett... sagte mir mein Vater, daß ich ein gutes Herz und Verstand besäße, aber daß er fürchte, daß die Frauen mein Leben verwirren und mich beherrschen würden.« Das freilich blieb ihm damals unverständlich, denn nach eigener Aussage hatte er mit 16 Jahren noch keine Ahnung von Frauen und mußte sogar seinen Beichtvater bitten, ihm das 6. Gebot zu erklären, weil er fürchtete, es »vielleicht unbewußt übertreten zu haben«.

Der Tod des Vaters 1827 (im selben Jahr starb Beethoven) leitete die tiefste und längste Krise im Leben des jungen Musikers ein. 16jährig stand er plötzlich allein da, mußte den Vater bestatten lassen und die Mutter nach Paris holen, damit sich überhaupt jemand um ihn kümmerte. Im übrigen war Franz völlig lebensunpraktisch – der Vater hatte ja bisher alles erledigt (wie einst Leopold Mozart für seinen Sohn). Doch es ging ihm nicht nur um das existentielle Überleben: Geldverdienen war er gewohnt. Sondern er hatte höhere Ziele, als sie sich sein Vater jemals vorstellen konnte. Zehn Jahre später beschreibt er seine damalige Situation in einem Brief an George Sand: »Als ich allein nach Paris zurückgekehrt war und zu ahnen begann, was die Kunst werden könnte, was der Künstler werden müßte, war ich wie erdrückt von den Unmöglichkeiten, welche sich auf allen Seiten dem Wege entgegenstellten, den sich mein Gedanke vorgezeichnet hatte. Überdies nirgends ein sympathisches Wort des Gleichgesinntseins findend – nicht unter den Weltleuten und noch weniger unter den Künstlern, die in bequemer Gleichgültigkeit dahinschlummerten, die nichts von mir und nichts von den Zielen wußten, die ich mir gestellt, nichts von den Fähigkeiten, die mir zuerteilt waren –, überkam mich ein bitterer Widerwille gegen die Kunst, wie ich sie vor mir sah: erniedrigt zum mehr oder minder einträglichen Handwerk, gestempelt zur Unterhaltungsquelle vornehmer Gesellschaft. Ich hätte alles in der Welt lieber sein mögen als Musiker im Solde großer Herren, patronisiert und bezahlt von ihnen wie ein Jongleur oder wie der weise Hund Munito.«

In einer kursorischen Aufstellung, die er gegen Lebensende seiner Biographin Lina Ramann schickt, heißt es: »Mein geringfügiger Lebenswandel... zerteilt sich... in fünf Akten.« Das Ende des 1. Aktes war der Tod des Vaters. Die Jahre 1828 bis 1830 läßt Liszt aus, er verdrängt sie. Diese Zeitspanne braucht er, um den härtesten Schicksalsschlag seines jungen Lebens zu verwinden, eine tiefe Demütigung in Zusammenhang mit der ersten Liebesleidenschaft, die Franz erleben durfte (denn bisher hätte er für derlei ja überhaupt keine Muße gehabt).

Da er vor Königen spielte, von ihnen königlich belohnt und von höchsten

Würdenträgern gelobt und von tout Paris umschwärmt wurde, da er die Kinder (meist Töchter) der großen Gesellschaft unterrichtete und in den ersten Häusern von Paris ein und aus ging, war es für den 17jährigen ganz selbstverständlich, daß er Caroline de Saint-Cricq, Tochter eines Ministers, lieben dürfe. Wobei man annehmen kann, daß es sich um ein platonisches, aber nicht minder leidenschaftliches Verhältnis gehandelt haben wird. Die kranke Mutter des Mädchens freute sich für ihr Kind und hat den Vater wohl auch entsprechend beeinflußt. Nach ihrem Tod aber machte der Graf dem Klavierlehrer seiner Tochter, der um ihre Hand anhielt, mit eisiger Höflichkeit den gesellschaftlichen Abgrund deutlich, der zwischen ihnen lag, und wies ihm die Tür. Liszt hatte sinnbildlich seinen Fußtritt von der Aristokratie bekommen, wie einst (allerdings konkret) Mozart vom Grafen Arco. Und wie der sich von der gräflichen Stiefelspitze in die Unabhängigkeit des freischaffenden Künstlers befördern ließ, so gab der Vicomte de Saint-Cricq den Auftakt für die Galerie von Aristokratinnen, die Liszt nunmehr fast planmäßig um die Finger wickeln und bei erstbester Gelegenheit fallenlassen wird; den Auftakt für die Kollektion von Auszeichnung, die der Welt zeigen soll: Schaut her – das bin *ich*. Schließlich löste dieses Erlebnis in Liszt den latenten Groll gegen alle angeborenen Privilegien aus (hierin Beethoven verwandt), was ihn in seltsamen Zwiespalt bringt, da er andererseits die Aristokratie umwerben muß – und möchte.

Aber bevor er zu einer solchen Gegenoffensive fähig ist, muß er erst seine Krise meistern. Caroline hatte ihm die Anfänge der wirklichen Liebe gezeigt. In seiner Ratlosigkeit wendet sich Franz an die Mutter. Die weise Frau beruhigt ihn, dieses Gefühl sei gut und gesund, ja es sei gottgewollt.

Jetzt, da dieser erste Traum, kaum greifbar geworden, zerstoben ist, verfällt der Sohn in eine Art Werther-Stimmung. »Meine brennende Stirn beugte sich über die Stufen von Saint-Vincent-de-Paul.« Wieder winkt der alte Ausweg – die Kirche. In ihren Schoß will er ein weiteres Mal flüchten. Nun ist es die Mutter, die ihn in die Wirklichkeit zurückruft. Zu jenem Entschluß hatte maßgeblich auch ein recht eigenartiges Musikerlebnis beigetragen. Wieder war es ein Violinvirtuose, doch weder Urmusikant wie der Zigeuner Bihári noch Dämon wie Paganini, der ihm bald begegnen wird, sondern ein Mystiker, ein religiöser Fanatiker: Chrétien Urhan, später (1832) Sologeiger der Grand Opéra, daneben auch Organist an jener Kirche, auf deren Stufen sich Franz ausgeweint hat. Urhan hatte die seit Bachs Passionen in Vergessenheit geratene Viola d'amore wiederentdeckt und brachte mit ihren warmen, inbrünstigen Klängen die Hörer zu meditativer Andacht. Später wird Liszt mit ihm gemeinsam konzertieren.

Da er sich nicht mehr in Gesellschaft zeigte, erschien nach Monaten im »Étoile« die lakonische Notiz: »Franz Liszt, geb. 1811 in Raiding, gest. 1828 in Paris.« Das zweite Mal totgesagt!

»Nieder mit dem Alexandriner!« – Paris um 1830

»Ich und das Leben, wir beide sind wie ein junger Mann und seine Braut…«
Was Rastignac in »Vater Goriot« ausspricht, könnte auch Liszt gesagt haben,
als er sich aus seiner bislang tiefsten Krise erhebt. Die nun beginnende Selbst-
findung, die gierige Aufnahme des brodelnden Lebens um ihn und das Erwachen der Manneskraft bewirken eine Identifikation mit Ort und Zeit, wie
sie sich in seiner Biographie nicht wiederholen wird. Weder empfindet und
artikuliert sich Franz Liszt deutsch, noch geht sein Ungarntum über patrio-
tische Emphase und werbewirksame Pose hinaus. Liszt ist typischer Pariser
der 30er Jahre, im innersten Wesen ein Vertreter der französischen Romantik – eine der Ursachen für die zunehmende Vereinsamung im Alter.
Wie sehr er in Denken und Empfinden dem Französischen verpflichtet war,
daß er andererseits aber keinen Prioritätenstreit im Konzert der europäischen Kulturnationen kannte, bringt er selbst viel später zum Ausdruck.
1850 wird er dem Weimarer Großherzog den Entwurf einer *Goethe-Stiftung*
vorlegen und in der Einleitung begründen, warum er sich ausgerechnet in
diesem Kontext der französischen Sprache bediene: »Die Absicht, meinen
Plan so natürlich und unverfälscht wie möglich zum Ausdruck zu bringen,
zwang mich in dieser durch 25jährigen Gebrauch geläufigsten Zunge zu reden. Das Ungewöhnliche dieses Verfahrens würde mir Bedenken machen,
wäre ich nicht davon überzeugt, daß Gedanken in jeder Sprache gleich gut
oder schlecht sind.«
Geweckt wurde er aus seiner Krise durch die Kanonen der Julirevolution.
Ludwig XVIII. hatte über seinen Bruder, den Grafen von Artois, gesagt: »Er
hat gegen Ludwig XVI. konspiriert, er konspiriert gegen mich, eines Tages
wird er gegen sich selbst konspirieren.« Nichts vergessen und nichts dazu
gelernt, diese bittere Erkenntnis über die Bourbonen gilt in besonderem
Maße für Karl X., den letzten Vertreter des Absolutismus. Durch extrem
konservative Gesetzgebung hatte er eine geschlossene Front des Widerstandes provoziert. Ausnahmsweise waren sich Bonapartisten, Intellektuelle
und Arbeiter einig und jagten ihn binnen dreier Tage aus dem Land. Durch
halb legitime Erbfolge kam dann der Herzog Louis Philippe von Orléans an
die Regierung, aus der jüngeren Linie der Bourbonen.
Der neue König war klug, diplomatisch, unbelastet, hatte sich in der Emi-
gration besonnen verhalten, war auch während der Restauration nicht wieder Feudaler geworden, sondern durch und durch Bourgeois geblieben. Sein
dicker Regenschirm, den er als Spazierstock zu benutzen pflegte, wurde ebenso Symbol für das neue Bürger-Königtum wie sein birnenförmiger Kopf.
Die Karikaturisten, speziell Daumier, hatten Konjunktur. Zugute halten
konnte man ihm zumindest, daß er wieder die Trikolore an die Stelle der
bourbonischen Lilie setzte. Aber da er durch Bankiers, Pressemagnaten und

Industriehaie zur Macht gekommen war, konnte er auch nur mit ihrer Hilfe an der Macht bleiben. Die Korruption blühte unter Louis Philippe wie nie zuvor. Seine wohlgemeinte Devise des »Juste-milieu« wurde schamlos der andern untergeordnet, mit der er (selbst ein geschickter Börsenjongleur) die Kapitalwirtschaft ankurbeln wollte: »Enrichissez-vous! – Bereichert euch!« Man dankte ihm seine Bemühungen um ausgewogene Innenpolitik nicht, alle Seiten waren mit ihm unzufrieden. Die Bonapartisten sahen ihn als Thronräuber, das konservative Ausland wollte ihn nicht anerkennen, der Zar sogar militärisch eingreifen. Zwei Putschversuche des nachmaligen Napoleon III. und eine Reihe von Attentaten machten dem Bürgerkönig das Leben schwer.

Indirekte Folgen der Pariser Julirevolution waren die Erhebungen in Belgien (ausgelöst durch eine Brüsseler Aufführung von Aubers Oper »Die Stumme von Portici«) und in Polen.

Rechtzeitig vor Ausbruch des dortigen Aufstandes hatten Freunde den jungen Frédéric Chopin als größte Hoffnung der polnischen Musik nach Paris geschickt. Die Revolutionäre erklärten den Zaren für abgesetzt und verlangten die Grenzen vor der 1. Teilung Polens von 1772 durch Preußen und Rußland. Nach der Niederlage der Aufständischen, denen das Ausland mit Sympathie, wenn auch nicht mit Truppen, beigestanden hatte, wurde Polen russische Provinz; Russisch wurde Amtssprache und die orthodoxe Religion eingeführt…

Sogar die Schweiz erhob sich 1830 und fand zur Demokratie. Bald danach wurde sie zum Asyl für Emigranten und politisch Verfolgte aller Richtungen. Metternich schäumte und sprach von einer »befestigten Kloake«. In die Schweiz wird Liszt mit seiner Geliebten, Marie d'Agoult, vor der Pariser Gesellschaft fliehen. In Genf reift er dann zum Kosmopoliten.

Nicht nur den Lärm der Kanonen vernahm der knapp 20jährige, sondern auch verschiedene Parolen, die ein verändertes Fühlen und Denken der Künstler signalisierten und bei ihm, der sich gerade anschickte, durch Fleiß und Einsatz diese herrliche Stadt und von hier aus ganz Europa zu erobern, auf fruchtbaren Boden fielen. Jetzt tut er alles, um seine Bildungslücken zu schließen. Er liest wie ein Besessener.

Die Revolution hatte gewissermaßen die Emotionen freigesetzt. Im Geiste der empfindsamen Schriften von Rousseau und speziell von Goethes »Werther« kamen neue Romane heraus, auf die sich Liszt in einigen Werken beziehen wird – »René« von François René de Chateaubriand und »Obermann« von Étienne de Senancour. Wortführer der neuen Romantik war Victor Hugo. Er hatte für Frankreich Shakespeare wiederentdeckt. Bedeutsam wurden jetzt auch Goethes »Faust« (von Charles Gounod mit seiner Oper »Margarethe« vollendet romanisiert) und die von Weltschmerz und Freiheitsdrang geprägten Dichtungen Byrons.

Kontrast, Farbe und – ein dialektisches Prinzip – Einheit der Gegensätze kamen in Mode. Nicht mehr das Schöne stand im Mittelpunkt des ästhetischen Interesses, sondern das Charakteristische, das auch das Häßliche sein konnte. Die Schablonenhelden der konventionellen Bühne wichen Menschen aus dem wirklichen, nachvollziehbaren Leben.

Besonders reizte die Kombination bisher sauber voneinander getrennter Eigenschaften: Was bei Schiller der rechtschaffene Räuber war, wurde jetzt die Prostituierte mit dem reinen Herzen. Eine totale Literatur war gefragt, die nach Hugo »lyrisch, episch, dramatisch« zugleich sein müsse. »Nieder mit dem Alexandriner«, rief er aus und forderte ganz im Geist Shakespeares die »fruchtbare Einheit des Grotesken und Erhabenen«. Mit »Alexandriner« ist sinngemäß jedes Korsett für Literatur und Kunst gemeint. (Man könnte den schon Ende des 11. Jahrhunderts in Frankreich aufkommenden Vers zu 12 Silben am ehesten mit dem Hexameter der Antike vergleichen; die Bezeichnung geht auf eine altfranzösische Version der Sage von Alexander dem Großen zurück, nach der dann Pfaffe Lamprecht 1130 sein »Alexanderlied« verfaßte). »Einheit des Grotesken und Erhabenen«... Diese Devise wird ganz besonders auf das kompositorische Werk Liszts, namentlich in seiner Weimarer Periode, zutreffen: grelle Kontraste, nur episodisch »schöne« Stellen der Melodien, dafür immer neue charakteristische Wendungen. Daß eine solche Literatur und Ästhetik extrem subjektiv waren, versteht sich von selbst. Paradebeispiel dafür ist Lord Byron, dem Goethe eine »krankhafte Selbstbespiegelung« vorwarf. Gegenüber Eckermann beschwerte er sich, daß dieser junge Mensch – zweifellos begabt – seinen »Faust« auf sehr eigenwillige und einseitige Weise umgewandelt habe, hin zum Düsteren. (Gemeint ist »Manfred«, den Schumann und Tschaikowski vertont haben.)

Daß die französische Romantik Liszts Mentalität bis ins Alter hin mitbestimmt, belegt eine anrührende Episode aus seinem letzten Lebensjahr. Als Nr. 6 seines Schweizer Bandes der *Années de Pèlerinage* hatte er nach der Lektüre des empfindsamen Romans »Obermann« von Senancour das Stück *Vallée d'Obermann – Das Obermann-Tal* komponiert. Er nannte es das »Monochord der unerbittlichen Einsamkeit menschlicher Schmerzen« und bat seinen Schüler Göllerich, es am Ausgang des Jahres 1885 in seinem Hotelzimmer zu Rom für ihn zu spielen. Er lauschte dieser Musik unter Tränen. Ihm blieben genau noch sieben Monate.

Eine besondere Form des Charakteristischen ist das Diabolische, von Berlioz gestaltet, aber auch schon bei Weber (»Freischütz«) und bei dem »Teufelsgeiger« Paganini zu finden. Später wird man gerade Liszt eine mephistophelische Ausstrahlung bescheinigen! Freiheit war großgeschrieben: Freiheit des Ortes – aus Passion, Freiheit der Liebe – die Ehe war suspekt, Freiheit von Klischees – man brauchte nur wenig, ja nichts zu besitzen. Individualität war gefragt. Sie entsprach – ins Kollektive übertragen – der

Freiheit des Volkes. Dabei bildete sich ein neuer, im Grunde doch wieder »uniformer« Typ heraus, der rasch in Mode kam. Der Romantiker sei vorzugsweise schwarz gekleidet, wähle exzentrische Kragen, die Gesichtsfarbe gleiche möglichst der eines Toten, Haltung und Gebärden sollen auf den bevorstehenden Abschied vom Leben oder doch wenigstens ein intensives, konfliktreiches Seelenleben hindeuten. Romantisch – sprich extrem – waren die Schlußakkorde im Leben »romantischer« Künstler: Byron und Petöfi starben auf dem Schlachtfeld, Puschkin und Lermontow fielen im Duell, Wahnsinn setzte dem Leben von Lenau und Schumann ein Ende, durch Krankheit, Frustration, enttäuschte Sehnsucht oder Not starben vorzeitig Novalis, Shelley, Schubert, Chopin und Delacroix. Edgar Allen Poe ertrank im Alkohol. Monarchen verfielen Wahnideen und lebten in Scheinwelten: Friedrich Wilhelm IV. von Preußen oder Wagners Mäzen, Ludwig II. von Bayern.

Besuch des Bürgerkönigs Louis Philippe am englischen Hof. Zeitgenössische Darstellung 1844. Treffpunkt war der erste englische Eisenbahn-Salonwagen. Rechts Königin Victoria (verwandt mit dem Weimarer Herzogshaus, an das sie Liszt empfahl) und Prinzgemahl Albert

Der junge Victor Hugo, Lithographie von
François Delpech (1778–1825). Hugo galt
als Wortführer der französischen Romantik und Sprecher des Zeitgeistes. Sein
vielfältiges Schaffen inspirierte den
Komponisten Liszt zu mehreren Werken

Honoré de Balzac. Radierung nach Louis
Boulanger (1807–1867). Der barocken
Natur dieses maßlosen Menschen und
Schöpfers entsprach sein Geltungs-
bedürfnis; den Adel hat er sich selbst
zugelegt

Oben: George Sand.
Gemälde von A. Charpentier.
Aurore Baronin Dudevant, wie sie mit
bürgerlichem Namen hieß, war eine der
emanzipiertesten Frauengestalten ihres
Jahrhunderts und die begabteste Schriftstellerin, die Liszts Lebensweg kreuzte

Unten: Frédéric Chopin.
Zeichnung von George Sand (um 1847).
Liszt und Chopin waren stilistisch fast
konträre Doppelbegabungen auf
gleichem Gebiet: beide komponierten
sie vom Klavier aus, und maßgeblich
(Chopin ausschließlich) für dieses
Instrument, und beide waren sie
brillante Pianisten. Chopin scheute
allerdings das Massenpublikum, das
Liszts Virtuosennaturell wiederum erst
richtig in Schwung brachte

◀◀ Links unten:
Abbé Félicité de Lamennais.
Lithographie von François Delpech
(1778–1825) nach J. Belliard. Die
von Saint-Simon übernommenen
Ideen dieses »Weltgeistlichen«
(Liszt wird später selbst Abbé)
haben den Komponisten stark
beeindruckt
◀ Rechts unten:
Hector Berlioz. Nach einem
Porträt von 1831. Die abenteuer-
liche Liebe zu Harriet Smithson,
die unkonventionelle Klangsprache
und das extravagante Auftreten,
aber auch das mitreißende
Sendungsbewußtsein dieses
»Feuerschopfes« wirkten tief auf
den jungen Liszt ein

Was *sie* vielleicht nie hätten zugeben dürfen, konnte sich der Künstler aus-
zusprechen erlauben. »Ich liebe die außergewöhnlichen Menschen, ich bin
selbst einer«, schreibt Balzac an George Sand.
Stendhal formulierte den Grund dafür: »Ich sehe mich in einem Übergangs-
zeitalter... in einem Zeitalter der Mittelmäßigkeit.« Also lebte man aus
Protest und Selbsterhaltungstrieb *anders*, konträr zur Gesellschaft – um
nicht vom Grau der Ereignis- und Spannungslosigkeit verschlungen zu
werden. Deshalb kleidete und gab man sich exzentrisch. George Sand
rauchte Zigarren, ebenso Liszts zweite Lebensgefährtin, die Fürstin Sayn-
Wittgenstein. Die Sand war Transvestitin, allerdings nur hinsichtlich der
Kleidung. Der feuerrote Schopf von Hector Berlioz provozierte die Um-
welt ebenso wie das schulterlange Haar von Liszt.
Der Kult des Persönlichen, des Individuellen und Charakteristischen führte
dazu, daß man sich auch im Alltag wie auf Theaterbrettern, wie zwischen
Bühnenkulissen bewegte und gab. Hierzu der Spötter Heine, der Deutsche
und Franzosen studierte: »Man ertrinkt im Sentiment. Triviales gibt es
nicht, weil alles trivial und tränenschwanger ist. Der Herr Hofrat, der seiner Frau einen guten Morgen wünscht, tut dieses, als sei er Hamlet und
habe die Aufgabe, sich im nächsten Augenlick in der Frühstücksmilch zu
ertränken.«
Eine romantische Beziehung um Liszt kann man direkt als melodramatisch
bezeichnen – und prompt wurde sie auch »vertont« (als »Fantastische Sinfonie«). Und »Pate« stand bei diesem Roman in Tatsachen kein Geringerer
als Shakespeare: Die Schauspielerin Harriet Smithson, einst berühmt als
Ophelia, hatte es dem Komponisten Berlioz angetan, der sie heftig, ja bis zum
Wahnsinn umwarb, ihr ganze Partituren zu Füßen legte und für sie die Oper
mietete. Aber sie erhörte ihn erst, als ihr Stern im Sinken und sie auf dem Weg
zum Alkoholismus war. Da lernte Liszt die beiden kennen. Um Harriets
Schulden abzudecken, veranstaltete der unermüdliche Berlioz ein Benefiz.
Vom Erlös kaufte sie neue Kleider. Berlioz schluckte vor ihren Augen
demonstrativ Gift, hatte aber das Gegengift parat. Liszt kommt aus dem
Staunen nicht heraus. Am 3. Oktober 1833 ist er Trauzeuge bei der Eheschließung der beiden in der englischen Botschaft. Die Verbindung mit
Harriet ist für Berlioz eine Quelle ewigen Verdrusses, ständig fehlt Geld,
Harriet hat depressive Schübe. Liszt und Chopin helfen, wo immer sie
können.

Marie d'Agoult. Ölgemälde von Henri Lehmann 1839, Ausschnitt. Für den jungen Liszt ▶
aus Familie und der Pariser Gesellschaft »ausgestiegen«, mußte sie nach der Geburt
dreier Kinder dann doch begreifen, daß er nicht zum Familienvater taugte. Zur Seßhaftigkeit war er erst bereit, als diese Beziehung zerbrochen war

Blandine
Corinna
Daniel

Die romantische Attitude war länderübergreifend, war Zeitgeist. Es schmeichelte Lord Byron, wenn er »Teufelslord« genannt wurde, und er tat das Seine, um diesen Beinamen glaubhaft zu machen. Paganini lebte von seinem dämonischen Ruf, Berlioz *mußte* die Rolle des eruptiven Nonkonformisten spielen. Und auch Liszt wußte bald, was man von ihm erwartete. Nur, daß er nicht *eine*, sondern etliche Rollen beherrschte... Man lese nur, wie ihn die Sand 1836 für die Pariser Presse aus Genf beschrieb: »Hochgewachsen, überschlank, mit bleichem Gesicht, großen meergrünen Augen, in denen blitzartig Lichter aufleuchteten wie bei einer sprühenden Welle, von kränklicher und zugleich machtvoller Erscheinung, unentschlossenem Gang, schien er mehr zu gleiten als den Boden zu berühren, sah zerstreut aus, unruhig wie ein Gespenst, dem die Stunde der Rückkehr in die Finsternis schlägt.«

Das ist freilich nur die *eine* Seite, ebenso unvollständig wie die Vorstellung von Liszt als schwarz oder gar dezent gekleidetem Zeitgenossen. Es gibt genügend Augenzeugen, die von seiner ungebrochenen Männlichkeit sprechen, in betontem Unterschied zu den meisten anderen femininen Salonpianisten, ebenso genug Berichte von seiner dandyhaften, ja geschmacklosen Art, sich zu kleiden: auffallen um jeden Preis. Doch das Wesen der französischen Romantik ist ja gerade der ihr innewohnende Gegensatz. Hier unnatürlichstes Pathos, dort nüchternster Alltagsrealismus, hier individualistische Verstiegenheit, dort soziales Engagement, hier snobistische Arroganz, da sentimentale Verbrüderung der Klassen.

Eine extrem unromantische Romantik –
Der junge Rebell

> Höchst merkwürdig sind seine Gei-
> stesrichtungen. Er hat große Anlagen
> zur Spekulation, und mehr noch als
> die Interessen seiner Kunst interessie-
> ren ihn die verschiedenen Schulen,
> die sich mit der Lösung der großen,
> Himmel und Erde umfassenden Fragen
> beschäftigen.
> *Heine über Liszt 1837*

Es blieb nicht bei der Beschäftigung mit Kunst und Literatur. Liszt betei-
ligte sich auch an der Diskussion über die damals modischen Soziallehren.
Man sprach um 1830 über den Sozialismus wie heute über ökologische Fragen. Daß man dabei im Salon der Überprivilegierten saß und keinerlei konkrete Beziehung zur »Basis« hatte, störte ebensowenig wie vor fünfzig Jahren, als Marie-Antoinette mit ihren Hofdamen Ziegen molk, um die reinen,
unverfälschten Empfindungen des Landvolks nachzuvollziehen.
Man kann direkt von einer Sozial*romantik* sprechen. 1841 ließ der Bankier
Olinde Rodrigues einen Sammelband »Sozialdichtung von Arbeitern« erscheinen, der Verse eines Hutmachers, eines Schusters, eines Uhrmachers
und einer Stickerin enthielt. Die professionellen Schriftsteller, besonders
Félicité de Lamennais (Liszts späterer Freund) und Victor Hugo spendeten
Lob. Hugo wandte sich an die Hobbyautoren mit den schmeichelhaften
Worten: »Wir alle sind Arbeiter, einschließlich Gott, und ihr arbeitet noch
stärker als mit der Hand durch den Gedanken.«
Durch Lamennais, einen Abbé, der christlich-soziale Utopien verkündete,
wurde Liszt mit den Lehren des Comte de Saint-Simon bekanntgemacht:
sozial gerechte Lösung der Arbeiterfrage und werktätige Bruderliebe als
Hauptinhalt des Christentums. Das erste verstieß unter dem Bürgerkönig
gegen die Staatsraison, das zweite stellte Priesterschaft und Papsttum in
Frage. Kein Wunder, daß Lamennais später exkommuniziert wurde; Liszts
Beichtvater blieb er dennoch.
Auf sein Gedicht »Der Schmied« komponierte Liszt einen Männerchor,
und ebenfalls ihm widmete er das Klavierstück *Lyon* für die Opfer des We-
beraufstandes. Zu deren Gedenken hatte ein anderer, für die geistig-meta-
physische Entwicklung des Künstlers wesentlicher Kopf ein Poem »Harmonie« geschrieben – Alphonse de Lamartine. Dessen mystischer Pantheismus
beeindruckte Liszt tief, von Lamartine übernahm er das Vorwort zu seinem

verblüffend modernen Klavierstück *Harmonies poétiques et religieuses*. Hier
gibt es weder Tonart noch Taktstriche – »Nieder mit dem Alexandriner!«.
Ihm verdankt er auch die Entstehung weiterer »metaphysischer« Kompositionen: den Klavierzyklus *Apparitions – Erscheinungen* und die Orchester-
dichtung *Les préludes*.

Das Besondere an der französischen Romantik ist ihr Gegenwartsbezug.
Damit wird sie eigentlich eine ganz »unromantische Romantik«, denn – so
Egon Friedell – »wenn etwas extrem unromantisch ist, so ist es die Politik«.
Und politisch waren sie alle, von Saint-Simon über Abbé Lamennais und
Lamartine bis zu Balzac und Hugo. Letzterer schrieb im Vorwort zu »Her-
nani«: »Die französische Romantik... war ganz einfach, als heißer, sprü-
hend elementarer Ausdruck des Zeitgeistes, Realismus.« Noch knapper formuliert der Maler Eugène Delacroix: »Wer Romantik sagt, meint moderne
Kunst.« Keiner kann diesen Realismus im Verein mit einer besessenen Produktivität besser vorführen als Honoré de Balzac (den Adel hat er sich aus
werbepsychologischen Gründen selbst verliehen), wie ihn Friedell sieht: »In
Balzac kocht und raucht das Maschinenzeitalter. Er selbst ist nichts als eine
wunderbar gebaute *Riesenmaschine*, die unaufhörlich aus Materie Materie
macht. Der Genius ist zum Perpetuum mobile geworden! Balzacs giganti-
sche Fabrik walzt Menschen, in allen Größen und Qualitäten, pausenlos
und massenhaft, und speit sie auf den Markt; er ist Leiter eines ›Menschen-
werks‹...« Er verglich sich »mit Napoleon, indem er auf dessen Statuette,
die in seinem Zimmer stand, die Worte schrieb: ›Was er mit dem Degen
nicht durchführen konnte, werde ich mit der Feder vollbringen.‹« Und er
hat es geschafft, »er hat Europa unterjocht: Von der Seine bis zur Wolga ge-
horchte es seiner Zauberfeder«.

Unter den Malern ist *der* französische Romantiker Delacroix. Farbenrausch
stellt er über korrekte Linienführung, Schreckliches über »Salonfähiges«.
Seine Figuren sind teils pathetisch, teils provokant, aber stets proportioniert
und formbewußt – obligatorische Bedingungen für französische Kunst. Besonders interessant für den deutschen Betrachter sind seine Illustrationen
zu »Faust«, Verbindungsstück zwischen Goethe und Liszt und optisches
Pendant zu Gounods »Margarethe«.

In der französischen Romantik verfließen die herkömmlichen Kunstgattungen; die Musik rückt nicht nur mit der Literatur zusammen (Sinfonische
Dramen und Dichtungen statt Sinfonien), sondern auch mit der Malerei. Für
Liszt gehören die Künste gleichberechtigt zusammen und sind nichts anderes als verschiedene Äußerungen *eines* Gestaltungswillens.

Die Ästhetik der jungen, aufbegehrenden Künstlergenerationen und die
realen Marktbedürfnisse waren wie immer zwei grundverschiedene Größen.
Die letzte Periode der Bourbonen-Restauration mit einem arroganten
»Ancien régime« einerseits und der wenig gebildeten, aber tonangebenden

Heinrich Heine. Federzeichnung von Franz
Kugler. Heine, der auch als Musikkritiker
wirkte, verfaßte nach anfänglichen Lobeshym-
nen giftige Kommentare auf Liszt und packte
ihn an der empfindlichsten Stelle – bei seiner
Eitelkeit

Eugène Delacroix, *der* Maler der französischen
Romantik. Karikatur von E. Giraud

Großbourgeoisie andererseits, die nach der Macht drängte: Das war die Atmosphäre, wo leichte, ja seichte Unterhaltung gefragt war. Auch als es »frische Luft« gab und Auftrieb für die Jungen, änderte sich in der Kunstszene nicht viel. Der Bürgerkönig investierte nichts in die Künste, was nach dem Gesetz der umgekehrten Wirkung dazu führte, daß man nun gerade »in Kultur« machte. Nicht etwa, daß die Ansprüche gestiegen wären: Neben den genialen Delacroix schob sich jetzt der akademisch-fade Horace Vernet, neben Bellini und Donizetti erklang unter Beifallsstürmen Meyerbeer. Balzac brachte das Kunstniveau der vermögenden Oberschicht auf die kurze Formel: »Ich gehe in die Oper, um zu verdauen.« Und was die Mechanismen des Kulturbetriebes betraf: Meyerbeer, damals einer der erfolgreichsten Komponisten, entstammte dem Bankiersfach, und ihm gebührt das zweifelhafte Verdienst, die Marktgesetze auch in den Bereich der künstlerischen Meinungsbildung eingebracht zu haben. Nicht nur, daß er Claqueure bezahlte, die seinen Werken zum Durchbruch verhelfen und andere zum Scheitern bringen sollten. Er erfand speziell auch die »dormeurs«, schläfrige Gestalten auf gut sichtbaren Plätzen, die bei Opern der Konkurrenz vergeblich gegen Langeweile und Müdigkeit ankämpften und damit natürlich jedes Stück zur Strecke brachten…

Auf dem musikalischen Sektor markieren Meyerbeer und Berlioz ebenso zwei Pole wie Liszt und Chopin. Nach einem Aperçu von Friedell verkörpern Meyerbeer und Berlioz die beiden Seelenhälften des Sprechers der französischen Romantik, Victor Hugo. Meyerbeer sucht das Malerische und Effektvolle, Berlioz das Grausig-Groteske, das Abnorme. In Meyerbeers Ausstattungs- und Sensationsopern ist der »stahlharte, bis zur Schamlosigkeit unbedenkliche Wille zum Erfolg Musik geworden«; Berlioz hingegen wirkt wie das Gewissen der Tonkunst vor den strengen Augen der Geschichte, er verkörpert den – vorerst erfolglosen – Fortschritt. Beide Pole finden sich in Liszts Schaffen wieder.

Der Salon ist der Kommunikationsort des Zeitalters und das Ambiente der intimen Kunstpflege. Man braucht massenweise Salonmusik. Das ist die historische Stunde für Chopin und Liszt. Zwar haben beide Erfolg, aber vor der Musikgeschichte besteht in der *Gesamtheit* seines Schaffens nur der erste. Seine Begrenzung in jeder Hinsicht hat ihm zu einer Verdichtung verholfen, die Liszt nur teilweise und vorwiegend erst im Alter gelingen wird. Chopin schreibt ausschließlich Klaviermusik, begnügt sich mit einigen wenigen Formen und experimentiert nicht, behält aber zeitlebens eine spezifische Klangsprache bei – Gemisch aus zeittypischer Sentimentalität, polnischer Folklore und klassischer bis kontrapunktischer Satztechnik.

Die Kanonen, die Karl X. ins englische Exil jagten, waren für den jungen Liszt, der seit seiner Kränkung durch Saint-Cricq aufrührerisch gesinnt war, der Auftakt zu einem ungewöhnlichen Opus. Mit kühnem Schwung und inspiriert von Beethovens »Schlacht bei Vittoria« warf er Skizzen für eine *Revolutionssinfonie* aufs Papier, in die er die »Marseillaise« und das hugenottische Volkslied: »Vive Henri IV.« aufnehmen wollte. Beendet wurde nur ein Satz mit dem eigenen Titel *Héroïde funèbre*. Geplant war eine fünfsätzige programmatische Partitur – und das ein halbes Jahr bevor im Dezember 1830 die erste romantische Programmsinfonie der Welt uraufgeführt wurde – die »Symphonie fantastique« von Berlioz!

Auch wenn dieses Fragment schwach ist, wie alle Schlachten- und Lärmstücke von besagter Beethoven-Komposition bis zu Tschaikowskis »Das Jahr 1812«, ist es doch ein wichtiges Dokument für die soziale Position des Verfassers. Damals hatte er noch die Beseitigung der Klassenunterschiede angestrebt, später wird er immer besser verstehen, unter diesen Schranken »hindurchzuschlüpfen«. Aber vorerst qualifiziert sich seine anfangs revolutionäre Gesinnung unter dem Einfluß von Saint-Simon und Lamennais zu einer versöhnlicheren, die offene Gewalt verabscheut. Der junge Sozialromantiker glaubt, daß das christliche Ideal durch humanistisches Handeln verwirklicht werden könne. Dabei haben laut Lamennais besondere Funktion »jene zwei Klassen, die Amt und Macht haben, alle Klassen zu versöhnen, zu beleben und mit gemeinsamer Liebe dem Ziele der Menschheit entgegenzuführen: die Priester und Künstler«. Was Wunder, daß Liszt in letzter Konsequenz versuchen wird, beides in ein und derselben Person zu sein!

Aus dieser hohen, höchsten Berufung der Kunst leitete er auch seine Auffassung vom Künstlerberuf ab. »Lange genug hat man sie als Höflinge und Parasiten in den Palästen gesehen, lange genug haben sie die Amouren der Großen und die Freuden der Reichen verherrlicht: Nun ist die Stunde gekommen, den Mut der Schwachen aufzurichten und die Leiden der Unterdrückten zu lindern...« heißt es 1835 in seiner Schrift *Zur Stellung der Künstler*. Und weiter: »Wir glauben so unerschütterlich an die Kunst wie an Gott und die Menschheit... Wir glauben an einen unendlichen Fortschritt, an eine unbegrenzte soziale Zukunft der Tonkünstler; wir glauben daran mit aller Kraft der Hoffnung und Liebe!«

Das sind Worte der französischen Romantik und der christlichen Sozialutopien. Aber bei Liszt führen sie zu konkreten Ergebnissen: nicht nur zu den Schriften *Zur Stellung der Künstler* und *Über zukünftige Kirchenmusik*, sondern letztlich auch zur Gründung des *Allgemeinen deutschen Tonkünstlerverbandes* und zu einer Vielzahl hochherziger Aktionen, Stiftungen und Initiativen zugunsten schwächergestellter Künstler oder ihrer Angehörigen. Daß er mit seinem flammenden Idealglauben bei manchen Zeitgenossen auf völliges Unverständnis stieß, mag eine kuriose Begebenheit von 1835 belegen. Vincenzo Bellini war, erst vierunddreißigjährig, bei Paris an der Schwindsucht gestorben. Liszt verehrte den genialen Melodiker damals so sehr, daß es »für längere Zeit keinen Raum mehr für andere Musik in mei-

nem Geiste gab«. Auf Motive aus Bellinis Erfolgsopern *Die Puritaner* und *Die Nachtwandlerin* schrieb er wenig später ebenfalls außerordentlich populäre Paraphrasen. Nun, nach dem vorzeitigen Tod des Italieners, richtete er eine Eingabe an den Bürgerkönig und schlug den Bau eines Pantheons für Bellini vor. Da er die Attribute »kühn und zukunftsträchtig« verwendete, landete das Schreiben im Polizeipräsidium – weil staatsgefährdend.

Drei Begegnungen – Berlioz, Paganini, Chopin

»Die vorherrschenden Eigenschaften meiner Musik sind leidenschaftlicher Ausdruck, innere Glut, rhythmische Begeisterung und das Unerwartete.« Das schrieb Berlioz an seinen Verleger. Auch Liszt hätte das unterschreiben können; eine Kopie dieses Briefes hing in Weimar über seinem Arbeitstisch. Und noch der Abbé der späten Jahre unterstreicht die Bedeutung des Franzosen für sein eigenes Schaffen: »Paganini gab mir das Feuer, Berlioz die Tiefe und den Adel. Was er über seine Musik hinterlassen hat, ist... das Bekenntnis zur Musik dieses Jahrhunderts schlechthin.«
Der Dichter Théophile Gautier nannte sie das Triumvirat der Künste: Hugo, Delacroix und ihn – Hector Berlioz. Rote Mähne, fanatischer Neutöner, unversöhnlich in seinen aufrührerischen Ansichten und leidenschaftlich in seiner Liebe zur Shakespeare-Mimin Harriet Smithson. Ein chaotischer Mensch, aber sein Chaos war fruchtbar. Liszt hat von ihm eine Menge gelernt. Auf die Idee einer Programmsinfonie war er mit seiner *Revolutionssinfonie* zwar schon selbst gekommen, aber neu für ihn waren das Mephistophelische (für seine spätere *Faust-Sinfonie* und seine *Mephisto-Walzer* wichtig) und das Prinzip, *ein* Thema durch ein ganzes Werk zu ziehen und es dabei bis zur Gegensätzlichkeit umzuwandeln (bei ihm dann »Themenmetamorphose«). So hatte es Berlioz mit der »idée fixe«, dem Leitmotiv seiner Harriet, in der »Fantastischen Sinfonie« gemacht; dort erklingt es zuletzt sogar infernalisch verzerrt auf dem Hexensabbat, wohin der Komponist die Geliebte haßerfüllt verbannt, da sie ihn nicht erhören will.
Bislang – seit Haydn, Mozart, Beethoven – war das Übliche die Auseinandersetzung zwischen zwei Themen gegensätzlicher Beschaffenheit mit dem endlichen Sieg des einen über das andere. Jetzt kommt Liszt, angeregt durch Berlioz, auf den Gedanken, sich auf nur *ein* Thema zu beschränken und ihm verschiedene, ja konträre Erscheinungsformen zu geben. Erinnert das nicht an sein eigenes Wesen?

◄ Skizzen zur *Revolutionssinfonie* 1830. Autograph. Unten rechts die ersten Worte der »Marseillaise«: »Allons enfants de la patrie...«

Und noch etwas regt die Begegnung mit Berlioz an: Liszt ist von der »Fantastischen Sinfonie« und den Ouvertüren des Freundes, darunter je eine nach Shakespeare und Byron, so begeistert, daß er neuartige Klavierfassungen von ihnen anfertigt, *Partitions de piano*.

In einem Zeitalter, wo der Musik noch keinerlei Medien außer dem Notendruck zur Verfügung standen, waren das nicht nur notwendige, sondern äußerst gängige und erfolgreiche Mittel zur Verbreitung eines Werkes. Liszt war ihr Begründer und blieb ihr unübertroffener Meister.

1831 versetzte ein Virtuose Paris in Taumel: Niccolò Paganini kam in die französische Hauptstadt. Es war eine unglaubliche Mixtur, der er seine faszinierende, ja hypnotische Wirkung verdankte. Wilde Gerüchte eilten dem Künstler voraus: Er habe Mutter und Braut umgebracht und im Gefängnis vom Satan persönlich die Kunst erlernt, auf einer einzigen Saite zu spielen. Er war von atemberaubender, ja dämonischer Häßlichkeit (häßlich galt als dem Schönen gleichberechtigt, eine Art »Punk-Ästhetik« des 19. Jahrhunderts); er hatte eine fast schamlose erotische Ausstrahlung. Seine Auftritte waren ausgeklügelt inszeniert. Doch alles übertraf sein stupendes, noch nie gehörtes Geigenspiel.

Balzac erinnert die schwarz ausgeschlagene Bühne an eine »mysteriöse Beerdigungsszene«, er beschreibt, wie Männer und Frauen in Hysterie gerieten,

Niccolò Paganini. Zeitgenössische Karikatur, Ausschnitt. Der »Teufelsgeiger« aus Genua gab Liszt eine unauslöschliche Vorstellung von der suggestiven Macht überragender Virtuosität und den Impuls für eine Pianistenkarriere auf höchster Ebene. Liszt will nun der »Paganini des Klaviers« werden

wenn gegen Ende ganz zufällig drei Saiten rissen und der »Teufelsgeiger« auf der einzig verbliebenen weiterspielte, wie sich etliche Damen die Kleider aufrissen... Daß die Karten extrem teuer waren, kam dem notorisch geizigen Virtuosen doppelt zugute. Wer so viel bezahlt hatte, wollte natürlich auch auf ungewöhnliche Weise unterhalten werden und war zu allem bereit.

Das Erlebnis Paganini hatte Liszt noch gefehlt, um gänzlich zu neuem, intensiverem Leben und Streben zu erwachen. Er war staunend Zeuge, wie der Genueser mit seinem kleinen Instrument ganze Menschenmassen in seinen Bann zog und in Atem hielt. Nicht nur Paganinis Technik frappierte ihn (das konnten die Modepianisten auf ihre Weise auch), sondern das Elementar-Ungekünstelte und das hier Romantisch-Entrückte, dort Ekstatisch-Sinnliche seines Spiels: »Welch ein Mann, welch eine Geige, welch ein Künstler!« Er ist nun entschlossen, der Paganini des Klaviers zu werden, denn wieviel mehr vermag er – Franz Liszt – mit seinen edleren und damit auch tragfähigeren Beweggründen (Auftrag des Künstlers) und den ohnehin vielfältigeren Möglichkeiten des Klaviers als der italienische »Hexenmeister«, der mit seinem kleinlichen Geiz, seiner Skandallüsternheit und Mädchenjägerei jedes höhere künstlerische Motiv vermissen ließ.

Dieser Entschluß fällt in die Zeit, da er sein Wissen durch fieberhaftes Lesen aufzufüllen sucht. Die Bitte an einen Freund: »Lehren Sie mich die ganze französische Literatur!« gleicht schon einem Hilferuf. So stehen jetzt Tonleitern neben Weltkultur. »Mein Geist und meine Finger arbeiten wie zwei Verdammte – Homer, die Bibel, Platon, Locke, Byron, Hugo, Lamartine, Chateaubriand, Beethoven, Bach, Hummel, Mozart, Weber umgeben mich. Ich studiere, befrage, verschlinge sie gierig; ferner übe ich vier bis fünf Stunden (Terzen, Sexten, Oktaven, Tremolos, Triller, Kadenzen etc. etc.). Vorausgesetzt, daß ich nicht toll werde – wirst Du einen Künstler in mir wiederfinden! Ja, einen Künstler nach Deinem Geschmack, so wie man sie heutzutage braucht.« Der Adressat, Pierre Wolf, ist ein Schüler und Freund aus Genf, in dessen Vaterhaus sich Liszt später mit Marie einquartieren wird.

Die beste Bestätigung, daß dieses Selbststudium funktionierte, lieferte das bald darauf fertiggestellte Klavierstück, die *Große Fantasie auf »La campanella« von Paganini*, mit der Liszt seine berühmten Transkriptionen nach dem Geiger beginnt. Das Erlebnis dieses Virtuosen wirkte noch bis zu dessen Tod 1840. Liszt schrieb ihm einen bewundernden Nachruf: *Paganini. Ein Nekrolog*.

Kein größerer Gegensatz unter Virtuosen wäre denkbar als zwischen Paganini und Chopin, der ebenfalls 1831 in Paris erscheint. Doch auch Liszt und Chopin trennen Welten. Gemeinsam haben sie das Instrument und das Nationalgefühl (bei Liszt allerdings auch als Pose). Aber die sensible, nach innen gerichtete Natur, das fast feminin Zarte, ja zunehmend Morbide bei

Chopin steht in völligem Kontrast zur mannhaften Sinnlichkeit und einem gewissen Exhibitionismus bei Liszt. Dennoch bewundert er den anderen und hat ein Ohr für das Neue in Chopins Klangsprache: »Hier duftet, was die Welt bisher nicht hat spüren können.« Freilich, er – Franz Liszt – war der gefeierte Star der riesigen Säle, hatte die vergleichsweise robuste Konstitution und war härter vortrainiert. So kann er sich leisten, Chopin bis zuletzt zu bewundern, zu unterstützen und sein Werk zu verbreiten. Drei Jahre nach dem Tod des Freundes wird er ein Buch über ihn schreiben. Und als er Ende 1885, ein halbes Jahr vor seinem Tod, Chopins Grab auf dem Père Lachaise besucht, sagt er von ihm: »Er war die Grazie und Melancholie dieses Jahrhunderts.«

Daß er sich nicht wie Chopin als Komponist auf das Klavier beschränkt hat, verdankt er Berlioz: »Ich durfte das Orchester nicht auslassen.« Und gerade mit seinen Sinfonischen Dichtungen hat Liszt einen grundlegenden Beitrag zur Geschichte der Orchestermusik geleistet.

Auch wenn sich Chopin unter dem Aspekt des Salons mit damals modischen Tänzen – Walzer, Mazurka, Polonaise – auseinandersetzt, so bleibt er doch stets gehaltvoll und verzichtet auf vordergründige Virtuosität. Diesen Vorwurf wird man Liszt nicht immer ersparen können. Denn einmal schreibt er einfach zu viel und zu rasch, zum andern richtet er sich allzugern nach den Wünschen des Publikums und dem Diktat der musikalischen Tagesproduktion. Man braucht nur die Werkverzeichnisse der beiden Pianisten-Komponisten zu vergleichen.

Siege im Salon – Das »Elfenbeinprofil«

> Wie schade, einen solchen Menschen
> ans Klavier zu setzen.
> *Lady Blessington über Franz Liszt,*
> *von ihm überliefert*

Der kometenhafte Aufstieg des gerade flügge gewordenen Liszt in der Pariser Gesellschaft und speziell der Damenwelt der oberen Kreise erfüllte ihn mit Stolz und gab ihm sein durch den Grafen Saint-Cricq verletztes Selbstbewußtsein wenigstens teilweise wieder. Diese zielstrebige und erfolgreiche Selbstdarstellung im Salon brachte ihm aber auch bissige Kommentare seiner mitunter neiderfüllten Zeitgenossen ein. »Er ist bereits wie eine alte Kokotte, der Applaus ist ihm unentbehrlich geworden, und das Leben wird ihm unmöglich, sobald irgendwelche Finger sichtbar werden, mehr ›à la mode‹ als die seinigen...«, schrieb Balzac. In seinem Roman »Beatrix« entwirft er ein boshaftes Bild von Liszt (er ist dort Maler und heißt Conti). Heine spöttelt

über das »tolle, schöne häßliche, rätselhafte, fatale und mitunter sehr kindi-
sche Kind seiner Zeit, den gigantischen Zwerg, den rasenden Roland mit dem
ungarischen Ehrensäbel, den genialen Hans Narr« und führt den ganzen
Erfolg darauf zurück, daß »niemand auf dieser Welt seine Successe oder vielmehr die Mise en scène derselben so gut zu organisieren weiß wie unser
Franz Liszt«. In der Tat, manchmal setzte er sich recht vollmundig in Szene,
wie 1833 einer Schülerin gegenüber: »Mehr als vier Monate habe ich weder
Schlaf noch Ruhe gehabt: Geburtsaristokratie, Begabungsaristokratie,
Glücksaristokratie, elegante Koketterie der Boudoirs, die schwere… Atmosphäre der diplomatischen Salons, der sinnlose Tumult der Routs, Gäh-
nen und Bravorufen in literarischen und künstlerischen Abendveranstaltun-
gen, egoistische und verletzende Freuden auf dem Ball. Plaudereien und
Dummheiten in Teegesellschaften, Scham und Selbstvorwürfe am nächsten
Morgen, Triumph im Salon, überspannte Kritiken und Lobhudeleien in Zeitungen aller Art, künstlerische Enttäuschungen, Erfolg beim Publikum, alles
das habe ich durchgemacht, alles erlebt, alles gefühlt, verachtet, verflucht
und beweint.« Kurz gesagt: Die Provinz berauscht sich an der Metropole.
Wie Liszt auf eine nicht verliebte Frau gewirkt hat, berichtet die Mutter
einer Schülerin, Madame Boissier: »Ein Jüngling, der tief nachdenkt, der
träumt, der alles zu erklären versucht. Sein Gehirn ist ebenso erstaunlich
ausgebildet wie seine Finger, und wäre er nicht ein so vollendeter Musiker,
so würde er ein ebenso bedeutender Philosoph und Schriftsteller sein.«
Offenbar verstand es Liszt schon sehr bald, seine Bildungslücken durch rhe-
torische Gewandtheit und Phantasie auszugleichen. Es will etwas heißen,
wenn der Wiener Musikwissenschaftler Ambros ihm zugesteht: »Man sende
ihm… einen cimbrischen Mörder, oder man sende ihm einen Rezensenten
nach: Gewinnt er nur Zeit, mit dem Mörder oder mit dem Rezensenten
zehn Worte zu sprechen, so ist er gerettet!«
In der Saison 1833/34 begegnet er den beiden interessantesten Frauen, die
der Pariser Salon damals aufzuweisen hatte. Die eine war in den Augen der
gutbürgerlichen Gesellschaft eine einzige Provokation: Die Männer haben
sich immer wieder gegen sie und ihre Bedeutung gewehrt – einer ihrer
Liebhaber, Alfred de Musset, ordnete sie (da war er allerdings schon »abge-
legt«) dem »Typus der gebildeten Amsel« zu, Friedrich Nietzsche (nicht
unbedingt ein Frauenförderer) nennt sie später eine »Schreibekuh«, und
noch Friedell spricht 1931 von einer »gräßlichen Literatursuffragette«.
Und das alles nur, weil sie die Männer dominierte – statt jene sie – und weil
sie sich erkühnte, auch deren ureigenstes Handwerk, die Schriftstellerei,
mit unzweifelhaftem Talent zu betreiben. Die Baronin Dudevant, »Spröß-
ling von Feldherren, Königen, Tänzerinnen und Straßenhändlern« und
laut Heine die »bedeutendste Schriftstellerin seit der Revolution«, schrieb
unter einem männlichen Pseudonym – George Sand. Sie kleidete sich wie

ein Mann, rauchte Zigarren, hatte aber durchaus weibliche Ambitionen, wenn es um Männer ging. Ihr damaliger Freund, Alfred de Musset, stellte ihr den jungen Franz Liszt vor. Er hat es sehr schnell bereut, denn es gab offenbar sofort einen Funken zwischen den beiden, zumindest das spontane Einverständnis zwischen Künstlern verwandter Sensibilität.

George Sand hatte keinerlei Skrupel, wenn es um ihre Neigungen ging. Ihre jahrelange Beziehung zu Chopin hat den polnischen Komponisten viel Kraft gekostet. In Genf wird sie Liszt und seine Geliebte besuchen; dort trifft sie auf Jérôme Bonaparte, mit dem sie ein Verhältnis beginnt. Später gibt der Exkönig von Westfalen (an dessen Hof Beethoven Kapellmeister hatte werden sollen), nach der Sand befragt, zur Antwort: »Sie ist eine Nachfahrin König Augusts des Starken von Sachsen-Polen und des Großmarschalls von Sachsen... Das sagt alles!«

Aus- und Aufbruch: Marie

Was in der Beziehung zu George Sand vielleicht nur schwelte, kam bei der zweiten Dame, der Liszt noch Ende 1833 begegnete, offen zum Ausbruch: eine Leidenschaft, die Jahre vorhalten sollte, die erste erfüllte Liebe des jungen Künstlers. Marie d'Agoult, geborene von Flavigny und Enkelin des Frankfurter Bankiers Bethmann, war die beträchtlich jüngere Frau eines Grafen, mit dem sie drei Kinder hatte, und galt als Pariser Schönheit: blaue Augen, blond, aristokratisches Profil. (Es gibt allerdings Einwände: Heine findet ihre Füße zu groß, nach Delacroix hat sie ein schiefes Gesicht und zu breite Backenknochen, und über ihre zuweilen wenig geschmackvolle Garderobe mokieren sich Chopin und Rossini.) Zu den äußeren Vorzügen kamen noch geistige Regsamkeit und rasche Auffassungsgabe – später wird sie als Schriftstellerin unter dem Pseudonym Daniel Stern ihren Weg machen. Allerdings gesteht sie selbst, daß sie vor der Begegnung mit Liszt außer einer sehr begrenzten Klostererziehung keine systematische Bildung erhalten habe. So konnten sich beide ergänzen und beim Nachholen von Allgemeinbildung unterstützen.

Oben: »Erinnerung an Liszt«. Ölgemälde von Joseph Danhauser, Wien 1840. In einer ▶
fingierten Szene hat der Maler folgende Künstler festgehalten (jeweils von links): vorn
Dumas d.Ä., George Sand, Liszt, Marie d'Agoult; stehend Hugo, Paganini und Rossini
Auf dem Flügel eine Beethoven-Büste
Unten: Die Hand des jungen Liszt. Gipsabguß. Entgegen einer schon zu Lebzeiten ▶
verbreiteten Legende besaß Liszt keine überdurchschnittliche Spannweite, er konnte
gerade eine (nur gelegentlich gefüllte) Dezime greifen

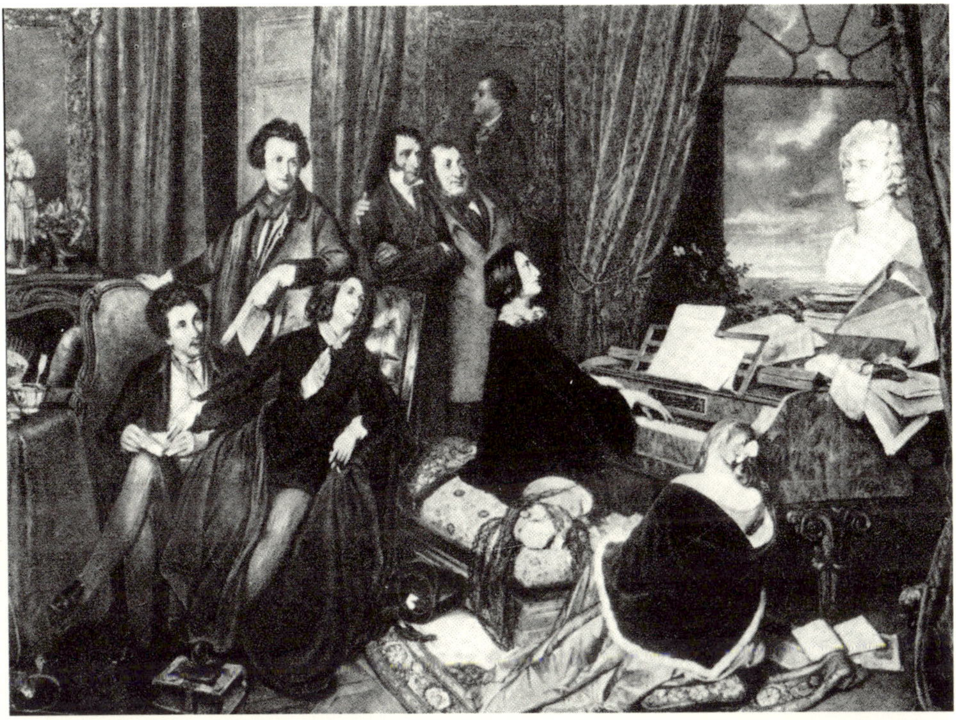

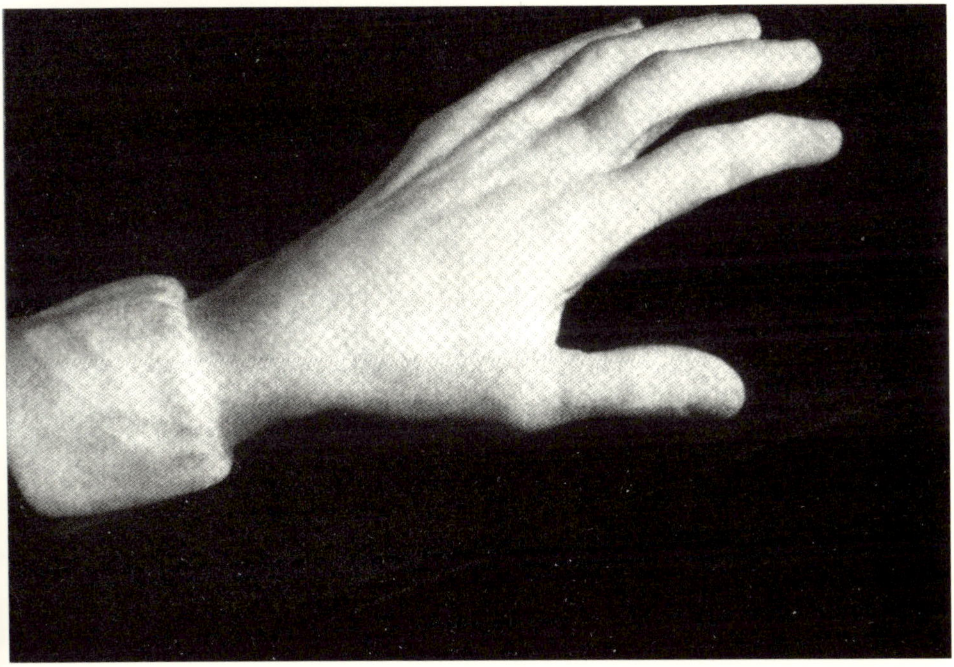

Franz Liszt. Anonymes Bronzerelief

Ein Umstand sollte nicht übersehen werden. Marie war reich, sehr reich. Bevor sie mit Liszt »ausbrach«, machte sie ihren Schmuck zu Geld und transferierte mehrere Millionen Francs auf eine Genfer Bank. Ihre Existenz war gesichert, und Liszt wird maßgeblich von ihrem Vermögen leben.

Profil gesellte sich spontan zu Profil, auch im wörtlichen Sinne, denn Liszt hatte im Salon längst den Spitznamen »Elfenbeinprofil« (oft wurde sogar auf die Ähnlichkeit beider hingewiesen). Was Marie darüber hinaus an ihm fesselte, war nicht nur sein Klavierspiel (sie spielte selbst nicht schlecht), sondern seine ständig wechselnde Stimmung und Mimik. Seine unterschiedlichen »Naturen« erlebte sie als spannend und aufregend. Etwas Besseres konnte ihm gar nicht widerfahren. Für Marie war es bald keine Frage, sich für den sechs Jahre Jüngeren zu entscheiden. Freilich wußte sie, was das bedeutete; sie umschrieb es mit einem Zitat von Vigny: »Ich liebe dich und steige herab.« Begreiflicherweise hat sie gezögert, mit der Pariser Gesellschaft zu brechen, um ihr weiteres Leben an Liszts Seite zuzubringen. Der plötzliche Tod eines ihrer Kinder lockerte die Bindung an die gräfliche Familie. Den Ausschlag gab dann die massive Einwirkung des Geliebten, die sich in ihren Memoiren wie folgt liest. (Die Vorgeschichte: Man hatte, wohl um sich zu prüfen, eine Trennung von mehreren Wochen vereinbart. Da wurde offensichtlich, daß Marie schwanger war. Liszt bat um ein Treffen, bevor er Paris verlassen wollte.)

»›Was haben Sie mir zu sagen? Reisen Sie?‹ fragte ich. ›*Wir* reisen‹, antwortete Franz in einem seltsamen Tonfall und heftete einen langen Blick auf mich, der in der tiefsten Tiefe meines Herzens nach Zustimmung suchte. Ich schwieg. Ich vermochte, wagte nicht zu verstehen.

›Wir reisen!‹ wiederholte er. Und seine Augen nahmen einen so flehentlichen Ausdruck von Hoffnung und Liebe an, daß es mir unmöglich war, ihn auszuhalten.

›Was sagen Sie, Franz?‹ Und ich wandte den Blick ab.

›Ich sage‹, fuhr Franz fort, ›daß wir nicht so weiterleben können. Sagen Sie nichts dagegen. Ich habe alles vorausbedacht, was Sie einwenden könnten. Seit den ersten Tagen meiner heißen, verlangenden Liebe zu Ihnen habe ich für Sie gezittert. Ich beschloß, Sie zu verlassen. Eben noch wollte ich ein Weltmeer zwischen Sie und mich legen, damit Sie wenigstens, wenn auch kein Glück, so doch Frieden hätten… Und was habe ich getan? Arme Frau! Wie sind Sie jetzt gebeugt, kraftlos und unfähig zu leben! Was ist aus Ihnen fern von mir geworden? Nein, nein, ich werde Sie nicht so traurig hinsiechen und umkommen lassen… Wir müssen, angesichts des Himmels, die Heiligkeit oder das Verhängnis unserer Liebe eingestehen. Hörst du mich, verstehst du mich?‹ Und Franz preßte mich in seine Arme.

›Großer Gott!‹ rief ich aus.

›Dein Gott ist nicht mein Gott!‹ sagte Franz und legte seine Hand auf mei-

nen Mund. ›Es gibt nur einen Gott, den Gott der Liebe.‹ Acht Tage später
verließen wir Frankreich. Alles war zerbrochen, verworfen, mit Füßen getreten, nur unsere Liebe nicht.«

Wenn dieser Dialog das literarische Werk Maries war, dann beweist er, daß
sie schreiben konnte. Wenn er einigermaßen authentisch war, dann zeigt er
den Charmeur und Liebhaber Liszt in vollem Glanz. Das Ganze ist wie eine
gute Komposition aufgebaut. Langsame Exposition mit starkem mimischem
Anteil und wirkungsvollen Pausen. *Sein* Thema wird eingehämmert (»Wir
reisen!«), *ihr* Thema ist nur rudimentär und eigentlich von keinem Wollen
mehr getragen. Deshalb taucht es erst in der Reprise wieder auf; in der
Durchführung, die jetzt als Appassionato-Wortschwall, als leidenschaftliches Plädoyer der freien Liebe von Liszt vorgetragen wird, fehlt ihre Stimme ganz. Höhepunkt der »Durchführung« ist der Wechsel von der 2. Person Plural zur 2. Person Singular (»Hörst *du* mich?«)

Der Einsatz der »Reprise« ist raffinierterweise stumm: Umarmung. Es folgt
verkürzt der einmalige Abtausch beider Themen. Und dann die strahlende,
großartig phrasierte (kommt hier von Phrase) *Apotheose*, bewußt pseudo-
sakral gehalten, was schon immer der Gipfel der Demagogie war: »Es gibt
nur *einen* Gott« (was insoweit stimmt) – »den Gott der Liebe.«

Einer so virtuos vorgetragenen Attacke konnte sich nicht einmal eine Frau
vom Format Marie d'Agoults entziehen. Und sie wollte auch gar nicht.

Durch Fleiß zum Star

> Mein Klavier ist für mich, was dem
> Seemann seine Fregatte, dem Araber
> sein Pferd – mehr noch...
> meine Sprache, mein Leben.
> *Franz Liszt*

Eine Pariser Zeitung stellte die Frage, die sich seinerzeit bestimmt Tausende
nicht beantworten konnten: »Woher kommt es, daß wir ganz von selbst, sobald sich Liszt ans Klavier setzt, um die einfachste Sache... zu spielen, in
unserer Brust plötzlich eine Beklemmung, ein Stocken des Atems spüren?«
Clara Wieck, die ihn 1838 erstmals in Wien hörte – damals war sie noch
Schumanns Verlobte –, kommt der Sache ziemlich nahe. »Er kann ein Stück
heute so und morgen so spielen. Es ist immer Liszt, der da spielt, aber es ist
immer wieder eine andere Seele... Substanz ist genügend da. So wie er in
seinem Leben ist, so gibt er sich auch als Künstler: ein turbulenter, bisweilen cholerischer Demagoge, der alles fordert, alles... und sei es die stabilste

Konstruktion seines Klaviers, denn er ist durchaus in der Lage, ein solches an einem Abend in den Orkus zu befördern.«
Demagoge... In Wien schreibt ein Karl Doblinger, daß sich alle Musikfreunde für Liszt ans Kreuz nagoln lassen würden. »Man stirbt so gerne für ihn, diesen Gott, der uns gezeigt hat, daß durch ihn das musikalische Himmelreich auf Erden begonnen hat.«
In der Donaumetropole verkauft man Liszt-Schnupfdosen und lilafarbene Liszt-Bonbons, ein Hofbäcker formt seinen Körper im Maßstab 1:1 aus Marzipan und verziert ihn mit kandierten Früchten; wie heute Mozart-Kugeln konnte man damals Liszt-Kopferln kaufen... Und wenn man 1838 in Wien niesen mußte, sagte man »Prost Liszt!«, sofern man auf der Höhe seiner Zeit war.
Zur Demagogie à la Paganini gehörten auch Gesten und Posen wie die, nach Bachs »Air« (aus der Orchestersuite D-Dur) das Haupt auf die Tasten zu legen und die Hände zu falten. Oder der Schräg-aufwärts-Blick, den die Zeichner meistens im Bild festgehalten haben – einmal mit der Büste Beethovens vis-à-vis. Später bringt der Abbé seinen Weimarer Schülern bei, daß sie dem zahlenden Publikum auch bestimmte Gesten schuldig seien – etwa (vor wichtigen Einsätzen) die Hände zirka 30 Zentimeter über die Tasten zu heben.
Am Anfang stand die Technik, die bei ihm schon bald über alles bisher Gewohnte hinausging. Berlioz beschreibt, wie Liszt von Genf aus wieder nach Paris kam, um Thalberg zu treffen. Jetzt vernahm man Akkordtriller, rascheste Tonwiederholungen, weitgriffige Akkorde bis zu gefüllten Dezimen, perlende Läufe in Terzen und Sexten, donnernde Oktaven und Doppeloktaven. »Das ist die neue große Schule des Klavierspiels«, begeisterte sich der Franzose. Liszt war der erste Pianist, der einen ganzen Abend allein bestritt: im März 1839 bei Fürst Galitzin, dem russischen Gesandten in Rom. 1841 führte er diese Form der Aufführungspraxis in Paris ein. Und sein Beispiel machte rasch Schule.
Er hörte nie auf, an seiner Technik zu arbeiten, solange er öffentlich auftrat. Auf Reisen führte er meist sein »Tablett« mit, eine künstliche, stumme Tastatur, auf der er seine Finger trainierte. »Man muß sie am Tage mindestens fünf Stunden hintereinander bewegen, damit sie nicht erstarren.«
Aber auch nach seinem Abschied vom Konzertpodium stand das Klavier im Zentrum seiner musikalischen Aktivitäten: zum Demonstrieren, zum Komponieren und zum Unterrichten. Immer wieder verblüffte seine Blattspielkunst. Grieg legte dem Abbé eine Sonate für Violine und Klavier vor und war fassungslos, wie Liszt beide Partien ineinander verwob: »Er war sogleich über dem Ganzen am Klavier. In meiner fröhlichen Verwunderung begann ich zu lachen und lachte und lachte gleich einem Idioten!«
Liszts virtuose Spieltechniken setzten sich durch, und allmählich verscho-

ben sich die Maßstäbe. Von seinem *Großen Konzertsolo* sagte er später: »Ja,
vor zwanzig Jahren dachten die Leute, das Stück wäre nicht zu spielen. Ich
entsinne mich, daß Kullak und selbst Henselt meinten, mein Scherzo und der
Marsch wären ›unmöglich‹. Auch andere meiner Stücke wurden ähnlich beurteilt. Stücke, die heutzutage von jedem jungen Pianisten gespielt werden.«
Die neue Technik überforderte die damaligen Klaviere, die noch keinen
eisernen Rahmen hatten. In seiner Jugendzeit, erzählt der Virtuose, waren
die Instrumente »zu leicht gebaut. Also ließ ich gewöhnlich zwei Flügel auf
das Podium stellen, damit ich bei Versagen des einen Instruments auf dem anderen weiterspielen konnte…; einmal zertrümmerte ich aber beide Flügel,
so daß während der Pause zwei weitere herangebracht werden mußten…«
Wie schon Clara Wieck andeutete, war das Ausfallen eines Instrumentes bei
einem Liszt-Konzert nichts Überraschendes; die Fürstin Metternich brachte es auf folgenden Vergleich: »Als Prinz Eugen die Türken schlug, brach
das Muselmanenreich zusammen. Diesmal war es Franz Liszt…, und das
Reich, das er zerschlug, bestand aus Holz und Saiten… Man fühlt sich nach
einem solchen Konzert wie zerstückelt.«
Kaiser Ferdinand dachte weniger an Prinz Eugen, sondern verglich Liszts
Spiel mit der Kanonade von Olmütz.
Er hat sie *alle* verblüfft, auch die Neider und die Skeptiker, die hinter die
Klangfassade blickten. Und er hat den Pianisten Kalkbrenner Lügen ge-
straft, der nach der ersten Englandtournee des Knaben Franz behauptet
hatte, er sei nur eine »aufgezogene Spieluhr, die bald abgelaufen ist und
dann keinen Ton mehr von sich gibt«.
Und *ob* Liszt Töne von sich gab! Hier eine – allerdings giftgetränkte – Beschreibung durch Heinrich Heine (Liszt scheint ihm eine finanzielle Zu-
wendung versagt zu haben, die man ihm hätte als Bestechung des Kritikers
auslegen können). »Ja, er ist hier, der große Agitator, der… Wunderdoktor
der Musik, der wieder auferstandene Rattenfänger von Hameln, der neue
Faust…, der ungarische Ehrensäbel seines Jahrhunderts, der… edle Franz
Liszt!… Er ist hier, der Attila, die Geißel Gottes aller Érardschen Pianos,
die schon bei der Nachricht seines Kommens erzitterten, und die nun wieder unter seiner Hand zucken, bluten und wimmern, daß die Tierquäler-
gesellschaft sich ihrer annehmen sollte…«
Zum Star gehört nicht nur Können, sondern auch das Auftreten. Liszt
schillert zwischen Eleganz und Dandytum. Ironisch fragt seine Mutter, ob
er mit viermaligem Frackwechsel am Tag auskomme. Die Fürstin Metternich macht sich über den »Schönling Liszt« lustig und kommentiert seinen
affektierten Gang: »Er hat etwas von einem Känguruh, dem man einen
hohen Orden verliehen hat!«
Einmal benötigt er fünf Kutschen, um seine Utensilien mitsamt den Die-
nern zu transportieren. In London wird er 1840 Felix von Lichnowsky ken-

nenlernen, dessen Onkel Beethovens Gönner gewesen war. Die beiden wetteifern in ausgefallener Garderobe. »Es war eine Wohltat, diesem herrlichen jungen Mann zu begegnen. Durch ihn entstand in mir der Gedanke, daß auch in deutschen Landen Eleganz großgeschrieben werden kann. Lichnowsky hat Stil und Lebensart – und ich bin gewiß, daß wir zueinander passen.«

Die Mutter ermahnt ihn, nicht Lila mit Gelb zu kombinieren. »Das tun Gecken. Und ich halte Dich immer noch für einen seriösen Künstler, mein lieber Sohn!« Und in London liest man in der Presse, daß sich seit Lord Byron niemand mehr so exzentrisch gekleidet habe. »Stellen Sie sich vor... Sie erwarten einen Besuch und derselbe erscheint schon zum Frühstück in enganliegenden quittegelben Beinkleidern und einem froschgrünen Frack... Vergessen Sie da nicht, den Tee einzugießen?«

Für eine gewisse Reduzierung, die sich allerdings auf das Französische beschränkte und dafür das russisch-orientalische Element begünstigte, sorgte später die Fürstin, in erster Linie aus Eifersucht auf Marie d'Agoult und deren Welt. Schon vor Ankunft in Weimar, noch auf ihrem Gut in der Ukraine, warf sie alle mißliebigen Kleidungsstücke Liszts ins Feuer, dazu mehrere Kisten mit ganzen Litern Parfüm, was dem stets klammen Lichnowsky die laute Klage entlockte: »... zu einem Preise, mit dem man gut und gerne ein kleines Gut hätte erwerben können!«

Die Presse ist zufrieden: Von einem Mann mit so ausgeprägter Eitelkeit und so hohem Schauwert lassen sich prächtige Karikaturen machen – ein Lackaffe etwa mit Diamantenhalsband, von Damen an der Leine geführt. Doch hält die Euphorie nicht lange vor; plötzlich überkommt den Star eine tiefe Müdigkeit, eine große innere Leere. Ratsuchend wendet er sich an die Mutter. Diese, eine Stimme der Natürlichkeit inmitten der ganzen Szenerie, kann ihm nur antworten: »Nun hast Du angefangen, so ein großes Theater zu machen, also mache es weiter, denn ziehst Du den Vorhang vorzeitig zu, wird das Publikum nicht zufrieden sein und Dich bald verachten. Du mußt... auf dem Pfade fortschreiten, auf den Du aus ganz eigenem Antriebe Deine Füße gesetzt hast. Gehe weiter..., und wird es ein Gethsemane!« Der Tadel ist nicht ganz berechtigt; schließlich ist Liszt keineswegs aus eigenem Antrieb auf die ersten Tourneen gegangen.

Vor diesem Hintergrund gewinnt Liszts Entschluß, auf dem Zenit seines Ruhmes dem Virtuosendasein zu entsagen, ganz besonderes Gewicht. Er ist diesem Gethsemane entgangen.

Wanderjahre zu zweit

Die »Sünder« in der Stadt Calvins

Die beiden waren nicht verheiratet. Das wußte man in Genf und mied die Neuangekommenen. Laut George Sand hatten sie sich in Paris direkt »anstößig verliebt« aufgeführt. Mit Beginn ihrer Beziehung feierten sich der dreiundzwanzigjährige Liszt und die knapp dreißigjährige Gräfin in regelmäßigen »Morgengebeten« als Romeo und Julia, Hermann und Dorothea, Orpheus und Eurydike und – man war noch in Paris – Abélard und Héloïse. Jetzt, in Genf, kam für das endlich vereinte Paar die »Realisation vieler Geschichten aus 1001 Nacht«, wie Marie es beschrieb.

Eingetroffen waren sie im Frühling 1835; Liszt, allein vorausgereist, erwartete die Geliebte in Basel. In Genf mietete er sich bei dem Vater seines Schülers Pierre Wolf ein: in der Rue Tabarzin, mit Blick auf den See und die Alpen.

Allmählich bildete sich um die beiden ein Kreis aus Intellektuellen, Aristokraten und Emigranten; auch namhafte Durchreisende schauten gern in der »Tabarzinerie« vorbei – etwa Chopin, die Gräfin Potocka, sogar der Exkönig von Westfalen, der mit George Sand nach Chopin-Polonaisen tanzte, die Liszt im Salon spielte. Im Dezember kam das erste Kind zur Welt, Liszts Tochter Blandine Rachel, die aber tragisch früh sterben wird. Auch auf dem Standesamt gibt Liszt die Identität Maries nicht preis und läßt ihr sogar ein paar Jahre nach: »Madame Méran, rentière, âgée de 24 ans.«

Die Geburt Blandines kann vom Grafen d'Agoult nicht ignoriert werden, auch wenn er sich im Grunde genommen mit den Tatsachen abgefunden hatte. Es war ohnehin keine Liebesheirat gewesen, den Ehevertrag hatte noch Karl X. aufgesetzt, der mit den Flavignys persönlich bekannt war, und Marie hatte zugestimmt, noch ehe sie ihren Zukünftigen zu Gesicht bekam. Inzwischen hat der Graf seine eigenen Affären. Aber man muß die Formen wahren, und das bedeutet nun doch die Scheidung, auch wenn man sich damit Zeit lassen kann.

Lyon. Klavierstück aus dem *Album d'un voyageur.* Liszt komponierte es zum Gedenken ▶ der Opfer des Aufstandes der Lyoner Seidenweber, widmete es Abbé Lamennais und stellte ihm das Motto voran: »Arbeitend leben oder kämpfend sterben« Erstausgabe von Haslinger in Wien

(9.)

1.

L Y O N.

So souverän wie der Pariser Lebemann sah es die Genfer Gesellschaft nicht: Hier war schließlich die handfeste Moraltheologie des Calvinismus maßgebend. Es hatte nicht zufällig lange gedauert, bis man überhaupt mit dem in wilder Ehe lebenden Paar verkehrte, und zu ihnen kamen ohnehin nur unkonventionelle Zeitgenossen. Wie bigott sich die Genfer verhielten, wurde deutlich, als Liszt neben einer Reihe gut besuchter und beifällig aufgenommener Wohltätigkeitskonzerte auch ein einziges für sich selbst gab. Der Saal war halb leer: »Sie kamen nicht wegen meiner ›Vie scandaleuse‹...« Man wohnte und lebte komfortabel. Das Geld stammte von Marie, denn auch die Klavierprofessur, die Liszt 1836 am neugegründeten Genfer Konservatorium antrat, brachte nichts ein – Liszt unterrichtete kostenlos. Doch es war eine schöpferisch ertragreiche Zeit. Er komponierte viel, konnte ungestört üben und seine Allgemeinbildung vervollkommnen, las eine Menge und hörte an der Universität Vorlesungen. Die Gräfin schrieb für die Pariser »Gazette Musicale« Artikel, in denen sie mit Liszts Zustimmung seine Gedanken ausführte und unter seinem Namen veröffentlichte. Genf war also der Beginn der literarischen Werkstatt um den Komponisten. Marie, die sich damals in erster Linie wohl selbst profilieren wollte, hat doch durch ihre publizistische Tätigkeit erst die Grundlage für Liszts Renommee in Paris und Westeuropa geschaffen. Im Gegensatz zur zweiten »Redakteurin« an seiner Seite, der Fürstin Carolyne, hat sie sich damit unzweifelhafte Verdienste erworben.

Das wohltuend gleichförmige Leben im trauten Familienkreis und gemeinsamen Heim dauerte mit einer Unterbrechung (Paris) bis Oktober 1836. Unter diesen Umständen schrieb Liszt seinen ersten großen Klavierzyklus, das *Album d'un voyageur*. Der erste seiner drei Teile wird später fast identisch mit dem Band *Suisse* der *Années de pèlerinage* sein. Hierher gehören programmatische Klavierstücke wie *Die Kapelle des Wilhelm Tell*, *Der See von Wallenstadt*, *Die Glocken von Genf*. Im zweiten Teil, *Melodische Alpenblumen*, findet sich ein Stück ohne Titel, das ungemein modern anmutet und beinahe schon von Bartók stammen könnte, es verwendet – um die Naturklänge in den Alpen nachzuahmen – die später so genannte »Bartók-Leiter«. Die Mottos über den einzelnen Nummern fand Liszt bei Byron, Schiller und Sénancour.

1834 war ein wichtiges Jahr für die musikalische Fachpresse Europas gewesen. In Leipzig hatte Robert Schumann die »Neue Zeitschrift für Musik« gegründet, die sich später unter Leitung von Franz Brendel als einziges Blatt in deutscher Sprache zu Liszt bekennen wird. Und in Paris war der Verleger Schlesinger den eifrigen Vorstellungen Liszts und Berlioz' gefolgt und hatte die »Revue et Gazette Musicale« herausgebracht. In dieser Zeitschrift ließ Marie nun Liszts Aufsätze erscheinen – *Zur Stellung der Künstler* und *Reisebriefe eines Baccalaureus der Tonkunst*.

Sigismund Thalberg.
Lithographie von Joseph
Kriehuber 1838.
Thalberg verkörperte den
konventionellen Pianistentyp
seiner Zeit; Liszt war ihr voraus
und wurde aufgrund seiner
neuen Spielweise und seiner
originellen Verarbeitung
bekannter Themen wegen
eigentlich konkurrenzlos und
fassungslos bestaunt

»... der erste ... und der einzige« – Affäre Thalberg

Nach Liszt muß man
das Instrument schließen.
Ignaz Moscheles

Man kann sich vorstellen, daß der Ortsveränderung gewohnte Liszt die Genfer Situation bald schon als »goldenen Käfig« empfinden mußte: Er war sozusagen vergattert zu Weib und Kind und Heim. Glücklicherweise gab es einen dringenden Anlaß, wenigstens einen Abstecher nach Paris zu unternehmen. Dort konzertierte gerade Sigismund Thalberg, den einige sogar über Liszt stellten.
Thalberg vertrat die alte Schule und kam aus der Hochfinanz; als unehelicher Sohn eines geadelten Bankiers verfügte er über glänzende Verbindungen, nicht zuletzt zur Presse. Zu seinen Bewunderern zählte der Schriftsteller Sainte-Beuve, der über Liszt eine geistreiche Satire verfaßt hatte: »Die Kunst, ein Drama am Klavier zu inszenieren.« Liszt empfand Thalberg als Bedrohung. Später bekennt er der Gräfin, daß ihn »drei Tage lang ein zügelloses Verlangen maßlos gequält hat, nach Paris zu fahren und mich zum

Thalberg-Konzert ins Parkett... zu setzen. Ich fühlte, ich wußte, daß der Zuschauer die Aufmerksamkeit des Saals mehr auf sich ziehen würde als der Hauptdarsteller. Das wäre eine Art Rückkehr von der Insel Elba gewesen...« Liszt als l'Empereur! Er *fuhr* dann auch tatsächlich nach Paris, aber Thalberg war abgereist. So gab er einige Konzerte, die das Publikum mit Jubel aufnahm. Man nahm verblüfft zur Kenntnis, wie sich sein Spiel inzwischen vervollkommnet hatte.

Im Jahr darauf kam es endlich zum Wettstreit der beiden, die sich übrigens persönlich gut verstanden – man wußte, was man den sensationshungrigen Parisern schuldig war. Daß auf Liszts Seite auch Rivalität mitschwang, vertraut er nur Marie an. Noch 1838 schreibt er aus dem größten »Rummel« um seine Person, der in Wien veranstaltet wurde, beziehungsvoll: »Thalberg existiert jetzt kaum noch in der Erinnerung der Wiener.«

Das Ereignis fand am 31. März 1836 im Palais der Fürstin Belgiojoso statt im Rahmen einer exklusiven Wohltätigkeitsveranstaltung zugunsten italienischer Flüchtlinge. Bei Eintrittskarten zu 40 Francs kamen über siebentausend zusammen. Wie Alfred de Musset vor dem Konzert anmerkte, stand für die meisten fest, daß Liszt »als der König des Klavierspiels aus der Bataille hervorgehen würde; vor allem deswegen, weil er die meisten Damen der Gesellschaft auf seiner Seite hatte. Und Damen sind nun einmal die besten Beifallsspenderinnen. Wer auf sie verzichten muß, darf mit einem lauen Empfang rechnen.«

Nun, Musset hatte seine Gründe, Liszts Erfolge zu einem guten Teil dem *Mann* zuzuschreiben – mußte er doch immer wieder um seine Geliebte, George Sand, bangen...

Doch beide Pianisten waren auf ihre Weise Sieger – Liszt dämonisch à la Paganini, Thalberg aristokratisch, konventionell und glatt. Eine Kritik traf den Kern: »Thalberg ist die Grazie wie Liszt die Kraft.« Und die Gastgeberin brachte es geschickt (so wurden damals in Paris Bonmots gemacht) auf die Formel: »Thalberg ist der erste aller Klavierspieler, Liszt aber der einzige!«

Die »Männerfresserin« auf Nohant – George Sand

Im Herbst 1836 kam George Sand zu Besuch in die Schweiz; man traf sich in Chamonix, wo Liszt ins Gästebuch des Hotels eintrug: »Geboren auf dem Parnaß, vom Zweifel kommend und zur Wahrheit gehend.« Anschließend wohnte man in Genf zusammen und reiste dann gemeinsam nach Frankreich, aber in verschiedene Richtungen: er nach Paris, um sich mit Thalberg zu messen, die Freundinnen nach Nohant, Georges Schloß am Indre (Département Indre). Liszt spielte in Paris unter anderem Kam-

mermusik von Beethoven mit dem Geiger Urhan, der ihn während seiner
Pariser Krise tief beeindruckt hatte.
Im Frühjahr 1840 trifft auch Liszt auf Nohant ein. Es geht dort etwas ver-
stiegen zu, die Schloßherrin tauft alle um, sie ist Königin, Marie Prinzessin,
Liszt – Hofnarr.
Aber es bleibt kein konfliktloses Zusammenleben. Dazu sind die beiden
Frauen, Gastgeberin und Geliebte, zu starke Persönlichkeiten. Es *mußte* so
kommen, daß George Sand ihre Ausstrahlung auch auf Liszt wirken ließ
und damit Marie eifersüchtig machte. Sie, die als »Männerfresserin« galt
und am Lebensende auf eine Serie unglücklicher Liebhaber zurückblicken
konnte, war von Person und Musik des Gastes gefesselt. »All meine Leiden
werden zur Poetik, all meine Instinkte beleben sich...«
Tatsächlich hatte sie mit Liszt mehr gemeinsam als Marie. Wie er, war auch
sie durch eine mystische Jugendphase gegangen, der dann eine sozialpoliti-
sche folgte. Beide waren sehr trieb- und antriebsstark und geltungsbedürftig.
Liszt schreibt direkt von »heiliger Zuneigung« und »daß wir einander treu
sind und daß unsere Seelen sich... verstehen«. Diese Seelenverwandtschaft
ist nicht zu leugnen. Mehr wird es vielleicht gar nicht gewesen sein, Marie
tritt rechtzeitig dazwischen. Später gesteht George Sand der Freundin, sie
sei damals »unsterblich« in Liszt verliebt gewesen, nicht zuletzt, weil sie die
»Kraft besaß, ihn zu inspirieren«.
Das Resultat der »Ménage à trois« – des Lebens zu dritt – war jedenfalls
eine vorzeitige Abreise des Liszt-Paares, sonst hätte es noch einen Eklat gegeben. *Er* hat das Ganze offenbar genossen und schreibt von einem anmu-
tigen Aufenthalt »voll reichen inneren Lebens«; war es nicht schmeichelhaft, von zwei weiblichen Wesen dieses Formats gleichzeitig umworben
und bewundert zu werden?
George hat dann bald schon ihren Chopin (man möchte fast sagen: ihr Opfer) gefunden. Aber die Episode mit Franz Liszt hat sie nicht vergessen.
Die Damen und ein früherer Liebhaber der Sand machten ihrem Herzen
Luft – wie damals üblich – in Schlüsselromanen, die gewissermaßen die »Ge-
sellschaftsspalten« der heutigen Presse auf höherem Niveau darstellten.
Zuerst verarbeitete Balzac in »Beatrix« bereitwillig alles, was ihm George
Sand in zärtlichen Momenten wohlüberlegt anvertraut hatte: eine Persiflage
auf Franz und Marie. Dann folgte von George Sand »Horace«, wo sie über
Marie herzog, Liszt aber bezeichnenderweise verschonte. Und die Gräfin
selbst rächte sich schließlich als Daniel Stern mit »Nélida« (Anagramm aus
dem Vornamen ihres Pseudonyms) gleich an beiden – an der Freundin für
ihre Indiskretion und an dem einstigen Geliebten, der sie inzwischen verlassen hat.

Italien und »ein dummes Nationalgefühl«

Nach dem etwas mißglückten Aufenthalt in Nohant zieht es die Liebenden
nach Italien. In Bellagio am Comer See wird Weihnachten 1837 als zweites
Kind Cosima geboren, später die Ehefrau von Liszts ergebenem Schüler
Hans von Bülow, dann aber (wie einst ihre Mutter) aus Ehe und Konvention
ausgebrochen, um mit Richard Wagner zusammenzuleben: Als künftige
»Herrin von Bayreuth« wird sie für die letzten Jahre ihres Vaters noch fatale
Bedeutung gewinnen.

Zu den Stücken auf Schweizer Natur und Lokalkolorit kommen, als sich
die Familie später in Mailand niederläßt, eindrucksvolle Werke, inspiriert
von den Schwesterkünsten Malerei, Bildhauerei und Lyrik. Hier bilden sich
die Voraussetzungen für Liszts Gesamtschau der Künste. So schreibt er jetzt
an Berlioz nach Paris: »Meinem staunenden Auge erschien die Kunst in ihrer
ganzen Herrlichkeit; es sah sie enthüllt in ihrer ganzen Universalität, offen-
bart in ihrer ganzen Einheit. Jeder Tag befestigte in mir durch Fühlen und
Denken das Bewußtsein der verborgenen Verwandtschaft der Werke der Genies. Raffael und Michelangelo verhalfen mir zum Verständnis von Mozart
und Beethoven...« Dem entspricht der 2. Band seiner *Années de pèlerinage –
Italien*, der der universellen Kunst gewidmet ist: zwei Malern, zwei Dich-
tern und einer Doppelbegabung, dem Maler-Musiker Salvatore Rosa. Mit
Sposalizio – Die Verlobung folgt Liszt dem streng kuppelförmigen Aufbau des
Raffael-Gemäldes, *Il penseroso – Der Sinnende* ist nach der Statue des Michelangelo angelegt, ein durchweg chromatisches – in Halbtönen fortschreiten-
des – Klavierstück. Unter dem Eindruck der Liebeslyrik Francesco Petrar-
cas (dessen Leben und Schaffen hatte eine schwärmerische, platonische
Liebe bestimmt) entstehen drei Lieder nach seinen Sonetten, die zusätzlich
Klavierfassungen erhalten werden – *Tre sonetti*. Und er schreibt die sogenannte *Dante-Sonate (nach einer Dante-Lektüre)*. Die *Canzonetta* folgt einer
Melodie angeblich des Salvatore Rosa, die in Wahrheit aber von Bononcini
stammt.

Zwei Ereignisse der Mailänder Zeit sind erwähnenswert. Rossini, der damals schon aufgehört hatte zu komponieren, um sich nur mehr der Koch-
kunst zu widmen, lud die beiden ein. Das Gelage dauerte sieben Stunden.
Zu Ehren des Besuches gab es »Ente à la Franz Liszt«. Der solcherart Ge-
ehrte mit der für ihn typischen Emphase: »Von den Rossinis gesättigt zu
werden – wahrlich das Erlebnis des Jahrhunderts!«

Die Einschätzung seitens des Gastgebers fiel weniger schmeichelhaft aus.
»Man kann es begreifen, daß sie nicht sofort wissen, wie man einer gefüllten
Ente zu Leibe geht. Aber man kann es nicht begreifen, daß sie Kaffee zum
Braten wünschen«, und ebensowenig, daß sie »nach den kandierten Früch-
ten greifen und die Hände noch voll Sauce haben«. Summa summarum:

»Ich schätze die Liszts, aber sie sind noch weit davon entfernt, in der Gesellschaft perfekt zu sein.« Auch im musikalischen Bereich gab es Vorbehalte. Liszt ist ein »prächtiger Pianist und komponiert auch ansehnlich…, obwohl ich seine chromatischen Läufe in den Tod nicht ausstehen kann. Das ist keine Art, Musik zu machen, wenn man Taste für Taste über die Klaviatur rast und das dann Melodie nennt…«

Derzeit hatte er in Italien noch kein Glück. Dieselben Vorbehalte, die Rossini hat, veranlassen auch den Verleger Ricordi, Liszts Kompositionen bis auf zwei Stücke abzulehnen. »So etwas Schreckliches kann ich doch im Angesicht Rossinis… in Italien nicht verkaufen!«

Weiter führte die Reise nach Venedig. Liszt schien plötzlich innezuwerden, daß er inzwischen ein bürgerliches Familienleben führte, und wurde so gereizt, daß Marie sich fragte, »ob ich unpäßlich war oder er, obwohl ja ich gerade das Kind geboren hatte und nicht der große Held«.

So schien es wieder einmal höchste Zeit für einen Ausflug des Künstlers aus der familiären »Volière«. Zu Hilfe kam der Zufall in Gestalt einer – Naturkatastrophe: Die Donau war über die Ufer getreten und hatte Pest in unvorstellbarem Maße überschwemmt. Es gab Hunderte Opfer und Tausende Obdachlose. In Venedig gründeten Liszt und der Dichter Sándor Petőfi ein Hilfskomitee, das Wohltätigkeitskonzerte und -bälle veranstaltete. Da sah der zweifache Vater seine doppelte Chance: einer bedrückend gewordenen häuslichen Situation zu entfliehen und sich als fertiger Virtuose an den Stätten seiner Kindheit vorzustellen. Rechtzeitig erinnerte er sich seiner (vermeintlichen) Abstammung und ließ in der Presse die vollmundige Proklamation erscheinen: »Auch ich gehöre dieser alten kraftvollen Rasse an, auch ich bin ein Sohn dieser urwüchsigen, ungebändigten Nation, welche sicher noch für bessere Tage bestimmt ist.« Er mag hierbei an Chopin und dessen Sympathiekundgebungen für die polnische Opposition gedacht haben. Marie gegenüber aber spricht er aufrichtiger von einem »dummen Nationalgefühl, das Sie kennen«.

Er will zugunsten der Katastrophenopfer Wohltätigkeitskonzerte geben. Ort der Handlung: das gesellschaftlich auf- und anregende Wien, Ausgangspunkt seiner Europa-Karriere. Marie vertraut er seine eitle Disposition an: »Wie wäre es, wenn ich unerwartet auf Wien herabfiele? Die Wirkung wäre wunderbar, die ganze Stadt würde das kleine Wunder hören wollen, das man als Kind gesehen hat. Die Wiener sind Enthusiasten und Verschwender. Ich könnte eine Riesensumme verdienen… Die Reise würde acht Tage beanspruchen, mehr nicht.«

Die Tatsache, daß er von den beträchtlichen Einnahmen seinen Teil einbehielt, ist durchaus verständlich. Jeder andere hätte das zumindest in Spesenhöhe getan. Aber Liszt hat wohl selbst die Legende befördert, er habe den Opfern *alles* Geld übereignet. Dazu paßt sein öffentlicher Brief nach Paris

(so ganz anders als an Marie): »O mein wildes, fernes Heimatland! Meine
weite, große Familie! Der Schrei deines Schmerzes hat mich zu dir zurück-
gerufen und, im Innersten von ihm getroffen, senke ich beschämt das
Haupt, daß ich dich so lange habe vergessen können.«

In Wien, wo er sich 15 Jahre lang nicht mehr hatte hören und sehen lassen,
war es der Kaiser persönlich, der für seine weitere Karriere in der Donau-
monarchie sorgte. Ferdinand bedauerte, einst das Wunderkind ziehen gelassen zu haben. »Jetzt wollen wir wenigstens in Ruhe das Genie anhören,
das aus dem einstigen Prachtbuben erwachsen ist.«

Welche Bedeutung Liszt selbst diesen Konzerten beimaß, zeigt die Notiz
in dem schon mehrfach zitierten Abriß seines »geringfügigen Lebenswandels«: »Vorübergehend in Genf und Italien, vor meinem Wiederauftreten
in Wien, dessen Erfolg mich zur virtuosen Laufbahn bestimmte.«

Eine Liebe stirbt

Ich habe tiefe Achtung
vor Ihrer Freiheit.
Marie an Franz

Aus einer Woche wurde ein Monat. Und das in einer Beziehung, die bereits
spürbar bröckelte. Marie beschwor Liszt, zurückzukommen, sie sei ernstlich erkrankt. Der hielt das (hatte er recht?) für einen Vorwand, ihn zu er-
pressen, und berichtete stolz von seinen tumultuarischen Erfolgen. »Lautes
Zujubeln. Fünfzehn bis achtzehn Hervorrufe... Allgemeines Entzücken...
Alle Welt will mich sehen und haben... Hier ist ein Toben, ein Wüten, von
dem Du Dir keine Vorstellung machen kannst... Ich mache sehr glänzende
Geschäfte. Ich rechne damit, mindestens zehntausend Zwanziger mitzu-
bringen – nach Abzug aller Unkosten. Ohne jede Übertreibung, niemals hat
seit Paganini irgend jemand einen derartigen Eindruck gemacht... Ganz
Wien ist über mich in Aufruhr. Das beste an der Sache ist, daß bereits zehn-
tausend Franken bei Haslinger für mich liegen... Haben Sie mein Bild be-
kommen? Es ist in einer riesigen Menge von Exemplaren verkauft worden.«
Daß es hier der Gräfin d'Agoult zu bunt wurde, die dieses Mannes wegen
Familie, Heim und Gesellschaft aufgegeben hatte, wird begreiflich. An dieser
Stelle schleuderte sie ihm jenes giftige Attribut zu: »Don Juan parvenu.«
Für ihn war es offenbar schon vorbei mit der großen Leidenschaft. Das letz-
te, was Marie in Venedig ihrem Tagebuch anvertraute: »Mein Herz und mein
Gedächtnis sind ausgetrocknet..., ich habe keinen Willen zum Leben... Ich
fühle mich als Hindernis in seinem Leben.«

In Liszt kämpften offensichtlich Ehrgefühl, Zuneigung und Dankbarkeit

Die Tellskapelle am Vierwaldstätter See.
Illustration zu dem Klavierstück
Chapelle de Guillaume Tell aus den
Années de pèlerinage, Band I

Unten links: Franz Liszt. Lithographie
nach einem Gemälde von Kriehuber
1846. Die Trennung von seiner ersten
Lebensgefährtin wird ihm die Konflikt-
haftigkeit seiner eigenen Person deutlich
gemacht haben
Unten rechts: Blandine, Cosima und
Daniel Liszt. Gemälde von Amélie de
Lacépède 1843

Die Rheininsel Nonnenwerth.
Aquatinta von J. J. Tanner (geb. 1807)
nach J. J. Siegmund. Hier verbrachte
Liszt nach seiner Trennung von Marie
d'Agoult gemeinsam mit ihr und den
Kindern mehrmals den Sommer,
letztmals 1843

Anna Liszt, die Mutter des Komponisten, mit seinen Kindern Blandine,
Cosima und Daniel. Fotografie um
1850. Nach der Trennung hatte Marie
d'Agoult auf die Erziehung der
Kinder verzichtet und sie Liszts
Mutter, teuren Pariser Internaten und
zuletzt der Mutter Hans von Bülows
in Berlin überlassen

gegen Eitelkeit und einen unbezähmbaren Freiheitsdrang. Im bereits zitierten Brief aus Wien heißt es weiter: »Sie sagen sich wahrscheinlich dasselbe, was ich mir morgens und abends mit tiefer Bitterkeit sage: Eigennutz und Eitelkeit beherrschen in Wahrheit das ganze Leben eines Mannes. Für die Liebe ist kein Platz darin… Und dennoch liebe ich Sie, liebe ich Sie mit aller Kraft. Ich gehöre Ihnen. Sie allein haben ein Anrecht auf mein ganzes Sein, denn Sie allein besitzen das Geheimnis meines Lebens… Liebe Geliebte, ich leide, aber für Sie, Ihretwegen. Ich werde Ihnen morgen wieder schreiben. Leben Sie wohl.« Er beließ es beim Schreiben und kam erst nach vier Wochen zurück.

Unter ähnlichen Spannungen brachte Marie ein drittes Kind zur Welt, Liszts einzigen Sohn Daniel. Er wird noch früher sterben als Blandine.

Die Gefühle des Vaters waren gemischt. Immer enger sah er die Glieder seiner Kette werden. Wie sollte er dieser Beziehung noch entrinnen? Hier mußte sich seine innere Zwiespältigkeit zerstörerisch auf den Partner auswirken. Denn *einer* Rolle war er nicht gewachsen, die er sicherlich mit gutem Vorsatz übernommen hatte: der des Familienvaters. Wie alles, das an die saubere, klare, karge, gutbürgerliche Welt seiner Kindheit erinnerte, irritierte ihn dieser normale Auf- und Ausbau einer Partnerschaft, machte ihm angst und schien ihn in seiner egozentrischen Selbstverwirklichung zu behindern. Dabei hatte er in Marie den flexibelsten Partner, den er sich wünschen konnte. Im Juni 1838 zerreißt sie den dünnen Schleier des »als ob«, sie erträgt seine Bedenkenlosigkeit in puncto Treue nicht länger: »Jetzt dauert es schon fünf Jahre, und vielleicht ist das genug. Lassen Sie mich meiner Wege gehen. Wenn Sie mich rufen, werde ich zurückkommen. Ich selbst würde niemanden mehr lieben können, aber warum sollte ich Sie einer Liebe berauben, die eine neue Lebensquelle für Sie sein könnte… Man darf nichts aufhalten, was eine vollkommenere Entwicklung unserer Fähigkeiten herbeiführt… Ich habe eine tiefe Achtung vor Ihrer Freiheit.«

Manchmal gewinnt man den Eindruck, daß Liszt vom Format dieser Frau überfordert wurde. Es ist einfach unvorstellbar, daß derselbe stolze Mann sich später unter das Regime einer minder souveränen, im Vergleich zu Marie eher durchschnittlichen Frau wie der Fürstin Sayn-Wittgenstein begeben sollte – als »sclavissimo« oder »Faulpelz« (seine Art, die ellenlangen Briefe an sie zu unterzeichnen).

Liszt machte keinen sauberen Schnitt, ebensowenig die Gräfin. Man blieb in Verbindung, schon der Kinder wegen. Seine »Unterhaltspflichten« erfüllte er großzügig und selbstverständlich. Man hatte seine Affären und unterrichtete sich gegenseitig davon, denn es gab – laut Liszt – nur mehr geschwisterliche Zuneigung zwischen ihnen. Auch Marie hatte ihre Liebhaber, etwa den englischen Diplomaten Sir Henry Bulwer, den sie jedoch sofort wegzuschicken bereit war, wenn…

1840 beging die Gräfin die Unbesonnenheit, Liszt nach England zu begleiten. Eine Kette von Verstimmungen war die Folge. Es *ging* eben nicht mehr.
Aus Gewohnheit, Anhänglichkeit und der Kinder wegen verbrachte man
noch drei Sommer gemeinsam auf der Rheininsel Nonnenwerth bei Rolandseck. So war der Loslösungsprozeß vor allem Maries begleitet von regelmäßigen Wiederbegegnungen. Man kann dieses eigentlich unkluge Aufreißen frischer Wunden von ihrer Seite nur als wiederholten Versuch
ansehen, Liszt zurückzugewinnen. Die Gräfin trifft den Kern, wenn sie die
Ursache für das Scheitern der Beziehung in seinem Unvermögen sieht, Kritik anzunehmen. Und kritisch war sie ihm gegenüber immer gewesen; sie
wußte zuviel von seinen Schwächen. Das machte sie ihm zu schwierig; kurzzeitige Affären waren um vieles einfacher. Bei Komplikationen ging der Sieggewohnte (der möglicherweise außer den ersten Strophen des »erotischen
Gedichts« keine weiteren kannte) zur nächsten Episode über. Aber Marie
legte den Finger auf die schmerzhafte Stelle und fragte: »Das mächtige
Streben, wird es nicht die Natur zerstören?«
Der eigentliche Bruch, wo Sympathie in Abneigung umschlug, begann mit
dem Erscheinen von Maries Schlüsselroman, mit dem sie sich gewissermaßen freigeschrieben hatte. Liszt ging großzügig über diese Indiskretion
hinweg. Dennoch kann man »Nélida« nicht unberücksichtigt lassen. Der
Liszt gegenüber sehr skeptische Biograph Ernest Newman (einsamer Rufer
inmitten der Legendenhüter) sieht in Maries Roman das Ergebnis »ihres
wachsenden Ressentiments, Jahr für Jahr ihren Namen mit dem eines notorisch erotischen Plebejers in der Öffentlichkeit verbunden zu sehen«. Das
ist hart, trifft aber teilweise zu. Freilich arbeitet Marie d'Agoult, hier als
Daniel Stern, mit Schwarzweißtechnik. Sie ist die makellose Heldin; der
Maler Guermann Régnier, unschwer als ihr einstiger Geliebter zu erkennen,
wird wenig schmeichelhaft gezeichnet. So verschweigt sie ihre Versuche,
den Partner festzuhalten. Aber eines wird deutlich: Niemand sonst hat Liszt
so gut gekannt. Möglicherweise nicht einmal er selbst.
Nach der Trennung schreibt sie an ihn, der sie freigegeben hat: »Sie haben
nicht geruht, bis Sie nicht aus meinem Herzen die Begriffe von Pflicht und
Liebe herausgerissen haben, die mir notwendig waren und die für mich ein
Ideal bedeuteten.« Er selbst sieht rückschauend die Beziehung nicht mehr
als Liebe an: »Es war eine große, zeitweilig unersättliche Leidenschaft, die
mich zu ihr hinzog, ein Drang, der zur bleibenden Neigung in vielen Jahren wurde... Ich stand im Dienste dieser Leidenschaft und bin durch sie
gereift und gewachsen.«
Doch man wahrt das Gesicht, Liszt braucht Marie als geistige Partnerin
und Adressatin seiner selbstgefälligen Berichterstattung, zumindest, bis er
eine andere stabile Beziehung eingeht. Das ändert sich erst, und zwar schlagartig, mit der Neuauflage von »Nélida«. Liszt hatte gehofft, Marie würde

sich der Geschmacklosigkeit im nachhinein bewußt werden, zumal er sich seine Enttäuschung nicht hatte anmerken lassen. Um so mehr muß ihn das Neuerscheinen des Romans verletzen.

Den Höhepunkt der Entfremdung verursachte dann die Fürstin Carolyne. Unter ihrem Einfluß kam es zu peinlichen Entgleisungen: Beim Tod Maries 1876 schrieb er nicht etwa an die Tochter Cosima, die sie ihm geboren hatte, sondern an die Fürstin, einstmals seine neue Lebensgefährtin, und der Nachruf auf Marie (seine wohl einzige große Liebe) bestand in der Feststellung, sie habe eine »Leidenschaft für das Falsche« gehabt.

Der weitere Lebensweg der Gräfin bestätigt die Vermutung, daß Liszt das Format dieser Frau nicht verkraften konnte. Zwar schien sie mehr als er unter dem Verlust der Beziehung gelitten zu haben, aber auch sie fing sich wieder und begann ihre Karriere als Schriftstellerin. Ihr Grabmal auf dem Père Lachaise weist keine Erinnerung an den Mann ihres Lebens auf.

Während Franz und Marie mehr oder weniger unbeschädigt aus der Affäre hervorgegangen waren, kann man das von ihren Kindern nicht sagen.

Marie d'Agoult. Zeichnung von Théodore Chassériau (1819–1856). Nach ihrer Trennung schrieb sie an Liszt: »Sie haben nicht geruht, bis Sie nicht aus meinem Herzen die Begriffe von Pflicht und Liebe herausgerissen haben, die mir notwendig waren und die für mich ein Ideal bedeuteten.«

Marie, als Mutter offenbar völlig ungeeignet, überließ sie – wie einst die Kinder des Grafen d'Agoult – ihrem Erzeuger, der übergab sie seiner alten Mutter. Denn inzwischen hat sich Liszt wieder liiert. Der schwebende Status seiner Weimarer »wilden Ehe« mit der Fürstin wird die beiden wohl daran gehindert haben, die Kinder zu sich zu nehmen. Nach dem Tod von Liszts Mutter übernahm die Fürstin die »Regie«; sie veranlaßte, daß die beiden Töchter nach Berlin kamen, zu Frau von Bülow, Mutter seines Meisterschülers, den Cosima dort kennenlernen und 1857 heiraten wird.

Die drei Kinder aus einer gescheiterten Beziehung, in die neue Bindung des Vaters nicht einbezogen, sondern hin- und hergeschoben, haben den Preis zu zahlen. Nur die Zweitgeborene, Cosima, wird die seelische Robustheit ihres Vaters erben und auf verhängnisvolle Weise zuletzt gegen ihn selbst richten. Die beiden anderen sterben vorzeitig, Daniel an der Schwindsucht und Blandine an den Folgen ihrer ersten Entbindung. Beide haben nicht annähernd über die innere Standfestigkeit ihrer Eltern verfügt, und das liegt wohl auch an dem Mangel an familiärer Geborgenheit und Stabilität im Kindes- und Jugendalter.

Unter diesem Aspekt gewinnt das einsame Ende des alten Liszt, dessen einziges überlebendes Kind ihn dann allein sterben läßt, eine fatale Logik des Ausgleichs…

Konzertreisen – »Saus und Braus«

Celebritate sua sat notus – durch seine
Berühmtheit ausreichend bekannt.

Personenbeschreibung
in Liszts ungarischem Reisepaß

Liszt war 28 Jahre alt. Er hatte genug von Familie, von einer Liebe, die ihn in Anspruch und seine Zeit, seine Kraft in Beschlag nahm. Er wollte eigentlich schon jetzt am liebsten intensiv, wesentlich werden, in die Tiefe und nicht länger an der Oberfläche arbeiten, als »Possenreißer und Salon-Amuseur«, wie er sich Lamennais gegenüber ausdrückt. Aber das geht noch nicht. Dazu ist Geld nötig, denn er hat für vier Menschen zu sorgen – für seine Mutter und seine drei Kinder, die diese in Paris aufzieht. Und für ihn, Franz Liszt, liegt das Geld auf dem Konzertpodium. Also von neuem in die Galeere der Tourneen – halb angewidert, halb gierig auf den automatisch einsetzenden Soforterfolg.

Unter dem Aspekt dieser fast masochistischen Zurschaustellung erscheinen die folgenden Jahre atemberaubender Konzertreisen wie ein Taumel, wie ein Sturm vor der Ruhe, die dann in Weimar folgen und die großen sinfonischen Partituren ermöglichen wird.

Den zweiten Akt seines »geringfügigen Lebenswandels« läßt Liszt mit seinem Wiener Triumph von 1838 beginnen und faßt ihn kurz zusammen als »Concert Reisen: Paris, London, Berlin, Petersburg etc.: Fantasien, Transcriptionen, Saus und Braus.« Immerhin, die Reihenfolge beruhigt. Zuerst wird gearbeitet für das Heute – also für Geld und Ruhm (das mußte sein, schon aufgrund seiner langfristigen Strategie), dann wird gearbeitet für die Ewigkeit, also komponiert (sein ersehntes Exklusiv-Feld), und schließlich – aber das sollte man nie vergessen – wird gelebt, und zwar aus dem vollen. Bei den Strapazen, die sich aus dieser dreifachen Belastung neben all den Ortsveränderungen unter damaligen Umständen ergeben, ist nichts mehr vom schwächlichen Knaben zu spüren...

Die Atmosphäre um den reisenden Starvirtuosen schildert ein damals noch unvoreingenommener Augenzeuge – Robert Schumann, in vielem das Gegenteil von Liszt. Als dieser 1840 in Leipzig auftritt, berichtet der völlig benommene Robert seiner Clara: »In den ganzen vorigen Tagen gab es nichts als Diners und Soupers, Musik und Champagner, Grafen und schöne Frauen, kurz, er hat unser ganzes Leben umgestürzt.«

Orchester zu zwei Händen – das singende Instrument

> Die Farblosigkeit und mangelnde
> Charakteristik des Klaviers war – unter
> den Händen eines solchen Virtuosen –
> zum höchsten Vorzug geworden:
> weißes Papier, leere Leinwand, auf der er
> mit *seinen* Farben nach seinem Willen
> schaltet…
> *Der russische Komponist A. Serow über*
> *Liszts Transkriptionen*

Nicht nur erstaunliche Virtuosität war Voraussetzung für Liszts Siegeszug durch die europäischen Konzertsäle – von London bis zum Goldenen Horn, von Petersburg bis Gibraltar. Es bedurfte auch eines originellen Repertoirs, das ihn von den anderen Pianisten seiner Zeit abhob. Die Erfolge seiner Reisejahre beruhen hauptsächlich auf dem vielfältigen, schillernden Komplex seiner Bearbeitungen, Transkriptionen, Paraphrasen und Fantasien über bekannte Melodien meist aus Opern, zunehmend auch auf Kunstlieder (besonders Schubert) oder nach berühmten Orchesterwerken.
Stets waren diese Nachschöpfungen wahre Kunstwerke der Klaviertechnik; schon das unterschied sie von dem Heer fader Modeartikel, die gefällig dahinplätscherten, denn Paraphrasen über populäre Melodien schrieb damals jeder etablierte Pianist. Bartók erklärt Liszts Überlegenheit aus dem Umstand, daß er »alles, was er berührte, ob es ein ungarisches Kunst- oder Volkslied, eine italienische Arie oder sonst etwas war, so… mit seiner Individualität erfüllte, daß es wie etwas ihm Eigenes wurde. Was er aus diesen fremden Elementen schuf, wurde unverwechselbar Lisztsche Musik. Noch wichtiger ist indessen,… daß er mit diesen fremden Elementen… zahlreiche mischte, die wirklich aus ihm selber stammen.«
Es geht also nicht um Geschmacks- oder Stildiskussionen. Das sind zeitabhängige Größen. Sondern um den hohen Eigenanteil des Komponisten Liszt an seinen verschiedenartigen Bearbeitungen von fremden Werken oder Melodien.
Die großangelegten kann man am ehesten als eigenartige und eigenständige »Reflexionen« bezeichnen, die von der Vorlage nur angeregt wurden. Höhepunkte sind hier die Werke über *Bach, Bellini, Meyerbeer, Rossini, Verdi* und *Wagner*. Daneben gibt es natürlich auch mehr oder minder konfektionierte, nach einer bewährten Formel abgefaßte Transkriptionen (Umschreibungen: von Orchester oder/und Gesang auf Klavier). Hierher gehören vor allem seine Liedbearbeitungen, speziell die nach *Schubert* (ohne Liszt wäre der

niemals so bekannt geworden) und die nach eigenen Vokalschöpfungen, wie etwa die bekannten drei *Liebesträume* oder die *Petrarca-Sonette*.

Eine dritte Gruppe sind Übertragungen sinfonischer Partituren auf die (äußersten) Möglichkeiten des Klaviers, eine Art Klavierauszüge auf höchstem Niveau und unter konzertantem Aspekt. Hier hatte das Erlebnis von Berlioz' »Fantastischer Sinfonie« den Anstoß gegeben. Den Höhepunkt dieser Gruppe bezeichnen die Klavierfassungen sämtlicher *Beethoven-Sinfonien*, von denen Liszt mit berechtigtem Stolz selbst sagt: »Die bisher gebräuchlichen Arrangements sind dann unmöglich gemacht; man möchte sie viel lieber Dérangements nennen.«

Am Anfang dieses umfangreichen Werkekomplexes stand ein *Konzertstück über Mendelssohns Lieder ohne Worte* (1834), als erste Schubert-Transkription entstand *La rose* (Heidenröslein) 1835; 1836 bereits folgten große *Opernfantasien* über Meyerbeers *Hugenotten*, *Die Puritaner* von Bellini sowie Klavierübertragungen nach Berlioz. Aus den weiteren Beiträgen sind besonders zu erwähnen Schuberts *Schwanengesang* und *Winterreise* 1839, *Opernfantasien* auf *Norma*, *Don Giovanni* und *Robert der Teufel*, Übertragungen Bachscher *Orgelfugen* 1842 bis 1850, Schuberts *Müllerlieder* 1846, Schuberts *Wandererfantasie* sowie – für zwei Klaviere – Beethovens *Neunte Sinfonie* 1851 (zu zwei Händen 1864).

Zumal die großen Opernfantasien sind eine bewundernswürdige Mischung aus musikalischer Dramaturgie, faszinierender Virtuosität und kurzweiliger Bilderfolge. Die Wirkung auf die Zeitgenossen umschreibt der russische Komponist Alexander Serow: »Die Hauptpersonen und -situationen aller dieser Musikdramen gingen an uns wie lebendig vorüber, wobei auch die Brillanz... des Spiels, ...die ›Pyrotechnik‹ der Kunst des Virtuosen nicht vergessen war, sondern im Gegenteil die verblüffendsten, blendendsten Ausmaße annahm, um in dem Feuerwerk der Triller, filigranartigen Verzierungen, Kaskaden, blitzeschleudernden Oktavenleitern unerwartet aufs neue die Themen aufsteigen zu lassen, wie auftauchend aus diesem Tonschwall, sich umarmend und in immer neuen wunderlichen Arabesken miteinander verflochten.«

»Doch unversehrt blieb Ritter Franz« – der Ehrensäbel

Den Auftakt zu Liszts neuem Lebensabschnitt gaben sechs Wiener Konzerte. Die Saison 1839/40 sah ihn ferner in Preßburg (Bratislava), Pest, Raab (Györ), Ödenburg (Sopron), Prag, Dresden, Leipzig, Metz, Paris und London.

Aus der Fülle dieser und der nun folgenden Tourneen und Gastspiele gewinnen die in Ungarn, Deutschland und Rußland besondere Bedeutung.

Bisheriger Höhepunkt der Karriere, sogar die Wiener Triumphe noch über-
treffend, wurde sein Konzert am 4. Januar 1840 in Pest, wo er in ungarischem Kostüm erschien. Zwölf Pagen führten ihn zur Bühne, angeblich
konnte er dreißig Minuten vor Ovationen nicht zu spielen beginnen. Viermal verlangte man von ihm den *Rákóczi-Marsch*, dann überreichten ihm
ungarische Magnaten das magyarische Adelssymbol, den Ehrensäbel. Die
Grußadresse verlas Graf Festetics. Dessen Frau schildert die Faszination,
die von Liszt damals schon ausgegangen sein muß: »Eine so schöne, edle,
kühne und schlanke Gestalt war uns noch nie vor Augen gekommen. Welch
ein Gesicht von herrlichster Rasse. Das leuchtende Auge, der lächelnde
Mund, diese breiten Schultern und der superbe Anzug, der einem Apoll
nicht besser gestanden hätte... Alles war außer sich. Hier war ein König zu
Gast gekommen, der alle Welt mit seinem Strahlenschein blendete.« Später
wird man den Virtuosen in Budapest als Heiland feiern.
Beim Festbankett, dessen Teilnehmer er stolz auflistet – 7 Fürsten, 2 Prinzen,
8 Grafen und 16 Barone – wurde beschlossen, eine Liszt-Büste anfertigen
zu lassen. Eine spontane Sammlung erbrachte mehrere tausend Gulden!
Am Rande erwähnt: Den goldenen Flügel hatte ein Mitglied der ehrwürdi-
gen Mäzenatendynastie, ein Fürst Esterházy, gestiftet.
An Marie schreibt der Gefeierte in einer unnachahmlichen Mischung aus
Patriotismus, Hingabe und Eitelkeit: »Bei meinem Eintritt fing das ganze
Publikum an zu klatschen und Eljen! Eljen! (ung. Vivat – CR) zu rufen. Ich
habe auf Königsart dreimal gegrüßt, nicht mehr und nicht weniger...«
Dann schildert er die Überreichung des Ehrensäbels und schließt: »Ich halte
mit ernster und fester Stimme die Rede«, natürlich auf Französisch.
Liszt erfüllte die Regieanweisungen für seine Ungarn-Rolle geradezu vor-
bildlich. Ihm war klar, was die Leute von ihm erwarteten. Ans Ende seiner
Programme setzte er generell ein ungarisches Lied, in wenigen Konzerten
fehlte der *Rákóczi-Marsch*. Doch nie ließ er sich für chauvinistische Ziele
einspannen. Ebenso wie er europäischer Kosmopolit ist, will er sich als Ungar nicht gegen Nachbarvölker oder Minderheiten benutzen lassen. Hierin
ist er direkt naiv, und diese Naivität wird ihn später die Sympathien der
radikalen Ungarn kosten. Seine Konzerte zeigen das schon 1839 deutlich.
In Hermannstadt (Sibiu) spielte er einmal statt des *Erlkönigs* den *Rákóczi-
Marsch* als Zugabe und wurde dafür ausgepfiffen, denn die »Sachsen« Sieben-
bürgens waren stolz darauf, keine Ungarn zu sein. Die Ungarn wiederum
verstimmte seine unbedenkliche Haltung, wenn er ungarische und rumäni-

Eine Seite aus Liszts Adelsbrief ▶

sche Volksweisen in *ein* Werk gleichzeitig einarbeitete; und was ihm manche Magyaren nie verzeihen werden, ist die Tatsache, daß er auch die Zigeuner als Menschen und ihre Musik als vollwertige Stimme im Konzert der europäischen Völker ansah.

Am meisten, mehr noch als der Säbel, schmeichelte Liszt, den Rentmeisterssohn aus Raiding bei Ödenburg nahe Preßburg in Ungarn, daß man ihn adeln wollte und einen Adelsstammbaum fingierte. Ein nüchtern denkender Journalist schimpfte zwar, was habe der von der »heiligen Hand des allmächtigen Gottes zum Adeligen geschlagene« Künstler den »verschimmelten Adelsbrief König Sigismunds« nötig, aber Liszt dachte anders. Ganz freimütig meldete er Marie: »Wahrscheinlich werde ich in einem Monat vom ungarischen Reichstag geadelt werden. Da es eine nationale Angelegenheit ist, die ich weder gesucht noch erbeten, noch auf irgendeine Weise begehrt habe, gestehe ich, daß ich mich darüber freuen werde.« Naiv war, anzunehmen, Marie werde ihm abnehmen, daß er den Adel nicht begehrt habe. Nur allzu bereitwillig glaubte er seiner konstruierten Abstammung von dem alten Geschlecht der Thurzó und konnte nun mit Genugtuung der adlig Geborenen melden: »Sie hatten also mehr Recht, als wir dachten, als Sie mir scherzend sagten, daß ich unbedingt aus einem sehr guten Hause kommen müsse.« Das allerdings dürfte die Gräfin ironisch gemeint haben.

Doch muß der Gerechtigkeit halber gesagt werden, daß Liszt später das Adels- und Ritterpatent auf seinen Onkel, den Juristen und hohen österreichischen Staatsbeamten Dr. Eduard Liszt, übertragen ließ. Der konnte damit offenbar mehr anfangen.

Sein kindlicher Stolz über den Ehrensäbel war ein gefundenes Fressen für alle Gegner und Spötter. Als die ungarische Revolution 1848 blutig niedergeschlagen wurde, nahm Heinrich Heine Bezug auf Liszts Fähigkeit, es mit keiner Seite zu verderben, und reimte anzüglich:

> Auch Liszt taucht wieder auf, der Franz.
> Er lebt, er liegt nicht blutgerötet
> Auf einem Schlachtfeld Ungarlands;
> Kein Russe, kein Kroat hat ihn getötet.

> Es fiel der Freiheit letzte Schanz',
> Und Ungarn blutet sich zu Tode –
> Doch unversehrt blieb Ritter Franz,
> Sein Säbel auch – er liegt in der Kommode.

> Er lebt, der Franz, und wird als Greis
> Vom Ungarnkriege Wunderdinge
> Erzählen in der Enkel Kreis –
> »So lag ich und so führt' ich meine Klinge!«

Es ist tatsächlich etwas fatal: Lord Byron war in stürmischem Freiheitstaumel nach Griechenland gegangen und ist für die Idee der Freiheit gestorben. Er war Engländer. Liszt fühlt und bezeichnet sich als Ungar und verläßt nicht den Salon.

Andererseits machte es der echte Halbpole Chopin nicht anders, und Wagner auf den Barrikaden war eher profilsüchtig denn echt revolutionär.

Quer durch Europa – Netzwerk über 50000 Kilometer

> Nicht gleich einem Könige, sondern
> als ein König zog er aus...
> *Ludwig Rellstab zu Liszts Abreise*
> *1842 aus Berlin*

Internationaler Star Mitte des 19. Jahrhunderts zu sein war etwas beschwerlicher als im Jet-Zeitalter. Wenn man nur die Tourneen jener Jahre in »Saus und Braus«, also 1839 bis 1848, nach Strecken addiert, kommt allein per Luftlinie die exorbitante Summe von rund 42000 Kilometern zusammen – der Erdumfang.

Hier die Aufstellung der wichtigsten Stationen mit Start Sommer 1839 in Lucca und Ankunft Februar 1848 in Weimar. In Lucca (genauer: im Fischerdorf San Rossore) hat er sich von seiner ersten Lebensgefährtin getrennt, in Weimar trifft er mit seiner zweiten ein.

Lucca – Wien – Pest – Preßburg – Pest – Raab – Preßburg – Ödenburg – Raiding – Wien – Prag – Dresden – Leipzig – Paris – London – Brüssel – Baden-Baden – Wiesbaden – Frankfurt – Mainz – Bonn – Bad Ems – London – Hamburg – London – Schottlandtournee – Liverpool – Paris – Brüssel – Lüttich – Paris – London – Englandtournee – Hamburg – Kopenhagen – Hamburg – Nonnenwerth – Köln – Nonnenwerth – Frankfurt – Nonnenwerth – Koblenz – Elberfeld – Düsseldorf – Bad Ems – Bonn – Nonnenwerth – Kassel – Weimar – Jena – Dresden – Leipzig – Berlin – Königsberg – Mitau – Riga – Petersburg – Paris – Lüttich – Brüssel – Nonnenwerth – Brühl – Weimar – Jena – Erfurt – Coburg – Gotha – Frankfurt – Köln – Aachen – Amsterdam – Leyden – Berlin – Breslau – Tournee durch Schlesien und Polen – Krzyzanowitz (bei Oppeln) – Warschau – Petersburg – Moskau – Nonnenwerth – Paris – München – Augsburg – Nürnberg – Stuttgart – Karlsruhe – Mannheim – Heidelberg – Hechingen – Weimar – Dresden – Bernburg – Stettin – Dessau – Braunschweig – Hannover – Paris – Lyon – Marseille – Toulon – Bordeaux – Pau – Madrid – Lissabon – Spanientournee – Gibraltar – Marseille – Lyon – Maçon – Colmar – Straßburg – Mülhausen – Metz – Zürich – Basel – Bonn – Weimar – Wien – Prag – Olmütz – Brünn – Marburg – Grätz – Agram – Ödenburg – Raiding – Wien – Budapest – Fünfkirchen – Temesvár – Arad – Klausenburg – Bukarest – Kiew – Czerny-Ostrow – Lemberg – Czernowitz – Jassy – Galatz – Konstantinopel – Odessa – Elisabethgrad – Woronince – Ratibor – Krzyzanowitz – Weimar.

Also in knapp zehn Jahren per Luftlinie um den Globus. Doch nicht einmal der Flugverkehr verläuft nur in Geraden. Bei heutigen Straßenverhältnissen (Autobahnen, Fernverkehrsstraßen) beträgt der »Zuschlag« auf die Luftlinie mindestens 25%. (Dieser Wert ergibt sich aus dem Vergleich mit den entsprechenden Tabellendistanzen im Autoatlas.) Da man zu Liszts Zeiten noch um »Lehmanns und Schulzes Feld« herumfahren mußte, kann man getrost auf 30% aufrunden. Damit erhöht sich die Gesamtstrecke seiner »Saus-und-Braus«-Tourneen auf mindestens fünfzigtausend Kilometer. Legt man diese eineinviertel Erdumrundung auf die einzelnen Jahre um, so entfallen auf jedes fünftausend Kilometer.

Ein Eisenbahnnetz existierte damals im Grunde genommen noch nicht; es gab nur wenige, miteinander nicht verbundene Linien. Außerdem war die Bahn für Liszts Zwecke kaum geeignet, denn er mußte stets eine Menge Gepäck mitführen. Seit der Schlesientournee benutzte er übrigens auch eine Art Wohnmobil, eine Salonkutsche, in der er bei Bedarf arbeiten und schlafen konnte.

Strecken besagen an sich noch nichts, wenn man nicht auch die Zeitebene berücksichtigt. Um 1840 gab es zwei Hauptverkehrsmittel, die »Diligence« als »Personenzug der Landstraße« – mit fünf Tonnen Gewicht und einer Kapazität von 18 Personen mit Gepäck; schneller als dieses plumpe Gefährt war die Postkutsche, sozusagen der D-Zug – sie war leichter, wurde von fünf Pferden gezogen und erreichte eine Reisegeschwindigkeit von 15 km/h. Gestehen wir Liszt aufgrund seiner besseren Gegebenheiten 20 km/h zu – so brauchte er immerhin noch fünf Stunden, um 100 km zurückzulegen. Bei 1000 km waren es schon 50, bei 5000 km entsprechend 250 Stunden Reisezeit – das sind 10 Tage und Nächte bei (natürlich rein fiktiver) Dauerfahrt. Liszt hatte in jenen zehn Jahren schließlich noch anderes zu tun als Entfernungen zu bewältigen, er konzertierte, führte ein intensives gesellschaftliches Leben, anfangs sogar noch ein Familienleben (in den Sommermonaten), später ein durchaus bewegtes Privatleben, und gelegentlich hat er noch dirigiert und komponiert. Kurz: Bei einem täglichen Mittel von acht Stunden Fahrzeit brauchte er 30 Tage, um die jährlichen Kilometer zurückzulegen, also einen von zwölf Monaten.

Später hat Liszt mindestens noch einmal die »Erde umrundet«: Die Kantenlängen seines »Triangels« Rom–Weimar–Budapest, mit dem er seine letzten 15 Lebensjahre jeweils dritteln wird, messen 1300 + 850 + 1250 km. Allein durch diese obligatorischen Reisen kamen jährlich wenigstens 3300 km zusammen; das ergibt über 15 Jahre wiederum knapp fünfzigtausend (dabei haben wir noch keinerlei sonstige Privat- oder Künstlerfahrt berücksichtigt). Ab 1871 stand Liszt allerdings schon ein gut ausgebautes Bahnnetz zur Verfügung.

Leipzig – Erstmals in Weimar

Nach seinen Siegen an der Donau – in Wien und in Pest – wirkte Leipzig auf Liszt wie eine kalte Dusche. Dem Publikum dieser konservativen Hochburg war sein Spiel zu affektiert, wohl auch sein Auftreten. Schumann faßt seine gemischten Gefühle – und wohl nicht nur seine – zusammen: »Und wie er doch außerordentlich spielt und kühn und toll und wieder zart und duftig, das habe ich nun alles gehört... Aber Clärchen, diese Welt ist meine nicht mehr, ich meine seine. Die Kunst, wie Du sie übst, wie ich auch oft am Klavier beim Komponieren, diese schöne Gemütlichkeit geb ich doch nicht hin für all seine Pracht – und auch etwas Flitterwesen ist dabei, zu viel! Liszt kam nämlich sehr aristokratisch verwöhnt hier an und klagte immer über die fehlenden Toiletten und Gräfinnen und Prinzessinnen, daß es mich verdroß und ich ihm sagte, wir hätten hier auch unsere Aristokratie.«
Dennoch konnte sich Liszt damals noch auf das persönliche Wohlwollen Schumanns verlassen, den er »einen der Stillen im Lande« nannte. Der junge Professor an Mendelssohns Konservatorium hatte ihm viel zu verdanken, speziell, daß sein originelles Klavierwerk »Carnaval« schon bald »zu den besonderen Stücken aller Pianisten in der Welt zählt... Ich werde es Ihnen bis in die Ewigkeit nachrühmen.« Aber der Empfang im Gewandhaus enttäuschte den Gast: »Wo Eisigkeit und Gefühlskälte herrschen, ist nicht mein Platz.« Sogar Mendelssohn, der Gewandhauskapellmeister, war böse auf sein Publikum und veranstaltete tags drauf ein Treffen unter Musikern, wo er mit Liszt und dem Dirigenten Ferdinand Hiller Bachs Tripelkonzert auf drei Flügeln musizierte. »Da war der Bann gebrochen, und meine Leipziger Musiker sahen ein, wen sie in der Person Liszts vor sich hatten. Sie dankten ihm..., und ich habe greise Männer gesehen, die ihm die Hand küßten...«, erinnert sich Mendelssohn.
England war ein organisatorischer Fehlschlag. Der Agent hatte offenbar ungenügend geworben. Liszt zahlte ihn sogar noch aus, obwohl der Besuch außerhalb Londons alles andere als zufriedenstellend ausgefallen war, weil er seinen Kontrakt lösen wollte. Jedoch versäumte er nicht, die Presse davon in Kenntnis zu setzen. Die junge Queen Victoria fand ihn und seine Handlungsweise fabelhaft, verlieh ihm einen Orden und den Beinamen »Franz der Großmütige« – Liszt hatte wenigstens seine Reklame! Auch meldete die englische Königin das Ereignis an ihre Verwandten am Hof zu

Weimar. (Sie war mit einem Herzog von Sachsen-Coburg-Gotha verheiratet.)
Damit bahnt sich ein neuer Lebensabschnitt des Künstlers an. Liszt besucht
Weimar noch Ende 1841. Er befreundet sich mit Großherzog Karl Friedrich, Nachfolger von Goethes Fürsten, und seiner Gattin, Maria Pawlowna,
Schwester des regierenden Zaren Nikolaus I. und Mutter der späteren deutschen Kaiserin Augusta. Von jetzt an wird er fast alljährlich auch Weimar
aufsuchen, und von November 1842 an ist er hier Hofkapellmeister »in
außerordentlichen Diensten« (klangvolle Umschreibung für: ohne Gehalt).

Felix Mendelssohn
Bartholdy. Lithographie
von August Direks nach
einem Gemälde von
Theodor Hildebrandt
(1804–1878).
Als Gewandhauskapell-
meister setzte er sich bei
Liszts ersten Auftritten in
Leipzig nachhaltig für
den Gast ein

Rechts: Clara und Robert Schumann. Medaillon von Ernst Rietschel (1804–1861). Zuerst hatte er Schumanns Verlobte (in Wien) kennengelernt. Ihre anfängliche Begeisterung für Liszt wich unter dem Einfluß Schumanns einer Skepsis, die nach dem Tod ihres Mannes und mit zunehmender Parteinahme für Brahms in Antipathie überging

Unten: Leipzig, das alte Gewandhaus. Aquarell von Gottlob Theuerkauf.
Die Messestadt galt als Hochburg des Konservatismus; Liszt stieß anfangs auf Mißtrauen und Ablehnung

Oben: Der Kreml in Moskau. ▶
Lithographie aus »Meyers Universum«.
In Moskau, das er auf seiner zweiten
Rußlandreise besuchte, gab Liszt auch
ein (wahrscheinlich sein einziges)
Orgelkonzert
Unten: Petersburg, Saal der Adels- ▶
versammlung. Zeitgenössischer Stich

Links: Charlotte von Hagn.
Gemälde von Josef Stieler (1781–1858).
Die gefeierte Schauspielerin hatte sich
den gefeierten Virtuosen bei seinem
Berliner Gastspiel im Winter 1841/1842
erobert; nur knapp entging Liszt einem
Duell mit ihrem Verlobten von Owen

Unten: Die Berliner Singakademie,
Lithographie von Ludwig Eduard Lütke
um 1845. Das von Schinkel erbaute klas-
sizistische Gebäude beherbergt heute
das Maxim-Gorki-Theater in Ost-Berlin

Carolyne Fürstin Sayn-Wittgenstein und Tochter Marie. Nach einer Lithographie von
C. Fischer um 1844

Triumph an der Spree – Sankt Petersburg

> Es sind Jahre verflossen, seit ich Sie
> gefunden und verloren, aber ich muß
> gestehen, ich bin durch Sie für alle an-
> deren Menschen verdorben; denn kei-
> ner hält nur den leisesten Vergleich
> aus. Sie sind und bleiben einzig.
> *Charlotte von Hagn 1846 an Liszt*

Berlin, wo er am 27. Dezember 1841 sein erstes Konzert gibt, erlebt einen Liszt-Taumel, wie ihn vordem nur Wien gekannt hat. Man konnte Handschuhe mit seinem Bildnis, Liszt-Bonbons und Liszt-Tabakdosen kaufen. In zwei Monaten gibt er 21 Konzerte, die privaten Galas nicht mitgezählt, zehn allein in der Singakademie. Varnhagen von Ense als gewissenhafter Chronist notiert: »Liszt macht fortwährend das Entzücken der Stadt, er *verherrlicht* diesen Winter hier und ist dessen schönster Glanz. Seine Uneigennützigkeit, seine heitere Bildung, sein wohlwollendes, anmutiges Wesen erwerben ihm Beifall in nicht geringerem Maße als seine alles besiegende Meisterschaft.«

In der preußischen Hauptstadt diniert Liszt bei der Fürstin Galitzin; Felix von Lichnowsky hat ihn eingeführt. Mit einem Schlage ist er mitten in der russischen Hocharistokratie gelandet: Der Fürst ist Generalgouverneur von Moskau. Die Galitzin, deren schwärmerische Anträge der Virtuose nicht ausschlägt, läßt ihre Verbindungen spielen und arrangiert mehrere Konzerte in Rußland.

Natürlich hat Liszt an der Spree nicht nur eine Affäre. Wegen einer Dame hätte es fast ein Duell gegeben, als ihr Verlobter hinter den Tatbestand kam. Lichnowsky, des Künstlers eleganter Freizeitpartner, konnte das Schlimmste verhüten. Es handelte sich um die Schauspielerin Charlotte von Hagn, die Liszt in Begleitung seines Freundes zusammen mit ihrer Schwester Auguste bei einem Maskenball kennen- und schätzengelernt hatte. Nach dem recht säuerlichen Bericht der sechzigjährigen Bettina von Arnim, die einst noch auf Goethes Schoß gesessen hatte und nun zusehen mußte, wie die Jugend im Mittelpunkt stand, ging die Initiative von den Damen aus: »Die Geschwister Hagn, wohlgelitten in unserer Theaterwelt und von einigen im Überschwang des Interesses als die größten Darstellerinnen dieser Zeit im klassischen Drama gepriesen, machten sich alsbald so aufdringlich... an Liszt und Lichnowsky heran, daß es nicht nur der Allgemeinheit auffiel, sondern Ärgernis erregte.« Charlotte kam als Königin Luise, Liszt als Pascha in den Farben Türkis, Gold, Blau und Grau, mit Turban und allen Orden, die er mittlerweile zusammengetragen hatte.

Er spürte wohl, daß er sich an jenem Abend mehr hätte um Frau von Arnim kümmern sollen, und folgte darum ihrer Einladung nach Wiepersdorf. Als sich Liszt ins Gästebuch eintrug, unter dem Preußenkönig, hätte sie es lieber gesehen, wenn er sich *über* die Majestät eingeschrieben hätte – »wie es ihm gebührt«.

Bei Hofe wurde Liszt durch Maria Pawlowna, die Weimarer Großherzogin, eingeführt, deren Tochter, Prinzessin Wilhelm von Preußen, später die erste deutsche Kaiserin werden sollte. Sie machte dem Gast ein wertvolles Geschenk: das Autograph eines Flötenkonzerts von Friedrich dem Großen. Die Einnahmen seiner Berliner Konzerte führte Liszt größtenteils wohltätigen Zwecken zu: der Fertigstellung des Kölner Doms, der Versorgung armer Kinder, zum Besten der studentischen Jugend. Da der Platz in der Singakademie nicht ausreichte, mußte man schon bald die Konzerte ins Opernhaus verlegen. Zu den ständigen Gästen gehörten Friedrich Wilhelm IV. und seine Familie; der König verlieh Liszt »in Anerkennung seiner Verdienste um das Musikleben in Preußen« den »Pour le mérite« – dazu hatte er eigens eine Friedensklasse (des ursprünglich militärischen Ordens) für Künstler und Gelehrte geschaffen.

Triumphal gestaltet sich die Abreise Richtung Rußland. Wieder nennt man ihn in einem Atemzug mit dem Monarchen (und das in Preußen!). Varnhagen von Ense schreibt: »Ein Wagen, mit sechs Schimmeln bespannt, rollte vor das Hotel; Liszt wurde unter dem Zujauchzen der Menge fast die Treppe hinabgetragen und in den Wagen gehoben, wo er zwischen den Senioren der Universität seinen Platz hatte. Dreißig vierspännige Wagen mit Studierenden, eine Anzahl Reiter im akademischen Festornat gaben ihm das Geleit. Zahllose andere Wagen hatten sich angeschlossen; zu vielen Tausenden umwogte die Menge die Abfahrenden... Nicht nur die Straßen und Plätze, sondern auch die Fenster aller Häuser waren dicht mit Zuschauern und Zuschauerinnen erfüllt.«

Unterwegs nach Petersburg, in Königsberg, ernennt man ihn zum »Dr. artis musicae honoris causa«, zum Ehrendoktor der Musik an der philosophischen Fakultät der ehrwürdigen Universität, wo Immanuel Kant gelehrt hatte. Sein Durchbruch im Osten datiert vom 20. April 1842 (nach dem damals in Rußland gültigen Julianischen Kalender: 8. April). Da feiert ihn die Crème der kaiserlich-russischen Hauptstadt im Saal der Adelsversammlung. Dreitausend Hörer, unter ihnen die Komponisten Michail Glinka und Alexander Serow. In Serows Begleitung befand sich der Kritikerfreund und sozusagen Pressesprecher der »russischen Fünf« (Mussorgski, Borodin, Rimski-Korsakow, Balakirew und Cui) – Wladimir Stassow.

Er hatte Liszt, dieses »maßlos eitle Wundertier«, anfangs nicht leiden können, wandelte sich aber im Lauf des Abends vom Saulus zum Paulus. Hier seine farbige Schilderung: »Am meisten staunten die Russen über seine ge-

waltige Haarmähne, die bis zu den Schultern herabreichte. In Rußland pfleg-
ten nur Priester so lange Haare zu tragen... Liszt war sehr mager und gebückt, und obwohl ich viel von seinem berühmten Florentiner Profil gelesen hatte..., konnte ich sein Gesicht nicht schön finden. Auch seine Sucht,
sich mit Orden zu behängen, mißfiel mir, und später war ich auch ein wenig
enttäuscht über sein affektiertes Benehmen... Liszt bestieg das Podium, zog
seine rehledernen Handschuhe aus und warf sie achtlos zu Boden. Nachdem er für den donnernden, in Rußland in solcher Stärke noch nie erklun-
genen Applaus gedankt hatte, setzte er sich ans Klavier. Es herrschte eine
Stille, als wäre der ganze Saal zu Stein geworden. Ohne irgendein Vorspiel
begann Liszt mit den ersten Takten der *Ouvertüre zu Wilhelm Tell*. Neu-
gierde, Zweifel, Kritik... alles war bei der wundervollen Verzauberung
durch sein Spiel vergessen...«
Den Russen hatte Liszt regelrecht den Kopf verdreht. Glinka, der sonst
kein Schwärmer war, tat ein seltsames Gelübde: jeden Morgen für Liszt zu
beten, was er angeblich auch durchgehalten hat, mit Ausnahme seiner
Hochzeitsnacht.
Für die Presse war er ein Exot. So erfuhr man aus den Gazetten, daß Liszt so
viel Krawatten besitze wie das Jahr Tage habe. Sein Haar erregte nicht nur
Verwunderung, sondern auch Mißfallen, sogar höchstes. Nikolaus I. mo-
kierte sich über die Künstlermähne und schloß aus ihr auf unzuverlässige
Gesinnung. Als Liszt davon erfuhr, revanchierte er sich auf seine Weise.
Beim Konzert unterhielt sich der Zar ungeniert mit seinen Begleitern. Liszt
hörte abrupt zu spielen auf. Als der Monarch unwillig fragte, was es gebe, erhielt er vor vollem Saal die ironische Antwort: »Wenn Nikolaus spricht, muß
auch die Musik schweigen!« Der Herrscher aller Reußen hat es ihm dann
aber wieder heimgezahlt: Er und sein Sohn und Nachfolger Alexander II.
sorgten dafür, daß sich die Scheidung der Fürstin Carolyne jahrelang hin-
auszog und damit die ersehnte Eheschließung mit Liszt letztlich hinfällig
wurde.
Trotz dieser Kontroverse auf höchster Ebene, die sofort die Runde machte
und Liszt in vielen Augen sympathisch erscheinen ließ, ging er aus Petersburg um eine Ehrung reicher: Die 1802 gegründete Philharmonische Gesellschaft ernannte ihn zum Ehrenmitglied.
Das Jahr 1845 führt den Virtuosen nach Spanien, Portugal, Frankreich und
in die Schweiz. In Basel lernt er Joachim Raff kennen, seinen späteren Weimarer Gehilfen bei der Instrumentation. In Bonn erwartet ihn das Beet-
hovenfest (anläßlich dessen 75. Geburtstags), es folgen Brühl, Koblenz und
Köln, wo er plötzlich erkrankt. Nach kurzer Erholung in Baden-Baden geht
es über Freiburg erneut nach Frankreich.

»Der Generalbaß wird durch Liszt in seinen festen Linien überrumpelt und überwunden.« Anonyme Karikatur 1842. Die Akkord-Kurzschrift der Bach-Händel-Epoche, als Lehrgegenstand angehender Komponisten noch heute in Gebrauch, dient hier als Sinnbild des Gestrigen gegenüber dem »Neutöner« Liszt

Lola in Bonn – Der Ungarnmessias

In Bonn sollte ein Beethovendenkmal errichtet werden, aber es fehlte an den nötigen Mitteln. Liszt erfuhr davon und erklärte sich sofort bereit, das Geld durch Konzerte aufzutreiben. Da tatsächlich ein großer Anteil von ihm kam, übertrug man ihm dann auch die Leitung der Festlichkeiten anläßlich der Enthüllung und beauftragte ihn, zu diesem Anlaß eine Kantate zu komponieren und ein Konzert zu dirigieren. Doch sein Engagement fand nicht nur Zustimmung. In Schumanns »Neuer Zeitschrift für Musik« erschien ein gehässiger Essay, in dem es hieß: »Warum muß eine solche erhabene Weihestätte durch den kreischenden Unflat neutönerischer Musik verunglimpft werden?«

Für diese Gegenströmung wird es mehrere Gründe gegeben haben. Manche Zeit- und vor allem Zunftgenossen konnten nicht verwinden, daß ausgerechnet dieser schillernde Starvirtuose das Beethovendenkmal maßgeblich finanziert hatte, zudem wird man gerade in Deutschland seine theatralisch-egozentrische Art nicht immer gemocht haben. Und schließlich hat man

Lola Montez. Zeitgenössi-
sches Porträt. Liszt war ihr
1843 erstmals begegnet. Fünf
Jahre später wird ihretwegen
der Bayernkönig Ludwig I.
abdanken

ihm wohl eine seiner kitschigsten Affären verübelt, die sich ausgerechnet zu
diesem Zeitpunkt in Beethovens Geburtsstadt abspielte: Lola Montez.
Was die Anzahl ihrer Abenteuer und die Leidenschaftlichkeit ihrer Neigung
betraf, konnte es die umworbene Tänzerin durchaus mit dem Künstler aufnehmen. Drei Jahre später bringt sie einen Thron zum Wanken – densel-
ben, an den sich Wagner klammern wird, um seine Bayreuth-Pläne zu
finanzieren, mit Liszts Tochter Cosima an seiner Seite.
Man kannte sich seit 1843; jetzt war Lola dem Virtuosen alles andere als
unauffällig nachgereist. Schon ging das – von der Montez vorsorglich aus-
gestreute – Gerücht um, Liszt würde sie im nächsten Sommer ehelichen.
Die auch damals schon skandallüsterne Boulevardpresse wurde wach. Un-
mittelbar vor der Denkmalsenthüllung fragte man Liszt, ob man nicht für

die Montez eine Tanzbühne hätte errichten sollen. Als der Festdirigent daraufhin dem Bankett demonstrativ fernblieb, drängte ihn Lichnowsky, der
kompromittierenden Tänzerin den Laufpaß zu geben, bevor es zum Eklat
käme. Liszt weiß sich vor der in Rage geratenen Lola nicht anders zu retten,
als sie (wieviel davon stimmt, weiß man heute nicht mehr) ins Hotelzimmer
einzusperren, dem Portier die Schlüssel zu übergeben, für eventuelle Sach-
schäden einen Betrag zu hinterlassen (die Montez war für ihr Temperament
berühmt) und den Mann eindringlich zu ermahnen, die wilde Schöne nicht
eher herauszulassen, als bis er zwölf Stunden Vorsprung habe...
1846 standen Frankreich, Frankfurt, Weimar, Wien, Olmütz, Siebenbürgen,
Rumänien und Rußland (Ukraine) auf dem Programm.
In Ungarn hatte sich seit seinem letzten Besuch einiges verändert. Die
Amtssprache war jetzt Ungarisch, über die Donau wurde zwischen Buda
und Pest die erste ständige Brücke gebaut – die Kettenbrücke. Der Politiker
Lajos Kossuth hatte das »Pester Journal« gegründet. Vom allgemeinen na-
tionalen Aufschwung profitierte auch der große Sohn der Nation, Franz
Liszt. Ein Gedicht ging als Flugblatt von Hand zu Hand:

> Erbarmt hat Gott sich endlich unserer Erde,
> Die sich im Streben, daß sie glücklich werde,
> Auf falschem Pfad in Wirrsal sich verstrickt.
>
> Doch Gottes Gnade hat Dich uns geschickt,
> Auf daß Dein Spiel, gewaltger Sohn der Töne,
> Die Welt mit ihrem Schöpfer neu versöhne.

Eine neue Sprosse in der Karriereleiter – die Krone, sozusagen die Himmels-
krone. Liszt als Messias, als Welterlöser – der Rentmeistersohn aus Raiding
auf der Höhe seiner Ungarn-Rolle.
Freilich spielte er nicht nur göttlich Klavier, sondern lieferte auch königliche Beiträge zu wohltätigen Zwecken, etwa zugunsten der Gründung eines
Konservatoriums, dessen Leitung man ihm später antragen wird...

Die »*Erlkönig*-Stute« – Abschied von der Bühne

Nichts verschleißt rascher als der Erfolg. Und besonders der auf dem Konzertpodium. So überrascht nicht, daß Liszt schon nach sieben Jahren Vir-
tuosenlebens im doppelten Sinne, nach sieben Jahren Existenz als »Kunst-
zigeuner«, also 1845, aus dem Tretrad der Tourneen ausbrechen will. Sicher
war es zum guten Teil Müdigkeit und Überdruß, was ihn zu dieser Entscheidung trieb: »Was ist das doch für eine widerliche Notwendigkeit in dem
Virtuosenberufe – dieses unausgesetzte Wiederkäuen derselben Sachen!

Wie oftmals habe ich nicht die ›Erlkönig‹-Stute besteigen müssen!« Aber
die wahren Gründe für den konsequenten Verzicht auf die Bühne – mit 36
Jahren! – liegen tiefer. Hanslick gegenüber erklärte sich Liszt knapp und
aufschlußreich: »Zum Virtuosentum gehört Jugend.« Er wußte wie keiner
um die Mechanismen des »Showbizz«, wie man heute sagen würde. War er
doch weitgehend auf dem Gebiet des damaligen Entertainment tätig. Zur
Show gehören Glamour, Jugend und Schönheit. Er hatte diesen – zugege-
benermaßen trivialen – Forderungen genügt, so sehr, daß neben ihm alle
noch so verdienten Pianisten verblassen mußten, eben weil sie nicht rund-
herum showgerecht waren. Dieser Glücksfall hatte ihm in Verbindung mit
einer außergewöhnlichen Musikalität und Sensibilität einen grandiosen Senk-
rechtstart ermöglicht. Er hatte nicht aus Trotz, wie Beethoven, oder aus
Wehmut, wie Chopin, oder aus dem Lebensgefühl des Ancien régime, wie
Thalberg, gespielt, sondern aus diesem neuen, durchaus sinnlich durchpul-
sten, von männlich-erotischer Ausstrahlung geprägten Virtuosentum heraus. Aber nun schwand der Bonus der unverbrauchten Jugend. Liszt, der
stets das Höchste anstrebte, verzichtete, bevor man es ihm vielleicht gar
noch nahelegen könnte.
Ein weiterer wichtiger Grund für diesen Schritt lag in seinen Ambitionen
als Komponist: Er war mehr als nur reproduzierender Künstler, sein Kopf
war ausgefüllt mit ungeschriebenen musikalischen Einfällen, und er wollte
endlich mit einem Orchester arbeiten und mit dessen verschiedenen Klangfarben experimentieren. Die Möglichkeiten des Klaviers hatte er wie sonst
keiner bis ins letzte erkundet.
Auf der Suche nach einem festen Wohnsitz wendet er sich seiner geistigen
Heimat Frankreich zu und hält um die Hand der Gräfin Cessiat an, der
Nichte seines verehrten Philosophen-Freundes Lamartine. An ihrer Seite
sich ruhig niederlassen und dann schreiben, schreiben… Aber sie kann
ihren alten Oheim nicht allein lassen und schlägt den Antrag aus.
Nun denkt er an Weimar, spricht von dieser Stadt als von seinem »Nord-
stern«, hier hat er verständige, kunstsinnige Menschen gefunden, noch ver-
meint er den Atem der großen Dichter zu spüren. Hier will er Wurzeln
schlagen. Gegen Ende seiner Virtuosenzeit schreibt er an den Weimarer
Großherzog: »Mit 35 Jahren kommt für mich der Moment, den Puppenzu-
stand meines Virtuosentums zu zerbrechen und meinen Gedanken freien
Lauf zu lassen, natürlich mit dem Vorsatz, weniger herumzuflattern… Als
weitaus wichtigstes Ziel gilt es mir jetzt, meinem Schaffen das Theater zu
erobern, so wie ich es während der letzten sechs Jahre meiner Persönlichkeit als Künstler erobert habe. Ich hoffe, daß das nächste Jahr nicht vor-
übergehen soll, ohne daß ich zu einem entscheidenden Ergebnis in dieser
neuen Laufbahn gekommen sein werde.«
Liszt hatte also vor, sich nach dem Konzertpodium nicht nur das Orchester,

sondern auch die Opernbühne zu erobern, und das weniger als Dirigent, sondern als Komponist. Doch das Auftauchen Wagners hat ihn dann vor diesem Versuch und einem möglichen Fiasko bewahrt, denn neben Wagner konnte man in Deutschland nicht ernsthaft Opern schreiben wollen, zumindest nicht in der verwandten Klangsprache, die Liszt führte.

Weiter heißt es in dem Brief an den Großherzog, der einer Art Absichtserklärung gleichkommt, recht beziehungsvoll: »Anderenteils bin ich augenblicklich durch meine beständigen Geldnöte so sehr beengt und auf das bestimmteste entschlossen, nie einen Pfennig Schulden zu machen.«

Liszt braucht Geld. Das wird wichtig für seine Entscheidung, mit wem er seine nächste Lebensperiode teilen wird. Er steht sprungbereit und hält Ausschau. Alles ist vorbereitet. Die Wende erwartet ihn in Rußland. Natürlich in Gestalt einer Frau. *Nach* Rußland kam er durch eine Frau – *aus* Rußland führt er eine heim. Wobei man später nicht mehr genau wird sagen können, wer hier wen »geführt« hat.

Auftritt der Fürstin

Im Februar 1847 hatte er in Kiew zu spielen. Im Publikum saß eine kleine Frau, schwarzhaarig, mit auffallend lebhaften Augen und heftigen Bewegungen. Sie war aus Woronince gekommen, ihrem Landgut mit beachtlichem Areal; sie besaß noch weitere große Ländereien mit insgesamt 30 000 Seelen, wie man damals in Rußland beschönigend für Leibeigene sagte. Es war eine Fürstin – Carolyne Sayn-Wittgenstein, die von ihrem Mann getrennt lebte. Bekannt wurde sie mit Liszt, als sie für sein Wohltätigkeitskonzert eine stattliche Summe gespendet hatte und er sich bei ihr bedankte. Sie empfanden sofort eine tiefe Neigung zueinander. Das ist erstaunlich, denn die Fürstin entsprach überhaupt nicht dem Typ Frau, dessen sich Liszt in der Vergangenheit angenommen hatte. Vielleicht spielte auch schon im ersten Moment unbewußt die Tatsache eine Rolle, daß diese Frau sehr reich war.

Nachdem sich die beiden kennengelernt und füreinander erklärt hatten, schrieb Liszt an seine Mutter: »Die Lösung meiner Lebensfrage naht... Das Jahr 1847 bringt mir Glück... Es ist nicht unmöglich, daß ich schließlich ein sehr gutes Geschäft mache...« Den letzten Satz ließ der Liszt-Biograph Raabe aus.

Wer war diese Frau? Cosima fand sie äußerlich »fast befremdend«, dafür aber von starker Ausstrahlung. »Die Stirn zeugt von einer hohen Intelligenz, die Augen haben eine schmerzliche Glut. Der zusammengepreßte weite Mund spricht von der gewaltigsten Energie. Man ist versucht, bei diesem Antlitz an eine weissagende Sibylle zu denken...« Das Sibyllinische meinte auch Liszt, wenn er von den »Greifenaugen« der Fürstin sprach, und in Rom hieß sie später, als sie schon recht eigen wirkte, die »Sibylle von der Via Babuino«.

Sie hatte eine sonderbare Biographie. Ihre Eltern – ein polnischer Groß-grundbesitzer und seine mondäne, lebenslustige Frau – hatten sich schon früh getrennt; die Tochter wuchs bei ihrem Vater auf, der sich seine Ein-samkeit lesend und Zigarren rauchend vertrieb, später über Jahre hinweg mit Carolyne gemeinsam. Erzogen wurde sie von einer französischen Gou-vernante, die Sommer verbrachte sie mit ihrer Mutter auf Reisen durch Eu-ropa, wo sie in ersten Kreisen verkehrte. Schon die 16jährige hatte so hand-fest mit dem Hausarzt geflirtet, daß der nach Sibirien »versetzt« wurde. Ein Jahr darauf heiratete sie auf Vaters Wunsch den Rittmeister Fürst Sayn-Wittgenstein, der sich bester Beziehungen zum Zarenhof erfreute und als recht leichtfertig galt. Er war durch die Hausarztaffäre auf die »polnische Lerche« aufmerksam geworden. Als Morgengabe brachte er drei Güter mit in die Ehe, darunter Woronince, wo Liszt die Fürstin später aufsuchen wird. Das Hochzeitsgeschenk des Zaren war eine Prunkkutsche.

Nach der Geburt des ersten Kindes, Prinzessin Marie, kamen die Gatten, die in keiner Weise harmonierten, überein, getrennt zu leben. Einer Schei-dung wollte der Fürst aufgrund seiner aufwendigen Lebensführung aller-dings nicht zustimmen.

Zu Carolynes Wesenszügen gehörten eine tiefe Religiosität und feste mora-lische Grundsätze im Alltag, die Liszt immer wieder zu schaffen machen werden. Sie war katholisch und hatte einen Hang zum Schwärmerischen, der sie wiederum mit Liszt verband. Wenn sie ihm nach Weimar folgen wird, dann in der absoluten Gewißheit, daß ihre Ehe trotz des Widerstan-des des Fürsten geschieden und die Verbindung mit dem Komponisten legalisiert werden konnte. Ein Leben wie zwischen Liszt und der Gräfin d'Agoult wäre ihr nicht in den Sinn gekommen.

Der Plan war logisch und gut vorbereitet. Liszt hatte ohnehin Weimar im Auge; dort regierte ein ihm befreundeter Großherzog, und dessen Gemah-lin war die Schwester des russischen Zaren. Daraus versprach man sich eine glatte Scheidung der Fürstin von ihrem Mann. Der wird sich sträuben, weil er das Vermögen nicht verlieren will, zumal Carolyne durch den Tod des Vaters eine enorme Erbschaft gemacht hatte.

So blieb vorerst nur die Flucht, die sich sogar dramatisch gestaltete, denn wegen der drohenden Revolutionsgefahr ließ Nikolaus I. die westlichen Grenzen schließen. Unter dem Vorwand, eine Kur in Karlsbad anzutreten, gelang der Fürstin mit ihrer Tochter die Ausreise nach Schloß Krzyzano-witz, einem Besitz von Freund Lichnowsky. Dort traf sie mit Liszt zusam-men. Unter Carolynes disziplinierendem Einfluß begann er schon hier, einige seiner neuartigen Sinfonischen Dichtungen zu instrumentieren.

Der Aufenthalt brach jäh ab, als die Nachricht von der Ermordung des

Hausherrn kam. Felix Lichnowsky, Abgeordneter im (permanent tagenden) Frankfurter Parlament, war randalierenden Studenten zum Opfer gefallen. Auf der Fahrt nach Weimar besuchte man noch Liszts Kindheitsstätten Raiding und Eisenstadt und natürlich auch Wien. Den letzten Teil der Reise legte man getrennt zurück, Liszt war eher am Ziel. Schon die jetzt hin und her jagenden Briefe trugen den Stempel jenes Schwulstes, der die Beziehung insgesamt überwuchern wird. Er an sie: »Blümelein auf der Aue meiner Sehnsüchte«, sie an ihn: »Bahnbrecher meines Lebens«. Dieser Stil wird vorhalten bis zu Liszts Tod.

Wie stolz war er, seiner einstigen Geliebten, Gräfin Marie, melden zu können, daß eine Fürstin seinetwegen Land und Vermögen aufs Spiel gesetzt hatte! Die Antwort war vielsagend und schonungslos: »Um so besser. Diese Frau d'un grand caractère, wie Sie sagen, wird sicherlich nicht gewillt sein, Ihr Leben zu teilen. Sie wird keine von Ihren Mätressen sein wollen; und da Sie im Laufe der letzten vier Jahre (die er nicht an ihrer Seite war – CR) zum Punkte der Übersättigung und des tödlichen Ekels vor den Freuden ohne Liebe haben gelangen müssen, so müssen Sie mit Freuden den Faden ergreifen, der Ihnen angeboten wird, damit Sie aus dem Labyrinth herauskommen.« Das schien Liszt selbst auch gespürt zu haben: daß er nach den lockeren, nur auf Tageserfolg gerichteten Jahren nicht mehr genügend Selbstdisziplin besaß, um kontinuierlich zu arbeiten und Bleibendes zu schaffen. Er mußte sein Leben ändern und brauchte dazu einen Partner. Mit der Fürstin konnte er alles gewinnen: geordnetes Hauswesen, gesteigertes Ansehen, finanzielle Sicherheit und einen fabelhaften Aufseher.

Nicht mehr die große Leidenschaft war gefragt, sondern der geregelte und ganz und gar auf seine Arbeit zugeschnittene Alltag.

»Sammlung und Arbeit in Weimar« Als Kosmopolit an der Ilm

Zwei Zitate zu Liszts Wirken in der thüringischen Residenz seien vorangestellt, das eine aus dem Zenit, das andere vom Ende seiner dortigen Tätigkeit.

Schüler und Sekretär Peter Cornelius: »Was keiner für möglich hielt, ihm ist es gelungen. Er kann mit seinen Mannen sogar die Klangwelt Richard Wagners beschwören… Er wird schlecht bezahlt, muß die Prinzessin unterrichten, Männerchöre leiten… Es kommt bisweilen noch Kirchendienst hinzu, stets aber Konzertdienst… Daneben komponiert er ungemein viel, jetzt auch Orchesterstücke, ›Sinfonische Dichtung‹ geheißen, und hat viele Schüler herum auf der Altenburg, die nichts für seine Lehren bezahlen müssen, manchmal sogar von ihm und der Fürstin unterhalten werden… Es muß eine überirdische Kraft in ihm stecken, daß er alles meistert. Er schont sich keinen Augenblick. Auch in dem, was er hier zu Weimar schafft und ausrichtet, ist er der Größte… Weimar blüht, wächst und gedeiht unter seiner Leitung abermals zu einem Musenhort.«

Liszt selbst schreibt 1860 rückblickend in seinem Testament: »Zu einem gewissen Zeitpunkt (vor ungefähr zehn Jahren) hatte ich für Weimar eine neue Kunstperiode geträumt, ähnlich wie die von Karl August, wo Wagner und ich die Koryphäen gewesen wären, wie früher Goethe und Schiller – aber ungünstige Verhältnisse haben diesen Traum zunichte gemacht.«

◄ Das Weimarer Hoftheater. Anonyme Lithographie um 1835

»Das große Dorf«

Was kürzlich noch Wallfahrtsort zu den Fürsten des deutschen Geistes gewesen war, nannte der Liszt-Schüler Cornelius jetzt »das große Dorf«. 16 Jahre nach Goethes Tod war Weimar zurückgefallen in die Mittelmäßigkeit der Duodezresidenzen ringsum. Eckermann meinte, wenn man mal wieder Persönlichkeiten sehen und sprechen wolle, müsse man nach Berlin reisen, und ein bezeichnendes Licht auf die Weimarer Verhältnisse wirft die Tatsache, daß von 1843 bis 1859 nicht mehr und nicht weniger als drei neue Häuser gebaut worden waren.

Der Romantiker Liszt erlag einem idealistischen Wunschtraum. Er, der an die Tradition der Dichterkönige anknüpfen und Weimar wieder zu einem Zentrum der Künste, natürlich unter Vorrang der Musik, machen wollte, fand statt bildungs- und erlebnishungriger Zeitgenossen verschlafene Kleinstädter vor, statt eines begeisterungsfähigen Publikums hämische Beckmesser, die ihm und der Fürstin auf die Finger sahen und manchmal sogar pochten.

Das regierende Haus – seit dem Wiener Kongreß Großherzöge – war freilich kunstsinnig, aber auch genauso arm wie zu Goethes Zeiten. Der regierende Herzog Karl Friedrich war der Sohn von Goethes Freund; für seine Hochzeit mit der Zarenschwester Maria Pawlowna (einer Enkelin Katharinas der Großen) hatte Schiller noch seine »Huldigung der Künste« verfaßt. Jetzt aber wurden nicht mehr Fragen des Geistes und der Weltgeschichte erörtert, sondern die Sitzordnung im Theater – rechts der Hof, links das Bürgertum. Ein Wechsel von rechts nach links kam einer biographischen Tragödie gleich – so widerfahren einer Hofdame, die den nichtadligen Museumsdirektor geheiratet hatte. Die Großherzogin konnte nicht fassen, wie man diesen gesellschaftlichen Abstieg verkraften könne (es handelte sich übrigens um die Mutter der Adelheid von Schorn, der späteren Freundin Carolynes von Sayn-Wittgenstein und »Aufsichtsbehörde« des alten Liszt).

Maria Pawlowna wurde Liszts stärkste Verbündete. Einmal, was sein Wirken bei Hofe betraf. Hier begegneten sich die Wünsche des Herrscherpaares und der beiden Neuangekommenen. Die Fürstin tat alles, damit Liszt endlich Bleibendes schaffen konnte (und – zur Seßhaftigkeit gezwungen – auch unter ihrer Kontrolle blieb), der Großherzog wollte dem verblichenen Glanz seiner Residenz aufhelfen, und seine Gemahlin hatte direkt ehrgeizige

Ernennungsurkunde zum Weimarer Kapellmeister, November 1842 ▶

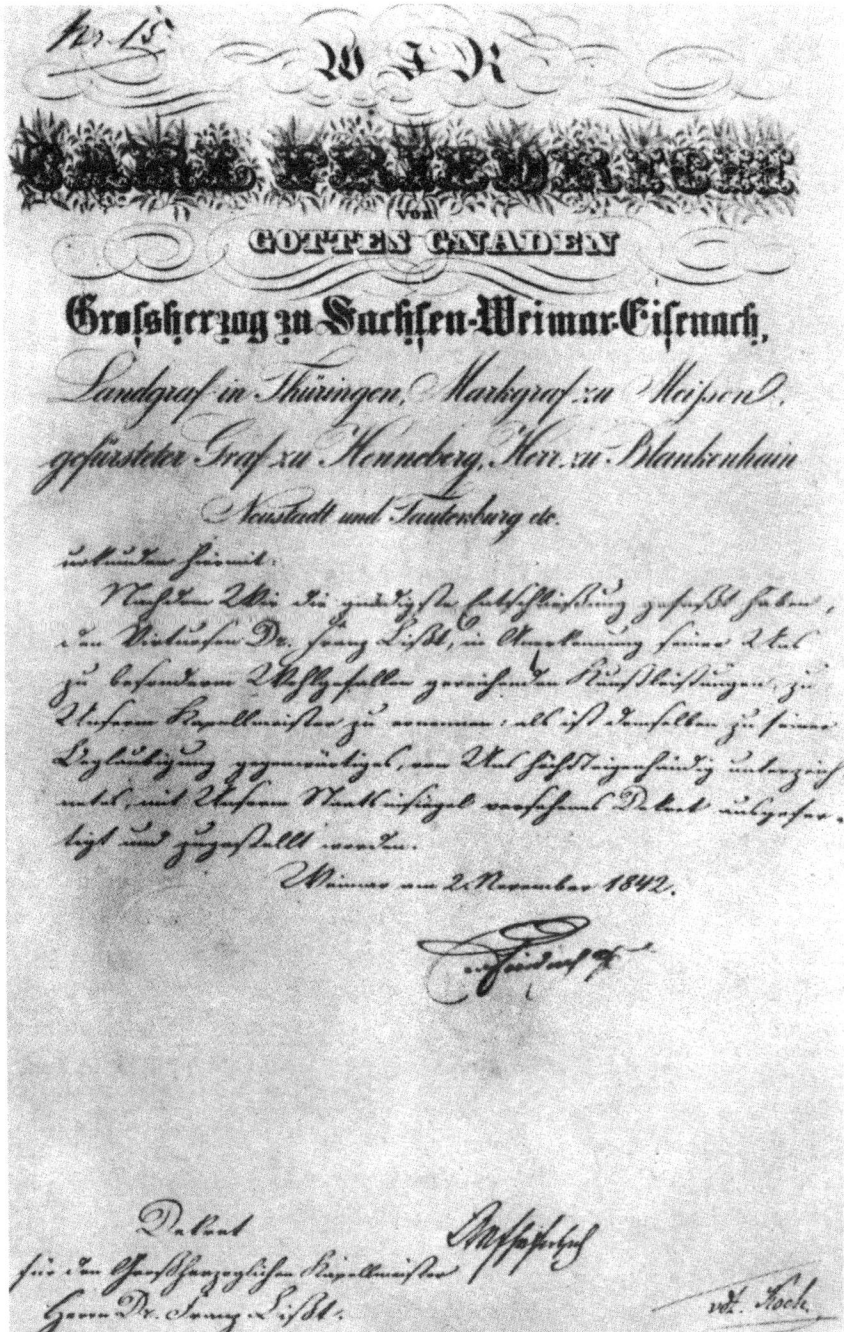

Pläne mit Weimar. Sie wünschte sich ein neues Theatergebäude und hatte sogar einen Dresdener Architekten mit den Plänen beauftragt – heimlich und erfolglos, denn der Hof hatte kein Geld.

Sie fuhr gleich am ersten Tag mit Liszt durch die Stadt und zeigte sich bestens informiert über die Männer, die Weimar berühmt gemacht hatten. »Sie war von der Idee besessen, es den erlauchten Vorfahren ihres Gatten gleichzutun und Weimar wieder zum künstlerischen Mittelpunkt der deutschen Lande zu machen. Sie... versprach mir den Himmel auf Erden.«

Viel konnte man ihm nicht bieten, zumindest finanziell. Er war noch immer offiziell unbezahlter Kapellmeister, denn die Stelle des ordentlichen Hofkapellmeisters war durch den (untätigen) Franzosen Chélard blockiert. Sein »Gehalt« – er nannte es Zigarrengeld – kam aus der Privatschatulle der Großherzogin. Wichtiger freilich war ihre Unterstützung bei der Realisierung seiner ungewöhnlichen Vorhaben. Wagners Musik wäre ohne Maria Pawlownas Einsatz nicht zum Klingen gebracht worden. Und sie half Liszt und der Fürstin, indem sie ihre Verbindung so lange wie möglich tolerierte. Glaubte man doch fest an eine baldige Scheidung und eine Trauung noch 1850. Diese Rückendeckung, erstaunlich für das spießbürgerliche Residenzstädtchen, fiel erst weg, als sich die Scheidung in die Länge zog und der Zar zu verstehen gab, daß er dieses Ärgernis aus der Welt geschafft wünsche. Vorläufig aber wurden Liszt und die Fürstin noch gemeinsam bei Hofe empfangen.

Wenn er Weimar zu einem »Olymp der neuen Zeit« machen wollte, so mußte er an die Klassiker anknüpfen. Tatsächlich beruft sich Liszt jetzt auf den Klassiker der Sinfonik, auf Beethoven, und beschäftigt sich intensiv mit Goethe. Er hält die Stadt aufgrund ihrer Geistesgeschichte für besonders geeignet als »neutrales und fruchtbares Gebiet..., auf welchem deutsche Kunst wachsen und groß werden könnte«. Es ist dies eines der wenigen Zeugnisse, wo Liszt von deutscher Kunst spricht – aber es handelt sich nicht um ein Bekenntnis, sondern um ein Programm, und zwar ein sehr vages. Seine bleibenden Beiträge zu einem deutschen Kulturzentrum Weimar sind ein erstaunlicher Konzert- und Opernspielplan (allerdings auch mit internationalem Repertoire) und seine kompositorische Neuentwicklung, die Sinfonischen Dichtungen – eine Kombination aus deutscher Klassik und französischer Romantik. Doch das eigentlich Deutsche an seinem Weimarer Wirken ist das Werk Wagners, das er hier der Öffentlichkeit vorstellen wird.

◄ Liszt um 1848. Stich (Gravur) von A. Weger nach einer Fotografie

Weimar um 1810.
Radierung von
G. M. Kraus

Maria Pawlowna, Groß-
herzogin von Sachsen-
Weimar. Nach einer zeit-
genössischen Fotografie.
Die Schwester Niko-
laus' I. von Rußland war
eine der wichtigsten Ver-
bündeten Liszts in Wei-
mar und sorgte dafür, daß
er hier Wagners Bühnen-
werke aufführen konnte

Carolyne von
Sayn-Wittgenstein.
Fotografie um 1850

Musiksalon in der Alten-
burg. Nach einem zeitge-
nössischen Stich. Mit auf-
geklapptem Deckel Liszts
großer Érard-Flügel, gegenüber (geschlossen) der
Broadwood-Flügel, der
einst Beethoven gehörte

Der junge Brahms. Zeit-
genössische Fotografie.
1853 war er Gast auf der
Altenburg

Agnes Street.
Anonymes Porträt.
Die wohl attraktivste
und geistig regsamste
Schülerin und Freundin,
die Liszt in Weimar hatte,
war auch Adressatin
ungewöhnlich aufrichtiger
Briefe, in denen er jede
Pose ablegt

Sein Amt als Hofkapellmeister tritt er mit Beethovens Fünfter Sinfonie an. Beethovens Büste stand schon auf dem Flügel, als er im Pariser Salon improvisierte, zu seinen Füßen hingegossen damals noch die Gräfin Marie. Joseph Danhauser, der dieses Bild gemalt hat, schenkt ihm jetzt Beethovens Totenmaske, die er einst selbst abgenommen hatte. Liszt wirkt mit bei den Feierlichkeiten zu Goethes 100. Geburtstag 1849, bei gleichem Anlaß für Schiller zehn Jahre später und bei der Enthüllung des Denkmals, das Ernst Rietschel von den Dichterfürsten angefertigt hat und das 1857 seinen Platz vor dem Hoftheater fand. Für die 100-Jahrfeier Goethes schreibt er die Sinfonische Dichtung *Tasso*, und bei der Denkmalsenthüllung erklingt 1857 erstmals seine *Faust-Sinfonie*. Später wird er eine *Goethe-Stiftung* planen, die aber an der Indifferenz der Weimarer Bürgerschaft scheitern muß.

Alles in allem: Liszt kam mit demselben Schwung nach Weimar und arbeitete hier mit demselben Elan, wie er sich einst Paris und die großen Städte erobert hatte. Als Künstler »avec enthousiasme et allure« aber kam er bei den biederen Weimarern weder dirigierend noch komponierend noch als Privatmann an, er schien ihnen eher suspekt – ein Exot.

Klein, aber schlecht – das Hoforchester

Als Kapellmeister hatte Liszt zur Verfügung: 35 Mann Orchester und einen Chor von 23 Sängern, im Laufe seiner Dienstzeit konnte er dem »Rechnungshof« noch je vier weitere Stellen abringen. Das Ballett bestand aus sieben Personen! Dabei blieb es. Mit einem so kümmerlichen Ensemble hat er ein beachtenswertes Repertoire aufgebaut: von 1848 bis 1858 dirigierte Liszt 43 Opern, darunter feste Repertoirestücke wie Beethovens »Fidelio«, Mozarts »Don Giovanni« und »Die Zauberflöte«. Von Nicolai »Die lustigen Weiber«, von Rossini »Wilhelm Tell«, »Orpheus und Eurydike« von Gluck, Webers »Euryanthe«, einiges von Verdi sowie fast alles von Meyerbeer (mit diesem Klangkörper ebenso erstaunlich wie Wagner). Musikhistorisch bedeutsamer waren die Uraufführungen oder deutschen Erstaufführungen neuer sinfonischer Bühnenwerke: Schumann mit »Manfred«, »Das Paradies und die Peri« sowie der Oper »Genoveva«; ferner Berlioz mit »Benvenuto Cellini«, »Romeo und Julia« und der »Harold-Sinfonie«; und nicht zuletzt Wagner, von dem er »Tannhäuser« und »Der fliegende Holländer« nachspielen und »Lohengrin« sogar als Uraufführung herausbringen wird.

Mit seinem Hang zur Großzügigkeit will er nicht allein dem Musiktheater neuen Glanz verleihen, sondern auch dem Schauspiel wieder zu Ruhm verhelfen. Ein Zeitgenosse charakterisierte die damalige Situation: »Wie Franz Liszt die einzige europäische Zelebrität ist, welche Weimar jetzt besitzt, so ist auch die von ihm geleitete Oper der Hauptschmuck gegenwärtiger Weimarischer Kunsttätigkeit, während das redende Schauspiel durch nichts mehr an seine einstige Größe erinnert.« Nun sorgt Liszt dafür, daß der begabte Dingelstedt als Direktor berufen wird. Leider dankt der es ihm nicht, sondern versucht dann sogar, sein Ressort auf Kosten der Musikpflege zu stärken. Ein Umstand, der Liszts Weimar-Aufenthalt langfristig belasten wird.

Liszt beschränkt sich nicht auf den normalen Vorstellungsbetrieb, sondern organisiert noch Festwochen (etwa aus Wagners Opern) oder Festkonzerte mit ganzen Zyklen (Berlioz' sinfonische Werke). Doch was man auswärts mit Bewunderung zur Kenntnis nimmt, erntet daheim wenig Anerkennung. Mitunter hat er auch keine glückliche Hand. So will er dem Königsberger Komponisten Eduard Sobolewski aus offenbarer Sympathie zu Künstlern aus dem Osten einen Gefallen tun und bringt zwei schwache Opern von ihm heraus, die sich denn auch als Mißgriff erweisen. Der Großherzog möchte dann schon lieber Flotow hören; Dingelstedt, der Schauspieldirektor, würde sogar einen Feuerschlucker vorziehen.

Liszt verteidigt daraufhin seine Repertoirepolitik: »Wenn das Neue nicht irgendwo und irgendwie ausprobiert würde, wo haben wir dann die Chance, es kennenzulernen? Man wird sich in der Musikgeschichte noch oftmals irren. Aber das ist nicht schlimm und wird niemandem angelastet. Schlimm ist nur, wenn man jede Bestrebung unterläßt, das Zeitgenössische aufzuführen. Musik, die geschaffen wird, ist nicht dazu da, daß man sie in Archiven vergräbt! Sie muß diskutiert werden und sich dem Publikum stellen. Und dann erst wird entschieden werden, was gut oder schlecht, ewig oder vertan ist…« Ein immer wieder aktueller Standpunkt!

Sein »Gehalt« aus der Privathand der Großherzogin war schlicht: als Dirigent erhielt er jährlich 1000 Taler, hinzu kamen 300 Taler für interne Dienste (Konzerte, Musizieren und Unterricht für die herzogliche Familie). Das Geld hat Liszt keineswegs an Weimar gehalten. Es war die Möglichkeit, langfristig mit einem Orchester zu arbeiten und, ausgehend von diesen Erfahrungen, seine Kompositionen in die vielfältigen Klangfarben dieses neuen »Instruments« zu kleiden… Außerdem mußte er sich überhaupt erst einmal den Umgang mit einem Orchester bis hin zur simplen Dirigiertechnik erarbeiten. Die Bühne kannte er ja bislang fast ausschließlich als Klaviersolist. In dieser Hinsicht unterschied er sich von Wagner, der als Kapellmeister angefangen hatte und nur leidlich Klavier spielen konnte: Der dachte und entwarf gleich orchestral. Bei Liszt ist es umgekehrt. Auch wenn er sich jetzt allmählich die Instrumentationstechnik aneignen wird, bleibt er im Innersten doch – Tastenkomponist, denkt und entwirft er »mit den Fingern«. Der Dirigent Liszt wurde damals unterschiedlich beurteilt. *Seine* Art, ein Orchester zu führen, war für viele so ungewohnt, daß ein Rezensent allen Ernstes erklärte, er sei »kein Konzertdirigent«. In seiner Schrift *Über das*

Der Dirigent. Karikatur von A. Theuerkauf. Liszts Schlagtechnik und überhaupt seine Art, ein Orchester zu leiten, löste heftige Attacken aus. Er selbst: »Wir sind Steuermänner und keine Ruderknechte.«

Dirigieren bezeichnet Liszt es als Aufgabe eines Kapellmeisters, »sich augenscheinlich überflüssig zu machen – und mit seiner Funktion möglichst zu verschwinden. Wir sind Steuermänner und keine Ruderknechte.« Und im Vorwort zu seinen Sinfonischen Dichtungen beschreibt er die alte, hergebrachte Art des Dirigierens als das »mechanische, taktmäßige, zerschnittene Auf- und Abspielen« und sagt ihm den Kampf an. »Sachgemäß« ist seiner Ansicht nach nur der »periodische Vortrag, mit dem Hervortreten des besonderen Akzents und der Abrundung der melodischen und rhythmischen Nuancierung«. Der Dirigent Liszt organisiert nicht, er *interpretiert*. Und da es immer wieder Stimmen gibt, die bemängeln, er würde nicht gleichmäßig den Takt schlagen, verteidigt er sich gegenüber dem Großherzog: »Wer mir wohl will, muß sich an den Geist, nicht an den Buchstaben meiner Fähigkeiten halten. Was tut's, ob ich den Taktstock bei einer Vorstellung führe, wenn ich ihr nur Leben eingehaucht habe, und das hängt nicht von der Bewegung meines Armes ab, sondern von der Tätigkeit meines Geistes.«

»Faulpelz« und »Meisterwerk Gottes« –
Eine seltsame Beziehung

> Ohne eine ruhige, aber beständige,
> sanfte, milde, hingebende Frauengesell-
> schaft kann er nichts Großes tun, nur
> feilen…
> *Die Fürstin über Liszt*

Wie gesagt, Carolyne war sehr reich. Liszt gibt an – und dem entspräche seine Meldung an Marie, die den Entschluß der Fürstin zu einer heroischen Tat macht –, sie hätte anfangs auf allen Besitz verzichten, alles zurücklassen wollen, nur um ihm folgen zu können. Liszt war aber weniger gerührt als erschrocken bei dem Gedanken, daß man ihm nun eine mittellose Frau mit einer 11jährigen Tochter und höchsten Ansprüchen bedingungslos anvertrauen würde. Doch dann stellte sich heraus, daß sie zwei Millionen Rubel hatte flüssig machen können. Das würde bei vernünftiger Haushaltung bis ans Lebensende reichen. Und vernünftig war sie, Carolyne von Sayn-Wittgenstein.
Wichtiger noch als das Vermögen der Fürstin war allerdings ihre disziplinierende Wirkung auf Liszt. Sie erwies sich als pedantisch, detailbesessen und als unbestechliches Kontrollorgan. Sie war der Meinung (und lag nicht falsch damit), daß man Liszt nicht allein lassen dürfe, weil er dann nicht mehr arbeiten würde. Das bedeutete zwar einerseits die quälende Dauer-

anwesenheit ein und derselben weiblichen Person (für Liszt früher unvorstellbar!), auf der anderen Seite aber war es die Vorbedingung für seine enorme Produktivität. Auch die Neigung zwischen den Partnern hatte in Carolynes Lebensmodell ihren festen Platz. 1849 schrieb sie dem »Grossisten« in Herzenssachen: »Liebe ist kein Ding, das zur Alltäglichkeit werden darf. Man muß die Liebe, wie sie einem dauernd begegnet, zu etwas Rarem hinaufadeln. Dann bleibt sie einem in ihrer Sonderbarkeit erhalten... Leidenschaft mag sie zerstören. Man hält sie aufrecht, indem man sich bemüht, das Leben gerecht und überschaubar einzuteilen... in Arbeit und Vergnügen.« Carolyne war ihm auch eine geistreiche Partnerin, konnte Haus und »Hof« halten und Gesellschaften geben, wo sie Liszt alle Ehre machte. Sie bewunderte ihn grenzenlos und stellte ihn sogar weit über Wagner, was wiederum ihren rein subjektiven Musikverstand andeutet. Das ersetzte ihm die Beifallsstürme der Konzertsäle. Sie hatte einen Hang zur Mystik – bei ihr konnte er nach Herzenslust schwärmen und büßen; sie war willensstark und solid –, sein Leben wurde endlich normalisiert, normal freilich bis zur Spießigkeit. Sie war »hochwohlgeboren«, er fühlte sich aufgewertet.
Aber: Sie war verkrampft, und ihre angelesene Bildung mußte sie anbringen, wo immer sie konnte. Sie hatte einen verhängnisvollen Hang zur Schwülstigkeit, womit sie die Theatralik ihres Lebensgefährten noch steigerte – die Sinfonischen Dichtungen der Weimarer Jahre leiden stellenweise an Übertreibung, seine von ihr redigierten Schriften sind mitunter kaum lesbar.
Carolyne wollte es partout der Gräfin d'Agoult gleichtun, ohne deren literarisches Talent zu besitzen. Wer nicht weiß, daß die späteren Aufsätze von ihr stammen, wird an Liszt zweifeln und verzweifeln. Doch der war daran gewöhnt, daß seine Gedanken von einer liebenden Frau ausformuliert und zu Papier gebracht wurden; freilich muß man sich manchmal wundern, daß er solchem Wirrwarr die Zustimmung zur Veröffentlichung gab. Unübertroffen sind in dieser Hinsicht bestimmte Passagen aus der auch inhaltlich problematischen Schrift *Die Zigeuner und ihre Musik in Ungarn*. Das folgende Elaborat ist *ein* Satz und wäre geeignet, Liszts Buch wegzulegen. Da man kaum aus dem Zitat schlau werden wird: Es geht um Analogien zwischen Zigeunermusik und dekorativen Verzierungen in der bildenden Kunst.
»Hier wie dort genügt ein ganz kleiner Raum, um eine Menge von Linien zu entwickeln, die einander kreuzen, einander unterbrechen, verwirren und entwirren, einander suchen und finden, einander stoßen, treiben und sich umklammern, einander folgen, drängen, berühren, zerstören unter reich nuancierten Klangfarben, die manchmal gepaart und weich sich steigernd, manchmal fremd und feindlich und dann wieder mit einer Art Gleichheit über ein ganzes Thema sich verbreiten, wie die auf einem Blumenbeet glänzenden Tropfen eines reinen Taues, dessen Saphir- und Topas-, Rubin- und Smaragd-, Sardonyx- und Chalzedon-, Amethyst- und Chrysolith-, Aqua-

marin- und Nephelin-, Hyazinth-, Granat-, Chrysopras- und Jaspis, dessen
blaue und schwarze, grüne und gelbe Diamantfärbungen nicht verlöschen,
wenn die Sonne neugierig ihren Kopf über den Horizont erhebt und jeder
Strahl ihrer Scheibe, man möchte sagen, jedes Haar des göttlichen Ge-
lockes des Phöbus – des Gottes des Tages – sich in jeder dieser durchsichtig,
rosig beleuchteten, aber milchweißen Perlen widerspiegelt.«

Und in diesem Stil zwölf Jahre! Liszt hatte sich eine stoische Ruhe aufer-
legt.

Als Carolyne Liszts Buch *Fr. Chopin* für die zweite Auflage überarbeitete
(was ihr ein besonderes Bedürfnis gewesen sein mag, da die erste noch von
Marie d'Agoult stammte), wurde der Umfang um die Hälfte länger, Liszts
eigener Text über die Musik des Freundes aber einschneidend gekürzt.

Wenn man Liszt vorwerfen kann, er habe Gräfinnen und allerlei adlige Damen gesammelt wie andere Schmetterlinge oder japanische Holzschnitte,
so muß man der Fürstin eine regelrechte »Professorensucht« bescheinigen
(wie sich Wagner ausdrückte, der sie schon bald nicht ausstehen konnte).
Sie sammelte Berühmtheiten, »Köpfe«, und machte es nicht unter einem Aka-
demiker. Das galt in Weimar, das galt auf Reisen. »Die Fürstin hat mit allen
gelehrten Notabeln Zürichs Freundschaft geschlossen, schreibt lange Briefe
an sie und schenkt ihnen ungeheure Gips-Medaillen Liszts… Ich bin allein
dunkel vor ihren Augen geblieben und habe weder Brief noch Medaillon,
worüber ich mich nicht zu fassen weiß!« klagte Gottfried Keller.

Auch war sie hektisch. Aber Liszt war Betrieb ja gewöhnt. Andere nicht,
Bülow bekam immer Kopfschmerzen, wenn sie sprach. Wagner meinte:
»Nur gehört Liszts unvergleichliches Temperament dazu, diese Lebhaftig-
keit auszuhalten, mir armem Teufel ging's oft übel dabei – ich kann diese
ewige Aufgeregtheit nicht aushalten.« Man gewinnt den Eindruck, als hätte
Carolyne ihr bisheriges Leben unter Verschluß gelebt und dürfe nun für
den Rest ihrer Jahre den aufgestauten Dampf ablassen.

Der Gedankengang, Liszt brauche liebevolle Aufsicht, brachte sie so weit,
daß sie ihn nicht einmal beim Beten allein ließ, wo er doch gar nicht pro-
duktiv sein mußte. Er war später gezwungen, direkt zu fliehen – noch dra-
stischer als seinerzeit bei der weit großzügigeren Marie.

Sie selbst spürte nicht, daß sie Liszt auf die Nerven ging. Noch 1882
schreibt sie: »So habe ich für ihn 12 Jahre lang gesorgt, immer mit meiner
Arbeit in demselben Zimmer, sonst hätte er nie komponiert… Genie hat
ihm nicht gefehlt – aber Sitzfleisch (unschönes Wort, aber große Tugend) –
und Fleiß, Arbeitsausdauer. Wenn niemand ihm dabei hilft, so kann er nicht
– und wenn er fühlt, daß er nicht kann – so greift er zu aufregenden Mitteln… Man muß bei ihm mit einer Arbeit sitzen, solang man will, daß er
selbst arbeitet…«

So gut, wie das gemeint war, und so nützlich, wie es gewesen sein mag – es blieb Gängelei, der sich Liszt schon fast masochistisch unterwarf. Er schien seine Abhängigkeit von Carolyne zu bejahen oder sie zumindest in Kauf zu nehmen: So hatte er seine Bequemlichkeit und die Hände frei für die aufreibenden, vielfältigen Weimarer Aktivitäten. Man darf behaupten, daß »Liszt an der Ilm« damals kaum vorstellbar wäre, wenigstens nicht über ein Jahrzehnt, ohne diese Partnerschaft.

Die kurzen Ausgänge, die sie Liszt zugestand, wurden durch jenen langschweifigen Briefwechsel ausgefüllt, der an Geschraubtheit nichts zu wünschen übrigließ. Der größte Virtuose seiner Zeit: »Sie fragen mich in Ihrem heutigen Brief: ›Was ist Ihr erster Gedanke beim Aufwachen, die erste Sorge Ihres Tages?‹ Ach! Hören Sie es nicht, fühlen Sie es nicht, sind Sie dessen nicht sicher? Sie und wieder Sie und ohne Ende Sie! Zu Ihnen spreche ich, um Sie weine ich – und ich preise Sie, segne Sie, bete Sie an und liebe Sie!« Die Fürstin ihrerseits gibt die stilistische Ebene vor, auf der korrespondiert wird: »Ich liege zu Deinen kleinen, geliebten Füßen, ich küsse sie, ich wälze mich unter Deinen Sohlen und lege sie auf meinen Nacken – mit meinen Haaren fege ich den Weg, den Du zu gehen hast, und lege mich in Deine Fußstapfen.« Nun, es gibt der Bilder viele. Doch wer glaubt, die Fürstin umschreibe ihr Gefühl, wird erschauern bei ihrer Versicherung: »Du weißt, all dies ist keine orientalische Hyperbel, sondern faits accompli. Du weißt, daß ich Dich anbete... O liebstes Meisterwerk Gottes, *wie* ich Dich anbete, und wie sollte ich nicht den lieben Gott anbeten, der Dich erschaffen hat, so schön, so vollkommen, so gemacht, um verehrt und geliebt zu werden, bis zum Tode und bis zum Wahnsinn.«

Das »Meisterwerk Gottes« wiederum weiß, mit wem er es zu tun hat. »Wozu haben Sie die Menschheit nötig, verbunden, wie Sie es sind, mit den mysteriösen Wundern der Schöpfung? Gott liebt und hegt Sie wie einen seiner Lieblingsengel, und ich lege mich zu Ihren Füßen, um ihn besser anbeten und ihm besser dienen zu können. Gib, daß die Gnade des Himmels mich Ihrer weniger unwürdig macht...«

Das möge genügen.

Einen schweren Vorwurf kann man der Fürstin nicht ersparen. Sie tat, was sie konnte, um Liszts Kinder ihrer leiblichen Mutter zu entfremden, sie verlangte, daß sie nur zu ihr, der Fürstin, »Mutter« sagten, sie zwang ihnen ihre eigene Gouvernante aus Rußland auf und ließ sie Kleider nach ihrem verschrobenen Geschmack tragen – in Paris, dem Zentrum der wechselhaften Mode!

Unter anderem sorgte die Fürstin dafür, daß Liszt seine Kinder erst nach acht Jahren wiedersah – im Sommer 1853. Blandine, die Älteste, war inzwischen eine junge Dame geworden.

Wenn die Kinder an Liszt schrieben, gingen ihre Briefe erst durch die Zensur der Gouvernante; gelang es ihnen doch mal, eine Nachricht direkt zu schicken, so ging sie durch die Hände der Fürstin... Später wird Carolyne beide Töchter nicht in Paris, sondern in Berlin erziehen lassen, Daniel studierte – obwohl lungenkrank – in Wien Jura. Manche Forscher geben die Schuld an seinem tragischen Ende – er starb 1859 in Berlin an Schwindsucht – der Fürstin. Als verständige Frau hätte sie verhindern müssen, daß Daniel in seinem Zustand in dem unwirtlichen Wien studierte.

Nicht nur den Kindern entfremdete die wahrscheinlich unentwegt Eifersüchtige den Geliebten, sondern auch seinem einzigen gleichwertigen Freund – Richard Wagner.

Beobachter der Szene nannten Liszt ohnehin den »Seeleneigenen« der Fürstin, auf ihre 30 000 Seelen in Rußland anspielend.

Die Residenz auf der Altenburg

Nachdem Liszt offiziell der Bühne entsagt hatte, gab es in Weimar nur noch eine Möglichkeit, ihn spielen zu hören: in seinem Heim, das er gemeinsam mit der Fürstin (die es finanzierte) bewohnte. Das heißt, ihren gemeinsamen Haushalt war man in der Weimarer Gesellschaft allenfalls stillschweigend zu tolerieren bereit, gab aber seiner Mißbilligung unverhohlen Ausdruck, indem man an Liszt gerichtete Post nach wie vor nur in dem Hotel abgab, wo er zuerst abgestiegen war...

Die Altenburg ist eine stattliche Villa im viktorianischen Stil auf einer Anhöhe an der Ausfahrt Richtung Leipzig; sie steht heute noch. Und wäre Cosima als Verfügungsberechtigte über die sterbliche Hülle ihres Vaters nicht so eigensinnig gewesen und hätte sie nicht verlangt, daß er in der Weimarer Fürstengruft beigesetzt wird, wäre heute auf dem Gelände der Altenburg ein Liszt-Mausoleum zu besichtigen, das der Großherzog zu Ehren seines bedeutendsten Kapellmeisters errichten wollte.

Die Fürstin und ihre Tochter, Prinzessin Marie, hatten vier Wohn- und mehrere Schlafzimmer, Liszt bewohnte einen Seitenflügel. Zwei Bilder hingen in seinem Arbeitszimmer: Dürers »Melancholia« und ein Stich, darstellend den heiligen Franziskus von Paula, auf den Wogen schreitend. Auf dieses Motiv seines Namenspatrons wird Liszt eine *Legende* für Klavier schreiben. Am Schlafzimmer überraschte die spartanische Einfachheit: keine Blumen, ein Betpult und ein ungarischer Altar.

Zwei Stockwerke enthielten je ein großes Musikzimmer mit einer Vielzahl von Instrumenten, darunter Beethovens Flügel (Marke Broadwood) und ein auf Liszts Wunsch gebauter überlanger Flügel, genauer eine Kombination aus Klavier und Orgel, mit drei Manualen, 16 Registern und Pedal, mit dem er jedes Blasinstrument des Orchesters imitieren konnte – beim Instrumentieren außerordentlich hilfreich. Dieses Monstrum füllte ein Zimmer.

Die Altenburg. Aquarell von Carl Hoffmann 1859

Außerdem gab es zwei weitere (normale) Flügel, ineinandergeschoben, wie bei Konzerten für zwei Klaviere üblich; und als musikhistorische Rarität ein Spinett, das einst Mozart gehört hatte.

Ansonsten war die Einrichtung geprägt vom Geschmack der Fürstin, und der war eine Mischung aus Orient und Atelier. Getrieben von ihrer grenzenlosen Bewunderung für den Geliebten und Virtuosen hatte sie eine Art Lisztmuseum eingerichtet. Der Rest: eine Unzahl Statuen, Nippes, Portieren, sogar eine Pfeifensammlung.

Des Interieurs wegen kam wohl kein Gast auf die Altenburg. Wohl auch kaum wegen der Fürstin, die laut und geistreich, vor allem aber unablässig zu reden schien. Aber sie war nun einmal der Eintrittspreis für Liszt. Es war ein ewiges Kommen und Gehen; Liszt sicher nicht unangenehm, denn so hatte er jetzt die Welt in seinen eigenen, feudal geführten Wänden. Für Carolyne, nach den öden Jahren auf dem russischen Land, direkt ein Jungbrunnen. Hoffmann von Fallersleben, ein häufiger Gast auf der Altenburg, muß sie gemocht haben. »Sie waltete wahrhaft fürstlich durch ihre

Gastfreundschaft und die Art und Weise, wie sie ihre Gäste empfing und zu beehren verstand. Sie war geistreich, vielseitig gebildet, belesen, eine Kunstkennerin, hatte in vielen Dingen ein richtiges Urteil, war immer bereit, jedes edle Streben zu fördern, erwies sich gegen andere freundlich, teilnehmend, unterstützte Arme und Kranke und wußte diejenigen, die sie ehrte und liebte, bei allen Gelegenheiten auszuzeichnen.«

Ihre caritative Ader war nicht zu leugnen, und schließlich hat sie Liszt gegenüber nur selten (und auch nur verhüllt) die Tatsache erwähnt, daß sie beide durchweg von *ihrem*, der Fürstin Geld lebten. Seine Einkünfte hätten nicht im entferntesten für die aufwendige »Hofhaltung« auf der Altenburg ausgereicht.

Hans von Bülow steht der Gastgeberin etwas skeptischer gegenüber als Fallersleben: »Während sie stundenlang spricht, gönnt sie ihrem Interlokuteur kaum eine halbe Minute zu einer Replik... Mit einer bewundernswürdigen Schärfe führte sie die Unterhaltung, indem sie die schwersten Pflanzerzigarren dabei rauchte und einen fürchterlichen Qualm verursachte... der ganze Makrokosmos und Mikrokosmos wurde durchgesprochen, und die Fürstin war wieder Glanzpunkt aller Gespräche... Ich fühlte den ganzen Abend heftiges Kopfweh, so hatte mich das Reden der Fürstin angegriffen.« Carolyne ließ sich eigens aus Woronince Tabakblätter kommen, die sie selbst verarbeitete, und hatte Liszt das Zigarrenrauchen angewöhnt.

Im übrigen konnten nun beide ihren theatralischen Hang ausleben, selbst in ihrer Garderobe. Mitunter gefiel es der Fürstin, Liszt russisch zu kleiden – entweder in sibirischen Zobel zu hüllen (winters war es jämmerlich kalt, weil sich die Altenburg nur schlecht heizen ließ) oder in das Sackhemd des russischen Bauern, den Kasack. Fallersleben kam aus dem Staunen nicht heraus: »Sie wandelt am Morgen daher wie eine Fee aus Tausendundeiner Nacht: Seide und nochmals Seide in lichterhellen Farben, dazu das dunkelgetönte Haar, das sie offen trägt. Nicht dazu passen will mir die morgendliche Zigarre, die ihr aus dem Mundwinkel hängt. Sie trägt goldene Schuhe und Röcke, in denen an die 30 bis 40 Meter Stoff verwertet worden ist. Liszt begnügt sich auch für gewöhnlich nicht mit Barchent oder Leinen. Auch ihm frommet Sammet und Seide. Beides steht ihm besonders gut, in Schwärze und gediegenem Lila. Letzteres gibt ihm oftmals eine priesterliche Aura. Dazu trägt er sehr, sehr große Ringe. Streckt er seine Hand zum Gruße aus, hebt er die beringten Finger wie ein Kardinal..., und man muß die Steine und die Finger unwillkürlich küssen...«

Gäste und Schüler – ein offenes Haus

Nicht nur Liszts Spiel im privaten Kreise, sondern noch mehr seine interessante Repertoiregestaltung bei Hofe zog viele namhafte Künstler nach Weimar. Die Altenburg sah in ihren Mauern nicht nur Robert Schumann (zur Aufführung seiner »Manfred-Ouvertüre«) und Richard Wagner, sondern auch den jungen Brahms – er blieb sogar ganze drei Wochen. Allerdings hinterließ er nicht nur positive Eindrücke; besonders die Fürstin klagte über seine schlechten Manieren. Ein Schüler berichtet, daß der (damals noch bartlose) Gast aus Hamburg eingeschlafen sei, während ihm Liszt seine *h-Moll-Sonate* vorgespielt habe, woraufhin der empört den Raum verlassen haben soll. Ganz abwegig klingt das nicht, denn hierzu passen Liszts Äußerungen über den ungehobelten Besucher. Und daß er den Jüngeren dann herzlich verabschiedet und mit einem silbernen Zigarettenetui beschenkt hat, ist zumindest kein Gegenbeweis. Liszt hat sich noch nach ganz anderen Kränkungen souverän verhalten.

Die Hauptzahl der Gäste waren Schüler. Die Zeitungen brachten bald schon Karikaturen: Der Angler mit einem Schwarm Fische an der Rute, Liszt als Bienenkönigin mit einem Gefolge aus Drohnen... Bereits damals setzte sich sein Schülerkreis international zusammen – Ungarn, Italiener, Franzosen, Engländer, Schweden, Kroaten, Österreicher und Amerikaner. Wenn man von Liszt als einer europäischen Integrationsfigur des 19. Jahrhunderts spricht, so ist dieser bunt gemischte Jüngerkreis im Dienste der Musik jedenfalls ein wichtiger Baustein für eine grenzenüberspannende, gesamteuropäische Kulturauffassung.

Doch da die Pädagogik erst in Liszts letzter Lebensperiode in den Vordergrund treten wird, soll auch erst dort über seinen Unterricht gesprochen werden. Hier nur die Namen der bedeutendsten Schüler dieser ersten Weimarer Zeit:

Hans von Bülow, der nachmalige Schwiegersohn Liszts und Ehemann von Cosima, Joseph Raff, der ihm beim Instrumentieren half, Joseph Joachim, den er als Konzertmeister nach Weimar holte, der ihm später aber untreu und zu den Brahmsianern überlaufen wird, Peter Cornelius, sein Sekretär und ein fähiger Komponist, Dionys Pruckner, Karl Tausig, Karl Klindworth (der später in Berlin eine eigene Klavierschule gründet) und Agnes Street, von der noch die Rede sein wird.

Das war die Auslese. Das Heer der Schülerinnen und Schüler war wenig begabt – es war damals ja so einfach, sich bei Liszt zum Unterricht zu melden –, die Stunden kosteten nichts, und *nein* sagen war eine Tugend, die er kaum beherrschte.

Über dieses musikalische Fußvolk beklagte er sich gegenüber der Fürstin, als er wieder einmal kurze Zeit aushäusig gewesen war: »Die meiste Zeit bin ich gezwungen, ihnen Glieder zu erfinden, die sie nicht haben... Das ist mir ein wahrer Kummer, der noch unendlich dadurch verstärkt wird, daß ich jeden Tag fühle, wieviel mir selbst fehlt – und die Schwierigkeiten erkenne, eine Form für die Ebbe und Flut der Gefühle, Gedanken, Gebete, Klagen und höchsten Hoffnungen zu finden, die mich einigermaßen befriedigt.« Peter Cornelius wird nach der ersten Weimarer Zeit keine Rolle mehr für Liszt spielen. Deshalb hier eine kurze Würdigung. Cornelius wollte nicht nur Pianist, sondern auch Komponist werden, wobei ihm Liszt unschätzbare Hilfe leisten konnte. Aus Dank versah er bei ihm Sekretärsdienste, die allerdings weit über die Aufgaben eines Sekretärs hinausgingen: Er schrieb für ihn Liedtexte, später sogar ein Opernlibretto, übersetzte seine literarischen Arbeiten ins Deutsche und führte Tagebuch aus der Sicht eines abwägenden Betrachters. Als seine Oper »Der Barbier von Bagdad« von den Weimarern ausgezischt wurde, nahm das der empörte Liszt zum Anlaß, seine Kündigung einzureichen.

1853 stieß Agnes Street zum Weimarer Schülerkreis. Sie war mit zwei kleinen Kindern an die Ilm gekommen, studierte bei Liszt zwei Jahre und ging dann nach Brüssel als Mitarbeiterin ihres Vaters, der für politische Zeitungen schrieb und – als Vertreter eines extremen Konservatismus – in der Diplomatie tätig war. Diese wohl intelligenteste und attraktivste Schülerin, die er je hatte, inspirierte ihn zu einer Korrespondenz, die sich über drei Jahrzehnte hinzog und von ihr nach seinem Tod als »Briefe Liszts an eine Freundin« (damals noch ohne Preisgabe ihrer Identität) herausgegeben wurde. In diesen Briefen lernt man den eigentlichen Menschen kennen; der von der Fürstin erwartete Schwulst fehlt, und er läßt in sich hineinblicken. So stammen wichtige Selbsteinschätzungen seiner Weimarer Zeit aus diesem Briefwechsel. »Wenn ich, als ich mich hier 1848 niederließ, mich mehr an die Musik der Vergangenheit gehalten hätte..., wenn ich den Vorurteilen gehuldigt hätte, nichts wäre leichter für mich gewesen angesichts meiner früheren Verbindungen mit den ›Großen‹ dieser Kreise... Die gleichen Zeitungen, die über mich herfallen, hätten mich in den Himmel gehoben, ohne daß es mich viel Mühe gekostet hätte... Aber das konnte meine Aufgabe, mein Schicksal nicht sein: Meine Überzeugungen waren zu aufrichtig, mein Glaube an die Gegenwart und Zukunft der Kunst zu sicher und glühend...« Nach Mitteilung des ungarischen Forschers Émile Haraszti (seit 1940 in Paris) war die reizvolle Dame aber auch Agentin des österreichischen Sicherheitschefs Alexander von Bach, was sich mit der ultrarechten Position ihres Vaters (der von Pensionen reaktionärer Politiker wie Metternich lebte) gut vertragen würde. Es ist durchaus denkbar, daß eine zwischen den Fronten irrlichternde und selbst Menschenkennern oft rätselhafte Gestalt wie Liszt gelegentlich »observiert« wurde.

Die interessanteste Künstlerpersönlichkeit des damaligen Kreises um den

Meister war Hans von Bülow, den Wagner nach Weimar empfohlen hatte. In der Tat besaß Bülow alle Voraussetzungen für eine große Karriere: Er war blendender Virtuose, energischer und engagierter Dirigent, er war Weltmann und kam aus interessantem Hause (sein Vater, der Schriftsteller Eduard von Bülow, hatte die Weber-Biographie »Der arme Mann im Tockenburg« und den »Simplicissimus« von Grimmelshausen herausgegeben). Nach führenden Positionen im Münchener und hannoverschen Musikleben wird man ihn in Meiningen finden, wo er als Hofkapellmeister das »Aristokratischste... der instrumentalen Musik in Europa« (Liszt) zustande bringt und einen erstklassigen Klangkörper entwickelt, den später ein Richard Strauss und Max Reger leiten werden. Zuletzt wirkt Bülow – inzwischen wieder verheiratet – gleichzeitig in Hamburg und Berlin (Dirigent der Philharmonischen Konzerte).

Ende 1884 schrieb Liszt an Daniela von Bülow über ihren Vater: »Seine Natur ist ausgesprochen heroisch und deshalb konsequenterweise manchmal zum Äußersten getrieben. In seiner langjährigen fruchtbaren Tätigkeit hat er sich niemals selbst gesucht. Egoismus ist ihm nicht bekannt, wohl aber sind es Opfer...«

Liszt begriff 1851 sofort, wen ihm Wagner da geschickt hatte, und stellte Bülows »genialische Begabung« fest. Schon bald kann er ihn als seinen einzigen legitimen Nachfolger in der Musikwelt bezeichnen.

Durch seine Vermittlung wird Bülow Professor am gerade gegründeten Sternschen Konservatorium zu Berlin. In der preußischen Hauptstadt führte seine Mutter ein großes Haus. Man lernte sich kennen – Frau von Bülow und die Fürstin Carolyne. Als sich die Frage nach der weiteren Erziehung von Liszts Töchtern stellte, kam die Fürstin auf die Idee, sie Bülows Mutter anzuvertrauen. Sie wollte die Kinder aus der Pariser Atmosphäre lösen, und die Gastmutter tat alles, um ihnen deutsche Kultur und Bildung zu vermitteln. Allerdings gab es Reibereien. In einem Klagebrief der Gastmutter heißt es direkt, Cosima habe den »Hang zur Tyrannis«. Liszt schrieb ein Machtwort, doch die Vermittlung »vor Ort« übernahm der Sohn des Hauses, sein Schüler Hans von Bülow. Dabei müssen sich die jungen Leute nähergekommen sein; ohnehin war er der Klavierlehrer der beiden Liszt-Töchter, die er »Engel« nannte.

War es Cosima offensichtlich darum zu tun, bald der Gängelei durch wechselnde Ersatzmütter zu entrinnen und an der Seite eines rückhaltlos geliebten Mannes ein bewegtes, erfülltes Leben zu führen, sah sie sich doch bald enttäuscht von dem zwar formvollendeten, ritterlichen, aber auch hypochondrischen Bülow, den sie als »königliche Mimose« bezeichnet. Ein vollkommener Gegensatz zu dem eher plebejischen, geradezu unanständig egozentrischen Wagner, den sie dann 1863 kennenlernen wird.

Der »Musiktheatrarch« des Jahrhunderts –
Richard Wagner

> Ohne uns zu lieben, hätten wir uns
> nur furchtbar hassen können.
> *Wagner an Liszt*

1841 hatte Liszt in Paris Konzerte zugunsten des Beethovendenkmals gegeben. Wagner, damals noch mittellos in der französischen Metropole, berichtete an die »Dresdener Abendzeitung«: »Liszt und Berlioz sind Brüder und Freunde, beide kennen und ehren Beethoven, beide stärken ihre Kräfte aus dem Wunderbrunnen seines Reichtums, und beide wissen, daß sie nichts Besseres tun konnten, als für Beethovens Denkmal ein Konzert zu geben. Doch ist einiger Unterschied unter ihnen zu machen, vor allem der, daß Liszt Geld gewinnt, ohne Kosten zu haben, während Berlioz Kosten hat und nichts gewinnt...«

Es war die erste Begegnung zwischen Liszt und seinem künftigen Schwiegersohn gewesen; Wagner blieb sie in nachhaltiger Erinnerung, für den »Virtuoso assoluto« war sie weniger von Bedeutung. Man mußte ihn erst auf den kleinwüchsigen Mann mit den leichten Basedowaugen aufmerksam machen, den Alfred de Musset gar für einen Kroaten hielt!

Wagner hatte zwei Partituren mitgebracht, »Rienzi« und »Der fliegende Holländer«, und war sichtlich enttäuscht, daß Liszt nicht sofort hineinschaute. Darum wohl der Seitenhieb auf dessen Finanztüchtigkeit.

Später begegnete man sich in Dresden wieder, wo Wagner inzwischen Hofkapellmeister geworden war (diesen Posten hatte einst Carl Maria von Weber innegehabt), und Liszt erkannte bald das Genie des um zwei Jahre Jüngeren. Von jetzt an bis zu seinem Tod wird er ein vorbehaltloser Förderer des Wagnerschen Werkes bleiben. Agnes Street gegenüber formuliert er: »Wagner hatte so kühne Neuerungen eingeführt und so wunderbare Meisterwerke geschaffen, und so mußte meine größte Sorge sein, ihm auf deutschem Boden eine Pflanzstätte zu schaffen.« Und 1850 heißt es in einem Brief an Wagner: »Alles, was mir zu tun möglich sein wird, sei es im Interesse Deines Rufes und Deines Ruhmes, sei es im Interesse Deiner Person, ich werde es bei keiner Gelegenheit zu tun versäumen, Du kannst dessen vollkommen sicher sein.«

Und er *hatte* Gelegenheit dazu. Zwar konnte er nicht auf das Angebot des »Pumpgenies« – so nannte Thomas Mann Wagner – eingehen, der ihm für 5000 Taler die Verlagsrechte an den beiden Opern überlassen wollte – weil er, wie immer, Geld brauchte. Mit Geld konnte Liszt wirklich nicht helfen, auch wenn Wagner immer wieder darauf zurückkam, etwa in einem weinseligen Brief von 1858, wo er seine eigene Musik fast wie ein Straßenhänd-

Cosima von Bülow geb.
Liszt. Medaillon von
Elisabeth Ney 1859

Hans von Bülow.
Nach einem Gemälde
von W. Streckfuß 1855

Die Erstürmung von Buda 1849. Nach einer Lithographie von August Pettenkofen. Im Unterschied zu Wien, wo die Revolution schon Oktober 1848 gescheitert war, behaupteten sich die ungarischen Aufständischen noch bis August des Folgejahres. Hier stürmen sie den von Österreichern besetzten Burgberg

Richard Wagner, Lithographie von Clementine Stockar-Escher (1816–1886) ▶

Liszt 1852. Medaillon von
Ernst Rietschel.
Rietschel schuf auch das
Goethe-Schiller-Denkmal,
zu dessen Enthüllung
Liszt seine *Faust-Sinfonie*
uraufführte

Drei Figuren aus »Faust«.
Lithographie
von Eugène Delacroix

ler anpreist: »Mein Franz, wenn Du den zweiten Akt von Tristan sehen wirst, so wirst Du zugeben, daß ich viel Geld brauche. Ich bin ein großer Verschwender, aber wahrlich, es kommt etwas dabei heraus. – Das weißt Du. Aber denk nur daran... Ich brauche von der Welt Geld: sonst habe ich alles.« Liszt gab ihm mehr – 1849 die Weimarer Aufführung des »Tannhäuser«. Wagner begriff, auch ohne Tantiemen, die Tragweite dieser Tat für seine Karriere. »Kein Theater der Welt hat es noch zu unternehmen für gut befunden, meine seit vier Jahren erschienene Oper... zur Aufführung zu bringen... Ihnen galt es nicht bloß, die Oper aufzuführen, sondern sie verstanden und mit Beifall aufgenommen zu wissen. Dazu hieß es, mit Leib und Seele sich aufopfern.«

Es war keine einfache Situation: In Europa waren die 48er Revolutionen ausgebrochen, das Königreich Sachsen kam mit seinem Aufstand ein rundes Jahr zu spät, und Wagner war hinein verwickelt. Den Anlaß zum Maiaufstand 1849 gab das Verbot einer Demonstration für eine neue Verfassung. Da sich der größte Teil des Heeres in Schleswig-Holstein befand (wo die Sachsen mit den Bayern zusammen die Düppeler Schanzen erstürmt hatten), betrug die Stärke der Regierungstruppen nur knapp 2000 Mann. Der König mit Familie und Ministern floh auf die Festung Königstein. Eine provisorische Regierung wurde gebildet, aber zunehmend von internationalen Terroristen und Anarchisten mit Bakunin (Wagners Freund) an der Spitze unterwandert, so daß sich die Bürgerwehr allmählich von ihr lossagte. Drei Tage lang verteidigten die Aufständischen, unter ihnen flugblattverteilend der Kgl. Hofkapellmeister Wagner, die Barrikaden. Zuletzt versuchten sie noch, das alte Opernhaus und das Schloß in Brand zu stecken. Die Opfer hielten sich in Grenzen – zumindest für eine Revolution: 178 Aufständische, 31 Soldaten. Wagner konnte fliehen und wurde seitdem steckbrieflich gesucht.

Auf der Flucht wandte er sich an Liszt in Weimar. Eine Anekdote versichert, daß ihn der Freund sogar mit einer Maskerade vor dem Zugriff der Verfolger bewahrt habe: Während Wagner in Liszts Kleidung die Altenburg, wo man ihn aufgenommen hatte, verließ, habe jener in Wagners Pelerine, das Gesicht verdeckt, die Kutsche bestiegen, um sich dann außerhalb der Stadt stellen zu lassen und die Geheimpolizei in Verwirrung zu stürzen. Auf jeden Fall haben ihn Liszt und die Fürstin bei sich versteckt und ihm mit falschen Papieren außer Landes geholfen. Mit Empfehlungsschreiben aus seiner Hand besuchte Wagner dann auch Paris; an Berlioz schrieb Liszt: »Wagner ist ein Mann von bewundernswürdigem Genie, ja ein so *schädelspaltendes* Genie, wie es für dieses Land paßt, eine neue und glänzende Erscheinung in der Kunst.«

Dieser Mann war ein Paradebeispiel für grenzenlosen Egoismus. Er lieh von Freunden Geld und wußte, daß er es nicht zurückzahlen würde. Später nahm er sich die Frau, die er zu verdienen glaubte – er nahm sie einem

Metternich-Fidibus.

Metternich in effigie.

✝ ✝ ✝

Da man **ihn selbst**, den großen Mann
Jetzt leider nicht mehr haben kann,
Weil er entflohen über See,
Verbrennt ihn — in effigie!

Der einst allmächtige Kanzler
Inbegriff der Reaktion, jetzt als
Feueranzünder empfohlen.
Faksimile eines zeitgenössischen
Spottblattes

Freund weg. Und seiner bedingungslos ergebenen ersten Gattin, der Schauspielerin Minna Planer, erklärte er noch 1862 glatt heraus: »Die Zeit wird kommen, wo man beim Überblick eines Lebens wie des meinigen mit späterer Scham eingestehen wird, wie gedankenlos man mich fortgesetzt der Unruhe, der Unsicherheit preisgibt, und welch ein *Wunder* es ist, daß ich unter solchen Umständen solche Werke... geschaffen habe.«

Angesichts von Wagners produktiver Egozentrik stellt sich die Frage, ob nicht auch Liszt zu ganz anderen Werken schon damals fähig gewesen wäre, hätte er sich und seine Energie mehr auf *eigene* Vorhaben konzentriert. »Dieser wunderbare Mensch kann nichts tun und treiben, ohne aus innerer Fülle sich selbst von sich zu geben…, alles drängt in ihm zur absoluten, reinen Produktion hin, und doch ist er immer noch nicht darangegangen, seine Willenskraft zur Produktion eines großen Werkes zusammenzufassen. Ist er bei seiner vollendeten Individualität zu wenig Egoist?« Diese klarsichtigen Worte stammen von Wagner selbst.

Mehr Mühe als »Tannhäuser« machte unter den Weimarer Bedingungen Wagners dritte romantische Oper »Lohengrin«, die Liszt zur Verblüffung der Musikwelt 1850 zur Uraufführung brachte (man erinnere sich der Stärke von Chor und Orchester!). Gegenüber der Großherzogin bekannte der Kapellmeister: »Es ist ein entscheidender Augenblick in meinem Leben und in der Kunst überhaupt. Wir stehen an der Schwelle zu einer neuen Ära in der Musik. Von dieser Musik wird die Zukunft erfüllt sein. Dieser ›Lohengrin‹... ist der Komet, der auf der neuen Bahn voranziehen wird...«

Als Wagner von Liszt das Datum der Premiere erfuhr, nannte er ihn »Mein Heiland« und suchte erneut um 5000 Gulden nach. Liszt wies ihn auf die Verdienste der Großherzogin hin und regte an, daß sich Wagner bei ihr zumindest schriftlich bedanke. Aber das war des »Musiktheatrarchen« (Friedell) Stärke nicht...

Mit »Lohengrin« machte Liszt aber auch auf sich und auf Weimar als ein Zentrum zeitgenössischer Musikpflege aufmerksam. Später ließ er dann noch den »Fliegenden Holländer« folgen.

Es war nur natürlich, daß sich bei ihm allmählich eine recht konkrete Zielvorstellung ergab, die auch von Wagner genährt oder gar soufliert wurde. So hatte dieser kurz nach seinem geheimen Weimarer Aufenthalt geschrieben: »Ich weiß, daß meine letzten Erlebnisse mich in eine Bahn gerückt haben, auf der ich das Wichtigste… zustande bringen muß, was meiner Natur zu produzieren gestattet ist… Meine tiefsinnige Freundschaft zu Liszt läßt mich die Kräfte außer mir finden, diese Aufgabe zu lösen; es soll *unser gemeinschaftliches Werk* sein!« Und genau das schwebte Liszt vor: Goethe und Schiller, Wagner und er. Was ihm selbst versagt blieb, besaß jener in überquellender Fülle – Begabung fürs Musiktheater. Und unter diesem Aspekt ermunterte er den Künstlerfreund sofort, als er dessen Textentwurf

für den »Ring des Nibelungen« gelesen hatte. Als andere Wagner noch als
größenwahnsinnig abtaten, schrieb Liszt: »Die Aufgabe, das Nibelungen-
epos zu einer dramatischen Triologie zu formen und zu komponieren, ist
Deiner würdig, und ich hege nicht den mindesten Zweifel über das monu-
mentale Gelingen Deines Werkes!«

Er schmiedete sogleich konkrete Pläne. Seinen Dienstherrn, seit 1853 ist es
Großherzog Karl Alexander, versuchte er, beim Geltungsbedürfnis des
Duodezfürsten zu packen: »Sofern es möglich ist, erscheint es mir nicht nur
zweckmäßig, sondern notwendig und sogar unerläßlich, daß die Erstauf-
führung von Wagners ›Nibelungen‹ in Weimar stattfinde... Besondere
Maßnahmen müßten getroffen werden – zum Beispiel die Errichtung eines
besonderen Theaters und das Engagement von Künstlern, die den Inten-
tionen Wagners genau entsprechen...«

Also Bayreuth in Weimar! Eine kulturgeschichtliche Logik hätte es gehabt:
Nach der ersten Weimarer Klassik mit dem Dichterpaar nun die zweite mit
dem Freundespaar Wagner und Liszt im Dienste des Gesamtkunstwerks
und der Neuen Musik.

Aber erstens hätten dazu die finanziellen Möglichkeiten Weimars nie ausgereicht, und zweitens war der jetzige Großherzog nicht Ludwig II. von
Bayern und an Wagners Musik kaum interessiert.

In Zürich kam es 1856 zu einer denkwürdigen musikalischen Begegnung:
Anläßlich von Liszts 45. Geburtstag wurde der 1. Akt der »Walküre« in klei-
nem Rahmen aufgeführt – Wagner sang den Siegmund, Liszt begleitete aus
der Partitur. Anschließend schrie Wagner enthusiasmiert: »Seid umschlun-
gen, Millionen«, und alles fiel sich in die Arme.

Als wenig später in St. Gallen unter Liszts Leitung neben Beethovens
3. Sinfonie auch seine eigenen Sinfonischen Dichtungen *Les préludes* und
Orpheus erklangen, reagierte der sonst sehr zurückhaltende Wagner endlich
auch einmal auf das kompositorische Schaffen des Freundes. »Liszts Orpheus... ist eine der schönsten, vollendetsten, ja unvergleichlichsten Ton-
dichtungen.« Das scheint ehrlich gemeint, denn der Brief ist an Otto Wesen-
donck gerichtet, Wagners Mäzen in Zürich (und Ehemann seiner dortigen
Geliebten, der Dichterin und Adressatin der »Wesendonck-Lieder«).

Wagner hatte ein feines Gehör, besonders für neue Töne. Schon in der
Weimarer Zeit mußte ihm an der Klangsprache des Freundes einiges rätsel-
haft dünken. Dieses Gefühl wird sich noch verstärken. »Heute quält mich
Eifersucht, Furcht vor dem mir Fremdartigen in Deiner besonderen Natur;
da empfinde ich Angst, Sorge – ja Zweifel – und dann wieder lodert es wie
ein Waldbrand in mir auf... Du bist ein wunderbarer Mensch, und wunderbar ist unsere Liebe! Ohne uns zu lieben, hätten wir uns nur furchtbar has-
sen können.«

Einer Person wäre das inzwischen vielleicht ganz lieb gewesen. Die Fürstin schien entweder eifersüchtig zu werden, oder sie verabscheute einfach den leichtfertigen Wagner. Jedenfalls trug sie die Verantwortung für das Abkühlen der Beziehung von Weimar aus. Besonders stieß sie, die Großzügige, die ewige Bettelei dieses Mannes ab. Seine Briefe servierte sie Liszt mit Kondolenzschleifen.

Bei seinem damaligen Freund Hans von Bülow, seit zwei Jahren mit Cosima verheiratet, beklagte sich Wagner 1859: »Ich quäle mich seit Wochen mit dem Vorhaben eines Briefes an ihn. Wohl könnte ich es mir leichter machen, denn nie erhalte ich eigentlich einen Brief von Liszt, sondern höchstens nur Antworten auf meine Briefe, und diese jedesmal gerade um ein- bis zweimal kürzer als meine Briefe. Es drängt ihn somit nichts zu mir… An wohltuende Pflege unserer Freundschaft wird nicht viel mehr zu denken sein. Er ist mir in der Vernachlässigung dieser Pflege augenfällig vorangegangen; ich kann jetzt nicht anders mehr als ihm folgen.«

1861 kam der Briefwechsel völlig zum Erliegen. Drei Jahre später rief der 18jährige Ludwig II., gerade an die Regierung gekommen, Wagner nach München; der schmeichelte sich in die Gunst des königlichen Romantikers ein, der denn auch sogleich seine Schulden tilgte und ihm eine fürstliche Residenz zuwies. Das empfand Liszt als geschmacklos und inkonsequent: Wagner, der in Dresden auf den Barrikaden gestanden hatte! Carolyne gegenüber ist die Rede von »Fürstenhörigkeit und allzu primitiver Devotheit«. Aber: »Das Geschehene kann nichts zwischen uns ändern. Das große Glück, das ihm schließlich zuteil geworden ist, wird so weit als möglich die wenigen Härten seines Charakters mildern.« Kurz gesagt: Wenn er genug Geld hat, was nun der Bayernkönig zu garantieren scheint, wird sich Wagner leisten können, moralisch und sozial zu leben.

Doch die eigentliche Prüfung der Freundschaft Liszt–Wagner steht noch bevor. Nachdem er in München Fuß gefaßt hatte, überredete Wagner Hans von Bülow, mit seiner Familie ebenfalls in die Isarmetropole zu ziehen. Zu seiner Ehrenrettung muß gesagt werden: Erstens verschaffte er Bülow die Stelle eines »Vorspielers des Königs«, zweitens war Cosima in ihrer Ehe nicht glücklich. Liszt hatte jedenfalls kaum das Recht, sich zum Richter aufzuwerfen, wenn diese Verbindung nun zu Bruch ging. So kann man Wagner beipflichten, wenn er verständnislos auf seine Vorwürfe reagierte: der »über alle Maßen geliebte Freund und Meister« habe es seinerzeit mit der Gräfin d'Agoult doch nicht anders gemacht, und im Vergleich dazu sehe er sein Vorgehen direkt als »arglos« an.

Das Ganze ist keine angenehme Geschichte. 1863 hatten sich Wagner und Cosima ihre Liebe erklärt; sie war damals schon zweifache Mutter und ihr Ehemann der maßgebliche Wagner-Dirigent. Im selben Jahr, in dem Bülow in München »Tristan und Isolde« aus der Taufe hebt, wird die erste Tochter geboren: Isolde. Für Bülow, inzwischen Hofkapellmeister, wird die

Situation allmählich untragbar, zumal Cosima eine zweite Tochter Wagners zur Welt bringt – Eva. Wie Isolde trägt auch dieses Kind noch Bülows Namen. Nun reicht es der Münchener Gesellschaft; man erwirkt, daß Ludwig II. seinen Schützling aus München weist, doch macht er ihm das (neuerliche) »Exil« in Tribschen am Vierwaldstätter See so komfortabel wie möglich. Dort besucht ihn Liszt, und man kommt überein, daß Cosimas Trennung von Bülow erst in den nächsten Theaterferien erfolgen soll, um das Aufsehen möglichst gering zu halten.

Doch kaum hat Bülow einen erneuten Freundschaftsdienst an Wagner verrichtet und dessen »Meistersinger« uraufgeführt, verläßt Cosima entgegen der Abmachung sein Haus und nimmt ihre Kinder mit zu Wagner, auch die beiden Töchter Bülows. Es ist ein Skandal ohnegleichen. Liszt bekennt sich zu Bülow und zur Legitimität seiner Ehe, verscherzt sich damit aber die Sympathie seiner Tochter, die für sich die gleiche Freiheit des Gefühls beansprucht wie einst ihre Mutter, die aus Liebe zu Franz Liszt ihren Mann verließ. Als nun noch ein Sohn geboren wird – beziehungsvoll Siegfried genannt (Wagner arbeitet gerade am »Ring«) –, muß Bülow notgedrungen die Scheidung einreichen. Cosima und Richard heiraten noch im Sommer 1870 in Luzern – am Geburtstag ihres hochherzigen Gönners Ludwig II. Liszt bleibt der Zeremonie fern und korrespondiert jahrelang nicht mit den beiden, geschweige denn, daß er sie besucht hätte.

Vielleicht wäre er – aus eigener Erfahrung – toleranter gewesen, hätte sich nicht die Fürstin zum Moralapostel aufgeschwungen. Die Situation war scheinheilig, absurd und heroisch zugleich: Die Fürstin in wilder Ehe, Liszt selbst mit unehelichen Kindern aus einer gesprengten Beziehung, Wagner mit seinem robusten Egoismus und Bülow, der – obgleich empfindlich getroffen – dennoch aus künstlerischer Überzeugung Wagners Werke in alle Welt trug. Einheit von Tragischem und Groteskem...

Daß sich die beiden später doch wieder versöhnt haben, ist einmal der Musik des »Glorreichen« zu danken, die Liszt ebenso betörte wie den eigentlich Geschädigten, Hans von Bülow, zum andern Wagners Person, der den Freund 1872 zur Grundsteinlegung nach Bayreuth einlud. Liszt hatte sich indirekt auch darauf vorbereitet, denn inzwischen war er frei von der Fürstin und Herr seiner Entschlüsse und Werturteile.

Als Komponisten haben beide voneinander profitiert und das selbst auch konkret erläutert. Wagner äußerte Bülow gegenüber, daß er seit seiner »Bekanntschaft mit Liszts Kompositionen ein ganz anderer Kerl als Harmoniker« geworden sei, und beschwerte sich im selben Zusammenhang, daß jemand »dieses Geheimnis« bei einer Besprechung des »Tristan«-Vorspiels vor aller Welt ausgeplaudert habe. Und Liszt schrieb an den Freund: »Wie Virgil den Dante, hast Du mich durch die geheimnisvollen Regionen der lebensgetränkten Tonwelten geleitet.«

Dem Grunderlebnis Wagner verdankte er aber auch, daß er in Weimar einer Fehlentwicklung entgangen war, die ihn nur Zeit und Kraft gekostet hätte. Gerade in seiner Funktion als Hofkapellmeister erwartete man von ihm selbst Beiträge für die Opernbühne. Ihm schwebte schon ein farbenkräftiger Stoff vor, *Sardanapal* nach Byron, ein Sujet von höchstem Schauwert. Hier bremste erst einmal die Fürstin, die ihm einen so gewagten Stoff glatt untersagte. Aber auch und vor allem die Arbeit mit Wagners Partituren brachte ihn dazu, von eigenen Opernplänen abzulassen. »Als ich Muße zu einem Werke hatte, waren ›Die Meistersinger‹ und vor allem sein ›Tristan‹ über die Bühnen gegangen. Da wußte ich, daß es den Opernkomponisten Liszt nicht mehr zu geben brauchte.«
Es war ein großer und weiser Entschluß gewesen, rechtzeitig (ja sogar vorzeitig) vom Konzertpodium abzutreten. Nicht minder weise war es, auf ein aussichtsloses Unternehmen von vornherein zu verzichten, auch wenn Eitelkeit und schmeichelhafte Angebote es nahelegten.

Poesie total – die Sinfonischen Dichtungen

> Ein vollflutender magnetischer Strom
> verbindet Poesie und Musik,
> diese beiden Formen menschlichen
> Denkens und Fühlens.
> *Franz Liszt*

Geprägt von der französischen Romantik mit ihrer Tendenz zu Theatralik und Verschmelzung der Künste, wollte Liszt mit seinen neuartigen »Sinfonischen Dichtungen« – auf andere Weise als Wagner, aber doch verwandt – Gesamtkunstwerke schaffen, die eine literarische oder optische Vorlage mit Klangmalerei und musikalischer Dramaturgie verbanden. Dabei ging er von zwei Vorbildern aus: von der 6. Sinfonie Beethovens, der »Pastorale« (»Mehr Ausdruck der Empfindung als Malerei«, vermerkt deren Komponist zu seiner Partitur), und von der »Fantastischen Sinfonie« seines Freundes Berlioz. Die sämtlich einsätzigen Werke der Weimarer Zeit sind außerordentlich originelle packende Musik, leiden aber stellenweise unter bombastischen Steigerungen und einer gewissen Weitschweifigkeit. Wagner spricht direkt von der »hohlen Überheblichkeit des Franzosen«, sogar Berlioz, der doch seine eigenen Ambitionen hätte wiedererkennen müssen, fand nur die Instrumentation bedeutend, die aber weitgehend von fremder Hand stammte.
Liszt aber vertraute seinem »Rezept« – und sprach geradezu von »sinfonischem Sendungsbewußtsein«. Berlioz beschwor er: »Wir haben der Musik

ein Neuland abgerungen, das ohne uns niemals betreten worden wäre. Wir sind vom Schicksal dazu ausersehen, Wegbereiter zu sein.« Wenn man die spätere Musikgeschichte auf Sinfonische Dichtungen im weitesten Sinne untersucht (also auch Orchesterouvertüren, -fantasien und Poeme), wird deutlich, wie fruchtbar Liszts Vorbild gewirkt hat. Von den vielen Komponisten, die diese neue Form begeistert aufgriffen, seien hier nur genannt Tschaikowski (der stellenweise direkt wie Liszt klingt – mit »Romeo und Julia«, »Francesca da Rimini«), Bedřich Smetana (»Mein Vaterland« mit der »Moldau«), Richard Strauss (unter anderm »Till Eulenspiegel«, »Don Juan«, »Tod und Verklärung«), Alexander Skrjabin (diverse »Poeme«, auch für Klavier, für Orchester das »Poem der Ekstase« und »Prometheus«), aber auch Sergej Rachmaninow (»Die Toteninsel«) und sogar noch Igor Strawinsky (»Feuervogel«). Besonders angeregt fühlten sich die »Russischen Fünf« – etwa Modest Mussorgski mit »Bilder einer Ausstellung«, Alexander Borodin mit »Steppenskizze aus Mittelasien« und Nikolai Rimski-Korsakow mit »Scheherazade«.

Entstehung und Anlaß zur Komposition war bei den einzelnen Werken ganz unterschiedlich. Als Ouvertüren zu Schauspielen dienten *Tasso* und *Hamlet*; für Glucks Oper entstand als Vorspiel *Orpheus*, mit *Les préludes* und *Prometheus* wollte Liszt eigene Chorwerke einleiten. Die übrigen der 12 Weimarer Sinfonischen Dichtungen entstanden ohne nachfolgendes Bezugswerk, quasi als selbständige Orchesterouvertüren (wie man sie von Schumann über Wagner bis Tschaikowski und Rachmaninow kennt). *Festklänge* komponierte Liszt für seine geplante Hochzeit mit der Fürstin; aus ihrer polnischen Abstammung lassen sich die Polonaisen-Anklänge erklären. *Hungaria* gilt dem ungarischen Befreiungskampf 1848, mit *Mazeppa* hat Liszt eine gleichnamige Klavieretüde für Orchester (nach einem Gedicht von Victor Hugo) bearbeitet, und der Trauermarsch *Héroïde funèbre* geht auf den einzigen beendeten Satz der *Revolutionssinfonie* von 1830 zurück.

Von Werken der Schwesterkünste inspiriert wurden *Was man auf dem Berge hört* (kurz *Bergsinfonie*) nach einem Gedicht von Hugo, *Die Ideale* nach Schillers gleichnamiger Dichtung, *Die Hunnenschlacht* nach dem riesigen Historiengemälde von Wilhelm von Kaulbach, das der Komponist 1855 im Neuen Museum zu Berlin gesehen hatte. Der dreisätzige »Nachzögling«, die 13. Sinfonische Dichtung *Von der Wiege bis zum Grabe*, entstand nach einer Zeichnung des ungarischen Grafen Zichy.

Was ihn zu seiner neuen Form bewog, erläuterte Liszt in zwei ausführlichen

Les préludes. 1. Seite des Autographs ▶

Abhandlungen (beide 1855), in denen er seine geistigen Vorläufer würdigt: *Berlioz und seine »Harold-Sinfonie«* und *Robert Schumann* (der jetzt in einer Nervenheilanstalt bei Bonn seinem Ende entgegendämmert). Als Hauptmotiv für ihre programmatischen Orchesterwerke, an denen er sich orientiert hatte, und als Legitimation für seine eigenen Beiträge nennt er den *Fortschritt* der Kunst, der – Liszt ist und bleibt Saint-Simonist – vom Fortschritt der menschlichen Gesellschaft nicht zu trennen ist.

Also gibt es für seine Sinfonischen Dichtungen gewöhnlich keine detaillierten Programme oder Handlungsabläufe. Bei *Orpheus* etwa ging es ihm einzig um die »leitende Idee«, wie er im Vorwort der Partitur erläutert. »Heute wie ehemals und immer ist es Orpheus, ist es die Kunst, die ihre melodischen Wogen, ihre gewaltigen Akkorde wie ein mildes, unwiderstehliches Licht über die widerstrebenden Elemente ergießt, die sich in der Seele jedes Menschen und im Innersten jeder Gesellschaft in blutigem Kampfe befehden…«

Sinfonische Dichtung, sinfonische Poesie, die totale Poesie des Lebens in sinfonischem Gewande...

Eine einzige Sinfonische Dichtung ist neben Liszts *Liebestraum* As-Dur berühmt geworden, genauer gesagt – unrühmlich berühmt: *Les préludes*. Aber das kann man Liszt ebensowenig zum Vorwurf machen wie etwa Wagner, daß Hitler einer seiner größten Bewunderer war. Den Titel fand Liszt über die Lektüre der »Méditations poétiques« seines Freundes Lamartine. Im Vorwort schrieb der Dichter, das Leben sei nichts anderes als eine Folge von Präludien zum Tod. *Les préludes* wurde seiner energisch-zündenden Fanfarenmotive wegen von den Agitatoren des Nationalsozialismus als Vorspann für die berüchtigten Sondermeldungen von den Fronten des 2. Weltkrieges benutzt.

Auch die beiden Programmsinfonien, die sich noch deutlicher an Berlioz' Vorbild anschließen, sind eher Sinfonische Dichtungen zu nennen – in mehreren Sätzen. Die *Faust-Sinfonie* zeichnet aber keine Handlung nach, sondern setzt menschliche Charaktere musikalisch um. In diesem Fall die drei Hauptpersonen der Tragödie. Der 1. Satz gilt Faust selbst. Vier Themen sollen ihn skizzieren: der Grübler, der Willensmensch, der Liebende

Die Faust-Sinfonie ist das Hauptwerk aus Liszts Weimarer Zeit und wohl seine bedeutendste Orchesterpartitur überhaupt. An Goethes Dichtung faszinierten den Komponisten das harmonische Nebeneinander von »Macht und Schranken, Willkür und Gesetz, Freiheit und Maß« ▶

und der Tatmensch. Das Besondere an beiden Sinfonien ist, daß einzelne Themen sämtliche Sätze durchziehen – wie bei Berlioz jene »idée fixe«, der musikalische Code für seine Geliebte. Aufschlußreich Liszts Kommentar zu der faustischen Mixtur aus einander ausschließenden Eigenschaften: »Sie können es bei Goethe lesen. Es ist jene Harmonie, die auch ich in jenem großen Organismus Natur sehe, in dem eine schöne Harmonie aus Macht und Schranken, Willkür und Gesetz, Freiheit und Maß, beweglicher Ordnung, Vorzug und Mangel herrscht.«

Also ein Bekenntniswerk: Liszt beschreibt sich selbst und seine Weltsicht, die sich hier klar als dialektisch erweist.

Der 2. Satz, »Gretchen«, ist eigentlich nur eine Ergänzung zu Faustens ohnehin weichem, weiblichem Liebesthema; Gretchens Leitmelodie, der Viola (einem schon von Berlioz bevorzugten Instrument) übertragen, erwächst gleichsam aus diesem Thema. Am interessantesten neben dem (der gesamten Sinfonie als Exposition dienenden) 1. Satz ist der 3., »Mephisto«. *Sein* Wesen besteht darin, daß er kein eigenes Thema hat, sondern lediglich die Themen seiner Opfer deformiert. Gegenüber der Reinheit und Schlichtheit Gretchens ist er machtlos. Das letzte Wort, das sich jubelnd über der Aussage »Alles Vergängliche ist nur ein Gleichnis« erhebt, gilt dem »Ewig-Weiblichen«. Wir sind hier sehr dicht am Kern der »Formel« Liszt. Die *Faust-Sinfonie* ist das Hauptwerk der Weimarer Zeit und wohl das überragende Orchesterwerk des Komponisten. Brahms freilich meint sarkastisch, es sei, als hätte man »Goethes Opus mit einem Nudelholz jahrelang plattgewalzt«. Doch selbst Wagner spricht von einer Goethe kongenialen Schöpfung, und der gefürchtete Brahms-Parteigänger Hanslick stellt sie der anderen Programmsinfonie der Weimarer Zeit lobend gegenüber und nennt sie »ausdrucksvoller und inhaltsschwerer«.

Dafür fällt dann sein Urteil über die *Dante-Sinfonie* vernichtend aus: »...sodomitisches Spektakel«. Mit ihren zwei Sätzen ist diese Partitur eigentlich ein Fragment. Liszt beabsichtigte, noch ein »Paradies« anzufügen, es blieb aber bei den Skizzen; dafür empfahl er später sein *Magnificat* als weihevollen Schluß, eine Praxis, wie man sie von Bruckners 9. Sinfonie und seinem »Tedeum« kennt, das dann für den fehlenden Schlußsatz angefügt wird. Was schon gelegentlich seine Sinfonischen Dichtungen belastet hatte (das Übermaß greller Effekte, geschwätzig wirkende Wiederholungen), brachte die beiden fertiggestellten Sätze zu Fall. Das »Inferno« potenziert alle Schrecken der Hölle. Das zarte Liebesthema Paolo–Francesca (von Tschaikowski 1876 als selbständige Orchesterfantasie gestaltet) wird von den düsteren Farben völlig absorbiert. Die genialen Details und Episoden der äußerst kunstvollen Partitur – packende Orchesterfarben, plastische Klangbilder – überlagern sich geradezu. Busoni faßt es eine Generation später kurz zusammen: »Gefühle erschlagen Gefühle.«

Der zweite Satz »Purgatorio« (Fegefeuer) leidet besonders an der erwähnten Weitschweifigkeit, die meist aus Liszts Vorliebe resultiert, einen musikalischen Gedanken endlos zu wiederholen und dabei nur den harmonischen Hintergrund zu verändern, also etwa halbtonweise aufwärtszusequenzieren wie eine sich allmählich in die Höhe schraubende Spirale. Das wirkt ein-, zweimal originell, ja spannend, dann aber beginnt der Hörer ebenso zu leiden, als würde ihm in einer Komödie immer wieder ein und dieselbe Pointe vorgesetzt. Berlioz gab dem Komponisten den Rat: »Raffen und streichen Sie, dann wird der Geist dichter und die Sache verständlicher!«

Zigeunermusik – *Ungarische Rhapsodien*

> Ich bin der klassische Zigeuner.
> *Liszt 1884*

Man weiß heute, daß Liszts populärste Klavierwerke neben den *Liebesträumen* entgegen ihrer Bezeichnung keine authentische ungarische Volksmusik verarbeiteten, sondern auf Melodiengut von Zigeunerkapellen und ungarischen Amateuren zurückgingen, das im damaligen Österreich-Ungarn im Schwange war. Erst Béla Bartók hat dann die originale Musik der ungarischen Bauern bekannt gemacht. So wird verständlich, daß die Fachwelt den von Liszt verwendeten Melodien skeptisch gegenüberstand. Aber was tut's? Das Resultat ist zündend und ein Paradebeispiel für unverfälschte Virtuosität, »geistfeurige Essenz«, wie Liszt einst das urwüchsige Spiel des Geigers Biháry erlebte. Wie er als Komponist ungarisch mit zigeunerisch vermengte, so sah er sich selbst nicht nur als Magyaren, sondern auch als Cigány im Geist. Zigeuner als Synonym für Freiheit – ob als Mensch, als Mann oder als Musiker. Merkmal der Zigeunermusik ist ihre improvisatorische Komponente. Und für leidenschaftliche Improvisation wählt Liszt den Begriff Rhapsodie, den er wörtlich als »phantastisch episches Element« definiert. Rhapsodisch in diesem Sinne war auch sein Leben und Schaffen.
Insgesamt gibt es 19 dieser Werke, davon sind die ersten 15 bis 1853 entstanden, die restlichen vier folgten erst in den 80er Jahren. Eigene Namen erhielten Nr. 5: *Héroïde-élégiaque;* Nr. 9: *Pester Karneval* und Nr. 15: der überaus populäre *Rákóczi-Marsch.* Liszts *Ungarische Rhapsodien* setzen das Zigeunerrepertoire mit seinem »bewunderungswürdigen und magischen Kaleidoskop« aller Gefühlszustände ins Pianistische um: »Trauer, Kummer, Leiden, Gemütstiefe, Erhabenheit, trotziger Stolz, Anmut, Verträumtheit, ernsthafte Wichtigkeit, Verspieltheit, Melancholie, Überdruß – all das zieht hier vorüber.« Dieser rasche Umschlag der Stimmungen und ihre Vielfalt

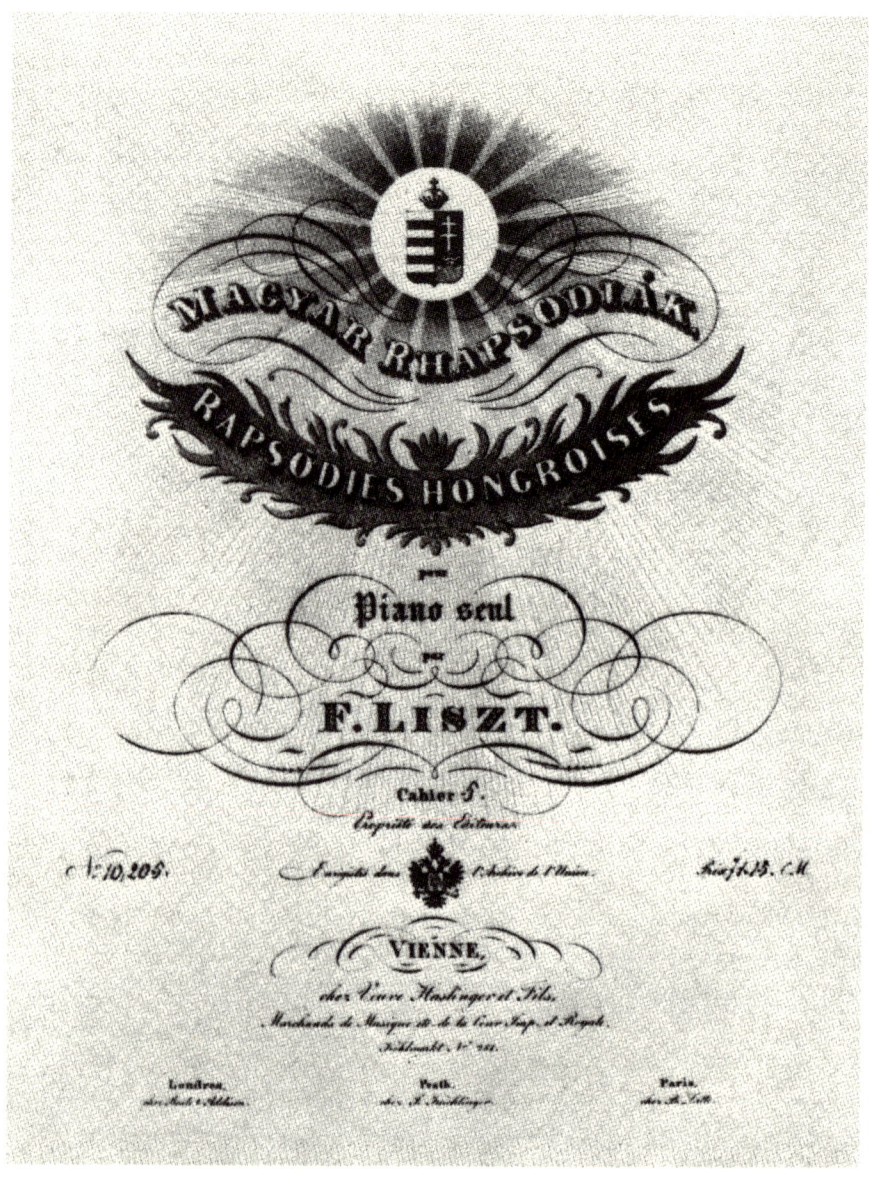

Ungarische Rhapsodien, Titelblatt der bei Haslinger in Wien 1840/47 erschienenen Erstausgabe. Die abwechslungsreich gestalteten, mitreißenden Klavierstücke sind der
Zigeunermusik nachempfunden und haben Liszt weltweit populär gemacht

Rom, Kloster Santa Maria del Rosario. Fotografie. Hier hatte sich Liszt in seiner ersten römischen Zeit in einer Zelle einquartiert

auf engstem Raum machten die *Ungarischen Rhapsodien* so faszinierend. Hier entgeht Liszt ebenso wie bei seiner *h-Moll-Sonate* der Gefahr unnötiger Wiederholungen, er ist präzise und knapp – kannte er doch die dramaturgischen Möglichkeiten, die Effekte *seines* Instrumentes, des Klaviers, während er sich am Orchester noch selbst zu berauschen schien.

Liszt war einer der emsigsten Umarbeiter seiner eigenen Werke und fast immer unzufrieden mit sich selbst. Nur ein Fünftel seines riesigen Klavierschaffens ist in einer einzigen Version überliefert, alle anderen Stücke liegen in mehreren Fassungen vor, die sich manchmal über Jahrzehnte erstreckten. Auch die Rhapsodien haben mehrere Umarbeitungen erfahren. Zu ihrer endgültigen Form schreibt Liszt in seinem Buch *Die Zigeuner und ihre Musik in Ungarn*, er habe die bisherigen »Fragmente... revidiert, umgeschmolzen und mit anderen in der Absicht verbunden, das Wesentliche derselben zu einem Körper zusammenzufassen, der so gekittet ein Werk darböte, das ungefähr mit dem korrespondiert, was, wie wir uns erlaubt haben zu glauben, als ein Zigeunerepos zu betrachten ist... Wir hatten versucht, dieser Sammlung die Festigkeit zu geben, die bei Kunstwerken unerläßlich ist..., ohne darum auch nur das Geringste von dem diese Musik belebenden wilden Hauch einzubüßen.« Abgesehen von der windungsreichen Diktion dieses Zitats, die sich aus der redigierenden Hand der Fürstin erklären läßt, vermittelt es doch eine wichtige Vorstellung von Liszts Auffassung des Komponierens *auch* in des lateinischen Wortes ursprünglicher Bedeutung »componere« – zusammenstellen, zusammensetzen. So spricht er offen von »Kitten«, »Umschmelzen« und »Verbinden«: in den Augen der Puristen aller Zeiten eine bedenkliche, ja verwerfliche Praxis, in den Augen eines blut- und glutvollen Künstlers des 19. Jahrhunderts eine gleichberechtigte Spielart des musikalischen Schaffens.

Komponistenwerkstatt – Experimente

Ein total neuartiges Werk ist Lists einzige Klaviersonate. Hier hatte er sich zu wirklicher Konzentration gezwungen. Alfred Brendel, berufener Liszt-Interpret, nennt sie die »wichtigste, originellste, gewaltigste und intelligenteste Sonatenkomposition nach Beethoven und Schubert«, ein »Werk ›absoluter‹ Musik…, das Ergebnis einer absoluten Kontrolle der großen Form,

◄ Der Abbé. Gemälde, Liszt-Museum, Budapest

einer *Fusion von Überlegung und Weißglut…«* Diese Fusion gelang Liszt »zudem am scheinbar Unmöglichen – an einer Sonate von halbstündiger Dauer in einem einzigen Satz«. Für die Zeitgenossen eine doppelte Provokation: Nicht nur, daß sich der Komponist auf einen Satz beschränkt, er operiert auch noch mit nur *einem* thematischen Kerngedanken, den er auf bestechende Weise vielfältig und kontrastreich abwandelt – bis zur Gegensätzlichkeit. »Das Formloseste, das es je gegeben hat«, heißt es in Wien. »Die musikalische Böswilligkeit«, liest man in Leipzig. Hanslick holt weit aus, stellt das Opus Chopins Sonate in derselben Tonart gegenüber, schwärmt für deren »Melodienseligkeit« und zieht das niederschmetternde Fazit: »Die h-Moll-Sonate ist eine Genialitätsdampfmühle, die fast immer leer geht – ein fast unausführbares musikalisches Unwesen. Nie habe ich ein raffinierteres, frecheres Aneinanderfügen der disparatesten Elemente erlebt, ein so wüstes Toben, einen so blutigen Kampf gegen alles, was musikalisch ist.«

Dieses Zetern erklärt sich aus dem dumpfen Ahnen, daß Liszt hier schon Musik einer späteren Epoche schreibt. Das weiß er selbst ganz genau, das gibt ihm Sicherheit und macht ihn unbeirrt: »Ich kann mit wenigen Bausteinen ein musikalisches Gebäude errichten… Andere benötigen dazu das tausendfache Material. Ich sage, daß es in Zukunft weniger Baustoffe geben wird und daß man ein guter Meister sein muß, um damit zurechtzukommen. Nicht in der Verschwendung liegt das Wesentliche, sondern in der Einschränkung auf das Wesentlichste. Eine Idee muß vorhanden sein, nicht eine Ballung von Pseudo-Ideen…«

Liszt hat seinen Goethe hier verstanden: Was bei der *Faust-Sinfonie* die dialektische Einheit der Gegensätze im Menschen war (»Harmonie«!), ist hier die Beschränkung, in der sich der Meister zeigt. Und schließlich: Seine Auffassung vom musikalischen Thema geht weit über das hinaus, was man als Melodie oder Leitmotiv zu bezeichnen gewohnt ist. Es wird zum mehr oder weniger abstrakten Baustein, eher im Sinne der Bachschen Kontrapunktik – oder im Sinn der Reihentechnik des 20. Jahrhunderts. Gerade hier wird offenkundig, daß Liszt an Neuartigkeit den kühnen Schöpfer des Gesamtkunstwerkes, Wagner, hinter sich läßt.

Die Uraufführung der *Sonate* verdient Erwähnung: Hans von Bülow spielte sie 1857 in Berlin auf dem ersten Flügel der bald schon weltberühmten Klavierbaufirma Bechstein!

In Weimar entstanden auch die beiden *Klavierkonzerte* Es- und A-Dur, die sich Liszt sozusagen auf den Leib geschrieben hatte. Er war natürlich auch der Solist bei ihrer Uraufführung – das in Es-Dur erklang erstmals 1855 unter der Leitung von Hector Berlioz, der damals zur 2. Berlioz-Woche nach Weimar gekommen war. Das zweite folgte zwei Jahre später.

Beide Konzerte gehören zu den zeitbeständigen Werken ihres Schöpfers.

Nr. 1 kommt gebieterisch daher, mit ausladender Geste, und wird in einem großen Bogen gespielt. Seine vier Abschnitte erinnern noch an die traditionellen Sätze. Wegen eines sonst kaum anzutreffenden Schlaginstruments, das Liszt der Klangfarbe halber hier einsetzt, sprachen Spötter bald schon vom »Triangelkonzert«. Das A-Dur-*Konzert* ist schon eine echte einsätzige Komposition, wie die *Sonate,* und arbeitet wie diese mit der Technik der Monothematik. Zuerst schmeichelt sich ein harmonisch exquisiter Kerngedanke geradezu dem Hörer ein, zuletzt sorgt er – zum Triumphmarsch gewandelt – für den pompösen Abschluß!

Neben der musikalischen Form und der thematischen Arbeit ist es in Liszts Komponistenwerkstatt die Harmonik, die der Zeit auffällig vorauseilt. Was Beethoven begann und Chopin auf delikate Weise weiterführte, die Auflösung der traditionellen Dur-Moll-Harmonik, bringt Liszt auf eine neue Stufe. Von jedem beliebigen Akkord kann er zu jedem anderen gelangen durch das Zaubermittel der chromatischen oder enharmonischen Modulation, der Alteration (Erhöhung oder Erniedrigung) einzelner Akkordtöne. Statt Harmoniefolgen im Abstand der Quinte (Dominanten) und der Kleinterz (Parallelen) bevorzugt er den ungewöhnlichen Abstand der Großterz (»Medianten«), was enorme Farbwirkungen und Überraschungseffekte bewirkt.

Bereits in der Weimarer Zeit schichtet er bis zu fünf Terzen aufeinander und ersetzt Terzen – sogar schon durch Quartentürme. Auch sucht er nach neuartigen Tonleitern: Neben der chromatischen (Halbton-) verwendet er die Ganztonleiter (ohne die später Debussys Musik undenkbar wäre), zudem die Kettenleiter, bei der etwa abwechselnd kleine und große Sekunde einander folgen, und nicht zuletzt ist für ihn wesentlich die sogenannte Zigeunerleiter mit ihren charakteristischen übermäßigen Intervallen. Und selbst das Nonplusultra spätromantischer Harmonik, Wagners »Tristan-Akkord«, gibt es bei Liszt schon 15 Jahre vor dem epochemachenden Musikdrama – in dem Lied *Ich möchte hinge'n wie das Abendrot,* das er 1844 nach der Wiederbegegnung mit seiner Jugendliebe Caroline komponiert hatte.

»Ebenso anmaßend wie bizarr« –
Ablehnung durch die Fachwelt

> Das ist ein bedeutendes Zeichen, daß
> niemand mit Indifferenz von ihm redet...
> Es gehört Feuer dazu, um die
> Menschen zu entzünden, sowohl zum
> Haß als zur Liebe.
> *Heine über Liszt 1837*

Er überforderte die meisten Zeitgenossen. Nicht nur im Inland, auch außerhalb der deutschen Grenzen begehrte man gegen den Rebellen und Neutöner auf. Ein Pariser Kritiker spricht von »Improvisationen ohne Ordnung und ohne Ideen; ebenso anmaßend wie bizarr«; in London ist Liszt nur eine »ordinäre Person mit gesträubten Haaren – ein Snob aus dem Irrenhaus. Er schreibt die häßlichste aller existierenden Musik.« Ebenfalls in London vergleicht man seine *Faust-Sinfonie* mit einer »Reihe von brutalen und spasmodischen Effekten«, in New York kam es dem Rezensenten vor, »als ob man eine Symphonie von Beethoven rückwärts gespielt hätte«, und aus Boston kam die Schmähung: »Liszts Orchestermusik ist eine Beleidigung der Kunst. Sie ist *musikalische Hurerei.*«
Als *Les préludes* erstmals in Berlin aufgeführt wurde, zischte das Publikum. Der Dirigent Hans von Bülow geriet in Rage und hielt eine kurze Ansprache, in der er jedem freistellte, den Saal zu verlassen. Und Berlin war eine europäische Kulturmetropole.
Doch enttäuschender als diese Äußerungen fremder Kritiker waren die Reaktionen von Fachleuten aus dem eigenen Land und gar Lager. Denn Liszt galt, zumal in seiner Weimarer Zeit, trotz seiner Ungarnpose als Vertreter der deutschen Musikkultur, und zwar speziell als führender Vertreter der Neudeutschen Musik.
Da waren es gerade die Sinfonischen Dichtungen, die bei den Kollegen Widerstand, ja Haß auslösten. Ferdinand Hiller, Pianist und Dirigent in Köln, findet in ihnen »bloße Willkür für künstlerische Freiheit, Fantasterei für Fantasie, sonderbare Mißklänge für Neuheit und Originalität und unbedeutende Phrasen für Gedanken ausgegeben«.
Besonders schmerzen mußte es Liszt, wenn Musiker, denen er selbst großzügig geholfen hatte, sich gegen ihn wandten, weil sie seiner unüblichen Ästhetik nicht folgen konnten. Das galt vor allem für Robert Schumann und Joseph Joachim.
Das häßliche Wort von der »Weimarer Pest«, gemünzt auf Liszts Sinfonische Dichtungen, stammt aus Schumanns »Neuer Zeitschrift für Musik«.

Darüber hinaus verbreitete der von Liszt nachhaltig Geförderte die Version, der Virtuose sei vom Podium abgetreten, weil er sich von Rubinstein und Clara Wieck ausgestochen sehe. Und als sich der Angegriffene von dieser Unterstellung nicht beirren ließ und weiterhin Schumanns Werke in Weimar aufführte, behauptete jener, er befürchte nur, »von mir schlecht kritisiert zu werden, geht es um die bewußten ›Sinfonischen Dichtungen‹, die mir so schwer im Magen liegen«.

Liszt hatte Joseph Joachim 1850 als Konzertmeister nach Weimar geholt. Doch als drei Jahre später der junge Brahms auf der Altenburg zu Gast weilte, bekam die Freundschaft einen Riß. Liszt fand die Musik des Norddeutschen »viel zu spröde, zu unsinnlich«, Joachim protestierte und nannte Liszts Urteil über Brahms nicht nur falsch, sondern von »Vorurteilen belastet«. Hinzu kam ein unglücklicher Zufall. Liszt hatte als Konzertmeister an den Hannoverschen Hof nicht Joachim, sondern den Königsberger Sobolewski (den Komponisten jener zwei verunglückten Opern) empfohlen. Das gab wohl den Ausschlag. Jedenfalls schrieb der einstige Freund 1857 an Liszt: »Ich bin Deiner Musik gänzlich unzugänglich, sie widerspricht allem, was mein Fassungsvermögen aus dem Geist unserer Großen seit früher Jugend als Nahrung sog… Ich kann Euch kein Helfer sein und darf Dir gegenüber nicht länger den Anschein haben, die Sache, die Du mit Deinen Schülern vertrittst, sei die meine.«

Drei Jahre darauf wurde die Kontroverse öffentlich. Längst hatten sich zwei Parteien gebildet, eine um den (persönlich fast unschuldigen) konservativen Brahms, eine um die »Neudeutschen« Liszt und Wagner, zu denen stilistisch noch Bruckner und – später – Hugo Wolf gehörten. Ihr Sprachrohr war kurioserweise die von Schumann gegründete »Neue Zeitschrift für Musik«, inzwischen geleitet von dem Liszt-Verehrer Franz Brendel. Der hatte 1859 eine Schrift »Franz Liszt als Sinfoniker« veröffentlicht. Dadurch provoziert, erschien im Jahr darauf in der Berliner Zeitschrift »Echo« eine Stellungnahme der »Brahmspartei« mit einer gehässigen Adresse an Liszt: »Die Unterzeichneten haben längst mit Bedauern das Treiben einer gewissen Partei verfolgt, deren Organ die Brendelsche Zeitschrift für Musik ist. Die genannte Zeitschrift verbreitet fortwährend die Meinung, es stimmten im Grunde die ernster strebenden Musiker mit der von ihr vertretenen Richtung überein, erkennten in den Kompositionen der Führer eben dieser Richtung (das sind Liszt und Wagner – CR) Werke von künstlerischem Wert, und es wäre überhaupt… der Streit für und wider die sogenannte Zukunftsmusik… zugunsten derselben ausgefochten. – Gegen eine solche Entstellung der Tatsachen zu protestieren, halten die Unterzeichneten für ihre Pflicht und erklären…, daß sie die Grundsätze, welche die Brendelsche Zeitung ausspricht, nicht anerkennen und daß sie die Produkte der Führer und Schüler der sogenannten ›Neudeutschen Schule‹, welche teils jene

Grundsätze praktisch zur Anwendung bringen und teils zur Aufstellung immer neuer, unerhörter Theorien zwingen, als dem innersten Wesen der Musik zuwider, nur beklagen und verdammen können.« Unter den vier Unterzeichnern: Brahms und Joachim.

Bürger und Hof lassen Liszt im Stich

> Liszts Feinde sind hier wie Kot am
> Meer!
> *Hans von Bülow über Liszt in Weimar*

Die Feindseligkeiten aus Kollegenkreisen waren nicht die einzigen Wermutstropfen im Weimarer Jahrzehnt. Auf Dauer wollte sich auch die Bürgerschaft der thüringischen Residenz nicht mit dem Phänomen, oder besser: Fremdkörper Liszt abfinden. In erster Linie störte die Leute sein kosmopolitischer Grundzug. Er sprach meist französisch, kam aus Ungarn, hatte eine exotische Geliebte und um sich einen ganzen Schwarm unkonventioneller Gestalten aus aller Herren Ländern.
Goethes Freitagsgesellschaften, einst geistiger Treffpunkt, tagten jetzt mittwochs und waren kaum mehr als eine Skatrunde der Honoratioren. Liszt sprach verächtlich von der »Clique«. Freilich wußten die duckmäuserischen Residenzler, daß sie an Liszts eigene Person nicht herankamen, allzusehr stand dieser weltberühmte Mann noch in der Gunst des Hofes. Aber an der Fürstin konnte man sich schadlos halten, vor allem, als sich herausgestellt hatte, daß die beiden auf der Altenburg durch die Verzögerung der Scheidungsangelegenheiten zur wilden Ehe verurteilt waren. Durch die Haltung des Zaren entfiel auch die gesellschaftliche Rückendeckung durch Maria Pawlowna. Jetzt wurde Carolyne auf offener Straße verspottet und in Gesellschaft geschnitten. Bei Hofe durfte sie nicht mehr erscheinen, Liszt aber wurde mit Ehrerbietung überhäuft – ein unerträglicher Spannungszustand. In seinem Abschiedsbrief an den Großherzog findet sich daher auch folgende Passage: »Es handelt sich hier darum, mich um jeden Preis an einer Heirat zu hindern, zu der ich durch meine Geburt nicht bestimmt bin, aber die ich zu verdienen glaube, wie ich ohne falsche Bescheidenheit sage.«
Ob Liszt Carolyne damals noch geliebt hat, ist fraglich. Der Brief stammt von 1860, da war sie bereits in Rom und hatte ihn allein zurückgelassen, mitten in einer tiefen Krise, im Begriff, sich und sein Leben neu zu ordnen. Was er dann auch tat – allerdings ohne die Fürstin.
Aber auch von Liszts künstlerischem Anspruch fühlten sich die Weimarer provoziert. Zwei Jahrzehnte nach Goethes Tod war das durchschnittliche Publikum gewohnt, sich im Theater an solchen Machwerken zu delektieren

wie einem »Gastspiel des berühmten Zwerges Admiral Tom Pouce«; es gab freilich für Anspruchsvollere auch Esoterisches wie eine »Große Vorstellung in der geheimen ägyptischen Zauberei« oder reine Ausstattungsrevuen – »Ägyptischer Zauberpalast mit dreihundert silbernen und goldenen Apparaten«. Dagegen halte man Liszts Repertoire!

Und dann hatte er Pläne, die sogar über seinen eigentlichen Aufgabenbereich hinausgingen.

1850 legte er dem Großherzog eine detaillierte Studie *Zur Goethe-Stiftung* vor. Alljährlich sollten in Weimar eine Art Olympische Spiele der Künste stattfinden, bei denen sich die einzelnen Kunstgattungen abwechseln würden. Natürlich scheiterte dieses Vorhaben am halbleeren Staatssäckel, aber auch an der Trägheit der Bürger. Schon nach 14 Monaten war der grandiose Plan im Sande verlaufen. Liszt hielt sich nicht mehr zurück: »Faule Bande«, »Galgenstricke«, »Kulturbanausen«.

Die Konfliktsituation spitzte sich zu, als die Weimarer 1858 die Uraufführung der Oper »Der Barbier von Bagdad« seines Schülers Cornelius zu Fall brachten. Der Kapellmeister fühlte sich so gekränkt, daß er sein Amt zur Verfügung stellte. Der Großherzog beschwor ihn, diesen Schritt rückgängig zu machen. Liszts ausführliche, herzlich gehaltene Antwort ist aufschlußreich für seine Sicht der Weimarer Jahre. Zuerst verweist er auf die Nachteile, die ein nur konventioneller Spielplan und eine Repertoirepolitik des geringsten Widerstandes für Publikum und Kapellmeister bedeuten. Dann bittet er den Großherzog um Vertrauen: »Sind Eure... Hoheit mir zugetan? Wahrscheinlich, weil Sie mir einen geistigen Wert zuerkennen. Jeder Mensch von geistigem Wert kann nur seine *eigenen* Ideen haben. Wenn man seine Vorzüge nutzbar machen will, so kann man das nur, indem man ihn nach seinen Ideen handeln läßt.« Und er schlägt sogar einen Kompromiß vor, der ihn noch in Weimar halten würde. »Wenn Sie mir wohlwollen…, gewähren Sie mir dann mit einem Titel und Rang bei Hofe die Möglichkeit, auf Theater und Musik in Ihrer Stadt Einfluß auszuüben...«

Doch er ahnt, daß er verloren hat. »Statt mich hier zu halten auf die einzige Art, auf die ich hier bleiben kann, wird man Sie überreden, daß Sie nicht gut zu mir sein können.«

Liszt sollte recht behalten. Nicht, daß ihm der Großherzog sein Wohlwollen entzogen hätte, aber er konnte sich nicht durchsetzen. Und außerdem war er froh, das peinliche Thema der wilden Ehe seines Kapellmeisters, das ihm schon am Zarenhofe zu schaden begann, endlich los zu sein.

Ablösung von Weimar – Eine Beziehung versickert

Sie können nämlich nicht abwarten...
Die Fürstin aus Rom an Franz Liszt

Fünf Jahre hatte die Fürstin versucht, ihre Scheidung beim Vatikan durch-
zusetzen. Jetzt, im Mai 1860, fuhr sie nach Rom. Liszt befand sich in keiner
guten Situation. Daniel, sein vielversprechender Sohn, war im Dezember
des Vorjahres gestorben, Cosima war schwer erkrankt. Er selbst ohne Betä-
tigungsfeld – er hatte ja gekündigt – und als Komponist mehr und mehr an-
gefeindet. In depressiver Verfassung setzt Liszt sein Testament auf. Er fühlt
sich wie in luftleerem Raum.
Zwölf Jahre lang hat ihn die Fürstin nicht nur gegängelt, sondern auch rund-
um betreut, jetzt ist er plötzlich allein auf sich gestellt. Er greift zum Kognak,
sucht wieder die Frauen. Und hält Ausschau nach neuen Anregungen. Sieb-
zehn Monate dauert diese Trennung, und er hat sie selbst ausgedehnt. Er
sucht *neuen* Halt, weil er ahnt, daß das bisherige Leben nicht das künftige
sein kann. »Die Klippe für mich bedeutet ein Bedürfnis nach irgendeiner
Intensität der Emotionen, welche mich leicht bis zur Paradoxie in Sachen
des Geistes und bis zur Unmäßigkeit im Genießen der geistigen Getränke
führt«, gesteht er der Fürstin noch vor seinem Eintreffen in Rom im Februar 1861. Peter Cornelius, kaum ein Verehrer Carolynes, kommentiert:
»Mit der Fürstin gibt er seinen Lebensnerv auf. Sie war an allem Guten
schuld, was er leistete. Wenn es ihm nicht gelingen konnte, in einer solchen
Verbindung sein sittliches Wesen dauernd und fest zu veredeln, so wird ihm
die Kraft zum Besten fehlen, und er wird zugrunde gehen.«
Das klingt bedenklich, und es *ist* bedenklich. Liszts Gefühle gegenüber der
Fürstin sind gemischt. Seinen letzten Gang durch die Räume der Altenburg
vor seiner Abreise schildert er so: »Als ich morgens durch die Zimmer
schritt, konnte ich meine Tränen nicht zurückhalten. Aber nach einer letzten Rast an Ihrem Betpult – wo Sie immer mit mir niederknieten, bevor ich
auf eine Reise ging – hatte ich doch ein Gefühl der Befreiung, das mich wieder stärkte. Seit Ihrer Abreise hat mir dieses Haus meist den Eindruck eines
Sarkophages gemacht. Indem ich mich von ihm entferne, glaube ich mich
Ihnen zu nähern, und ich atme wieder.«
Zwei Gründe waren es gewesen, die Carolyne allein nach Rom reisen
ließen. Aus Rußland war »grünes Licht« gekommen, daß die abschließende
Entscheidung nun beim Vatikan lag. Zum anderen hatte sich in ihrer Beziehung zu Liszt in der letzten Zeit einiges geändert. Einigen Schülerinnen
gegenüber war er wieder offenherziger geworden. Hier griff die Fürstin,
wie sie ihrer Tochter anvertraute, zu einer überraschenden Methode. »Um
Liszt herum muß alles tot sein, damit er begreift, was ich ihm bin!«

Dieses doppelte Druckmittel – seine desolate familiäre Situation *und* ihre Abwesenheit – funktionierte durchaus.

Aber Liszt erinnert sich seiner alten Leidenschaft, des Reisens, und erinnert sich »seiner« Stadt – Paris. Für die Fahrt nach Rom nimmt er sich ungewöhnlich viel Zeit – zwei Monate. Zuerst besucht er drei Hoheiten – seinen früheren Dienstherrn Karl Alexander in Schloß Wilhelmstal, den Großherzog von Gotha in Reinhardsbrunn, den Fürsten von Hohenzollern-Hechingen in Löwenberg – und schließlich die kranke Cosima in Berlin. Dann geht es nach Paris. Hier erwartet ihn eine äußerst schmeichelhafte Ehrung: Napoleon III. dekoriert ihn mit dem Orden der Ehrenlegion, und zwar für seine Kompositionen. Endlich einmal wird nicht der Virtuose gewürdigt! Man reicht ihn herum, unter anderem ist er Gast bei den Rothschilds, er trifft sich mit Marie d'Agoult. Wie in alten Tagen... Blandine, inzwischen verheiratet mit Émile Ollivier, einem ehrgeizigen Juristen und Politiker mit Aufstiegschancen, zeigt ihm ihren Besitz in St. Tropez. Liszt sieht Gounod, Baudelaire, Meyerbeer und den kranken Berlioz, für den er sich bei Hof einsetzen soll. Und er ist wieder einmal mit Wagner zusammen, der ironisch berichtet: »Liszt, der bereits... in seine alte Strömung geraten war, fand, durch sein gutes Herz geleitet, auch die Zeit, sich einmal bei mir zum ›Bœfsteak‹ einzuladen.«

Beim Kaiser der Franzosen war er nicht nur offizieller Gast. Mit der schönen Eugénie, Napoleons Gemahlin, spielt er vierhändig seine *Liebesträume*. Das schmeichelhafte Angebot einer Position bei Hofe (hier, anders als in Weimar, mit angemessenem Gehalt) schlägt er aus, es drängt ihn nach Rom – wieder unter die führende Hand der Fürstin?

Doch vorerst geht es noch einmal nach Weimar, wo er den Transport der Möbel und Instrumente überwacht und sein Testament holt, in dem es auch heißt: »Alles, was ich in den letzten 12 Jahren getan und gedacht habe, verdanke ich ihr, von der ich so glühend wünsche, sie bei dem teuren Namen meiner Gattin nennen zu dürfen...«

Man will ihm glauben, daß es ihn nach ihrer Nähe verlangt, zumal nachdem er wieder einmal frische Luft geschnappt hat. Die Trauung wird an seinem 50. Geburtstag stattfinden, am 22. Oktober 1861. Feudal soll es zugehen: 3000 Kerzen, Brautkleid mit 1000 Diamanten, 800 Rubinen, Gewicht des Diadems 2 Pfund, 12 Pagen für die Schleppe. Liszt will ungarisch erscheinen, natürlich mit dem Ehrensäbel, die Zeremonie wird Gustav von Hohenlohe vornehmen, in dessen Familie jüngst Prinzessin Marie eingeheiratet hat. 120 Gäste werden zum Galadiner erwartet, das Menü soll 16 Gänge umfassen.

Was stand in der Ästhetik der französischen Romantiker an erster Stelle? Grelle Kontraste, harte Schnitte.

Am Vorabend der Trauung trifft eine Nachricht vom Heiligen Stuhl ein: Die

Zeremonie müsse auf unbestimmte Zeit verschoben werden, man verlange erneut die Vorlage der Prozeßakten.

Prinzessin Marie über die Verfassung ihrer Mutter: »Dieses Begehren in allerletzter Stunde… erscheint nun auch ihr als der entscheidende Schicksalsschlag – sogar *ihr* Mut ist endgültig gebrochen. Die Akten werden von ihr verweigert – und sie verzichtet.«

Sicher ist die Entmutigung nach so langem Bemühen ein wichtiges Motiv. Als aber wenig später Fürst Wittgenstein stirbt und sie frei ist, spricht keiner mehr von Trauung. *Den* Mann, den sie damals in Weimar zurückgelassen hatte, gab es nicht mehr. Ihre Weimarer Freundin Adelheid von Schorn erinnert sich: »Liszt war in der Zeit, in der er von ihr getrennt war, gleichgültiger geworden, der Gedanke der rechtmäßigen Verbindung mit ihr war keine Notwendigkeit mehr. Das merkte sie ihm an, als er … in Rom ankam; und bestätigt hat er es indirekt selbst, indem er nie wieder danach fragte, ob die Trauung zu ermöglichen sei oder nicht. Natürlich war er jeden Tag bereit, mit ihr vor den Altar zu treten, aber ihre weibliche Feinfühligkeit erkannte, daß es bei ihm nur noch eine *Pflichterfüllung* war. So hat auch sie nicht mehr davon gesprochen – sie hat das Ziel ihres Lebens zum Opfer gebracht.«

Erst viel später, 1872, sagt sie es Liszt ins Gesicht, wie sehr er sie damals enttäuscht hat. »Die Vorsehung hat es nicht gewollt. Widrige Leidenschaften sind so mächtig gewesen, daß sie die festesten Entschlüsse vereiteln konnten… Es galt also, etwas Besseres zu suchen, und dieses Bessere, glaube ich, hat die Vorsehung Sie in der Kunst finden lassen, die nun die Nachfolgerin von dem wurde, was nicht zu verwirklichen war. Und nun will ich alle irdischen Betrachtungsweisen verlassen – Sie würden dafür in zwiefacher Weise unempfindlich sein. *Sie können nämlich nicht abwarten,* und Sie verachten alles, was nicht sofort eintritt! Daß es damals mißglückt ist, war – abstrakt gesprochen – gut, denn – konkret gesprochen: Der Augenblick, an dem es Ihnen Freude gemacht hätte, war vorbei.«

In diesem leicht verbitterten, aber auch schon abgeklärten Resümee liegt viel Wahres. Seine »widrigen Leidenschaften« haben nun ein zweites Mal eine dauerhafte Bindung zerstört, und er hat »Besseres« gesucht als diese Bindung und Carolyne letztlich gegen die Kunst, die Muse als seine dritte, ihm eigentlich bestimmte Gefährtin, eingetauscht. Und er war tatsächlich außerstande zu warten, war sofortige Triebbefriedigung und Erfüllung seiner Wünsche gewohnt. Und »unempfindlich« konnte er sein wie jeder Egozentriker.

Zeitgeist im Wandel

> Sänger der ewigen Wonnen
> und der ewigen Angst.
> *Baudelaire über Liszt*

Während Liszt in Weimar sozusagen in Klausur arbeitete, hatten sich im »Zeitgeist« neuerliche Veränderungen vollzogen. Und da die neuen Strömungen von Paris ausgingen, muß man einen Blick auf die veränderte Kunstszene Frankreichs werfen. Zumal Rom, in das sich Liszt jetzt zurückziehen wird, politisch und kulturell eng mit Frankreich verbunden war.

Die Kunst »erholte« sich wieder von den pathetischen Anstrengungen der Generation eines Hugo, Delacroix, Berlioz. Die nachfolgende Generation verzichtete auf kämpferisches Engagement, die 48er Revolutionen waren verpufft. Nicht mehr das Drama ist bestimmende literarische Form, sondern Roman und Lyrik. Neue Namen tauchen auf: Charles Baudelaire, Gustave Flaubert und Émile Zola. Victor Hugo lebt noch, aber eher als Relikt einer anderen Zeit. Seine Rolle als Wortführer des neuen Stils übernimmt Zola. Seine Parole für die Kunst heißt: »La nature vue à travers un tempérament – Natur gesehen durch das Prisma eines Temperaments.«

Nicht minder Epoche machend und noch zukunftsträchtiger war Baudelaire mit »Les fleurs du mal« oder den großartigen »Poèmes en prose«. Hier hat er auch Liszt ein Denkmal gesetzt. Er feiert ihn – auf den ersten Blick schockierend – als »Sänger der ewigen Wonnen und der ewigen Angst«: eine intuitive Sicht des Lisztschen Spätwerkes mit seiner göttlich-dämonischen Doppelnatur.

Liszt wird in Rom zu einer Art frühimpressionistischem Stil gelangen: Die *Wasserspiele* und die *Zypressen der Villa d'Este* sind erstaunlich neuartige Stücke. In Frankreich malen Camille Corot, Jean-François Millet, Gustave Courbet und Edouard Manet. Man arbeitet im Freien. Manet als Frühimpressionist bereitet den Boden für Claude Monets Lichtstudien an der Kathedrale von Rouen. Die Pariser Weltausstellung von 1867 macht die Franzosen dann erstmals mit der japanischen Malerei vertraut – eine Revolution, ausgelöst durch das »weiße Papier«, den freien Raum. Ins Musikalische übertragen heißt das: die Kunst des Weglassens, die Bedeutung der Pause, der Verzicht auf Effekte, die Sparsamkeit der Mittel, die die Wirkung steigert. Solche Eigenschaften sind der bisherigen Klangsprache des Komponisten fremd; für Liszts Spätstil werden sie entscheidend.

In der Literatur gibt es Analogien zur impressionistischen Sehweise: Flaubert ist ihr frühester und wichtigster Vertreter. Ausgehend von einem sanften, lauschenden Psychologismus (»L'éducation sentimentale«) wuchs seine Leidenschaft für die minutiöse »exactitude« der Lebensbeobachtung. Er war wie ein Insektenjäger mit der Botanisiertrommel hinter den »petits faits significatifs – den kleinen bezeichnenden Tatsachen« her. Dazu kam ein extrem genauer Umgang mit der Sprache; Flaubert ging die »impeccabilité«, die Makellosigkeit des Ausdrucks, über alles. Das führte zu einer sehr zögernden Produktivität und einer fast nervenden Selbstbeobachtung.

Diese Feinschmecker-Haltung, ihrem Tenor nach lyrisch, setzt eine gewisse Abgeklärtheit voraus – dem bisherigen Liszt-Schaffen direkt entgegengesetzt, das grell und dramatisch wirkt. Aber sein Spätwerk zeigt ihn anders, geprägt von einer »santa indifferenza«, einer heiligen Gleichgültigkeit. Die Wurzeln hierfür bilden sich in Rom.

Neun Jahre Rom –
Meditation am Tiber

…schöner in Rom zu leiden,
als anderswo glücklich zu sein.
Die Fürstin 1865

Vor ihrem Fall 1870 (zusammen mit Napoleons III. »Deuxième Empire«) war die Ewige Stadt eine der reaktionärsten Metropolen Europas. »Die Finsterlinge, die Knechte der Despotie scheinen hierher wie Eulen
aus allen Ruinen der Welt zusammengeflogen zu sein«, heißt es bei dem
Kulturhistoriker Ferdinand Gregorovius. Vertriebene Monarchen, die Witwe
des hingerichteten Kaisers von Mexiko und Gestrige aller Schattierungen
suchten Zuflucht in dem weihrauchgeschwängerten Rom.
Der Kirchenstaat selbst war nur noch ein Restbestand; seine Provinzen waren längst abgefallen an das machtvolle Risorgimento unter Garibaldi. Rom
hielt sich nur noch mit Hilfe der französischen Truppen. »Fast jeder Tag
bringt von draußen neue Trauerkunde für den Vatikan… Ein unbeschreib-
lich interessanter Moment«, so skizziert der preußische Gesandte Kurd von
Schloezer, ein Verehrer Liszts, genüßlich die komplizierte Lage.
Der Papst widersetzte sich offiziell jeder Verhandlung mit den national-italie-
nischen Truppen und schleuderte ihnen immer nur sein »non possumus –
wir können nicht« (im Pluralis majestatis, der dem Thron Petri zukommt)
entgegen. »Der Haß der Pfaffen brütet Ungeheures aus. Die Stimmung in
Rom ist düster. Teuerung, Geldkrisis…« (Gregorovius).
Das Problem löste die Niederlage Frankreichs im Deutsch-Französischen
Krieg 1870, Rom wurde endlich säkularisiert und zur Hauptstadt eines ge-
einten Italien erhoben.
Liszt betrafen diese Ereignisse nur mittelbar. Aber zwei Berührungspunkte
hatte er doch mit dem Hochklerus: seine nun in reichem Maße entstehenden Kompositionen für die Kirche und seine »Verwandtschaft« mit einem
hohen Vatikanbeamten, dem Großalmosenier und bald Kardinal Gustav

von Hohenlohe, dessen Bruder Konstantin, Oberhofmarschall in Wien, die Tochter der Fürstin, Prinzessin Marie, geheiratet hatte.
Nach Rom gekommen war er überhaupt nur durch den Wunsch Carolynes, die in der Ewigen Stadt heiraten wollte. Aber durch diese seltsame Wendung des »Schicksals« steht Liszt noch ein weiterer, neuartiger Lebensabschnitt bevor.

Die große Intrige – »Mephisto in der Soutane«

> Vom Künstler ist doch unmöglich das
> Gelübde der Enthaltsamkeit zu verlangen,
> zu verlangen, daß er der Liebe in irgend-
> einer ihrer Formen entsage, sei es der
> sinn- und der seelenbewegenden,
> der asketischen oder der mystischen.
> *Franz Liszt 1855*

Der Familienclan der Hohenlohe war natürlich bestrebt, mit allen Mitteln eine Ehe zwischen der Fürstin und dem nicht nur skandalumwitterten, sondern auch als Freigeist verdächtigen Künstler zu verhindern. Trug nicht auch ein 1835 erschienenes (von Marie d'Agoult formuliertes) Pamphlet über Kirchenmusik (aus *Zur Stellung der Künstler*) seine Unterschrift?
Also schrieb Hohenlohe, Resident der malerischen Villa d'Este in Tivoli bei Rom, schon 1859 an Liszt: »Der Herr hat Sie berufen, um Seinen Namen in der geistlichen Musik zu verherrlichen; es ist die Rolle der Engel, die mit ihrem Hosiannah Gott preisen... Ihre Inspiration, die Gott Ihnen eingegeben hat, wird die Seele und das Entzücken der Gläubigen sein und eine mächtige Waffe, die verlorenen Kinder Unserer Heiligen Mutter Kirche zuzuführen.«
Die Fürstin, ohnehin jeder Schmeichelei zugänglich, war erst recht empfänglich für einen missionarischen Auftrag von höchster klerikaler Ebene aus. Adelheid von Schorn erzählt, daß sie sich begeistert bereiterklärt habe, Liszt an seine neue Aufgabe heranzuführen: die Erneuerung der katholischen Kirchenmusik. Damit war der Wirrkopf und Freidenker Liszt beschäftigt (und Carolyne als »Kirchenmutter« endgültig von der Hoffnung auf diese kompromittierende Verbindung geheilt); aber im Vatikan dachte niemand ernsthaft daran, seine neuartigen, viel zu weltlichen Klänge in die kirchliche Praxis zu übernehmen. Ebensowenig wie Weimar etwas mit seinen großangelegten Sinfonischen Dichtungen anfangen konnte, brauchte die Ewige Stadt seine noch üppigeren Oratorien... Aber das konnte er nicht ahnen.

Das Scheitern der Eheschließung blieb nicht der einzige Schlag. Blandine starb ein knappes Jahr darauf an den Folgen ihrer ersten Entbindung. Und wieder ein dreiviertel Jahr später ging Liszt – noch als Laie – ins Kloster. Vorerst ließ er sich, dankbar für Ruhe und Abgeschiedenheit, im Kloster »Madonna del Rosario« der Oratorier auf dem Monte Mario nieder. Der »Römer« Liszt lebte in einer Art geräumiger Zelle, hatte ein Klavier, wo eine Taste im Baßregister nicht anschlug und das auch noch verstimmt gewesen sein soll, und schrieb seine großen kirchenmusikalischen Partituren. Von hier aus hatte er einen herrlichen Blick auf das Panorama der Tiberstadt. Hier besuchte ihn auch der damalige Papst Pius IX.

»Pio Nono« war ihm persönlich wohlgesinnt. Das schmeichelte Liszt. Im Jahr darauf spielte er vor dem Papst in Castel Gandolfo und besuchte erstmals Hohenlohe, jetzt Kardinal, in der Villa d'Este. Von Schloezer beobachtet: »Ich habe Liszt kennengelernt: auffallend dämonische Erscheinung; groß, hager, lange graue Haare… Diese Lebensweise ist vorläufig wohl nur eine seiner Bizarrerien – für die Welt –, damit sie sich mit ihm beschäftigt.« Und zum verstimmten Klavier: »Auf einem solchen Instrument arbeitete jetzt derselbe Franz Liszt, vor dem einst die massivsten Flügel Europas zitterten und der ein halbes Menschenalter hindurch wie ein donnernder Jupiter die ganze Künstlerwelt beherrscht hat… Mich amüsiert es immer sehr, ihn wiederzusehen… Alles, was er sagt, trägt den Stempel der Originalität und großer Genialität an sich, und man merkt ihm stets an, daß er einstmals eine kolossale Stellung in der Welt einnahm. Die früheren historischen langen Haare trägt er noch…, und wenn er am Klavier sitzt, so unterläßt er es nicht, während seines Spiels wenigstens einmal ganz plötzlich den Zuhörer scharf und durchdringend anzusehen, um zu wissen, ob er auch gehörig aufmerksam ist.«

Am 25. April 1865 empfing Liszt in der Privatkapelle des Kardinals Hohenlohe im Vatikan die Tonsur und die niederen Weihen (für seinen nichtpriesterlichen Rang war die Tonsur nur münzengroß, erst für höhere Würdenträger ist dann eine sichtbare bis tellergroße Rasur Vorschrift). »Die Sache war schon lange vorbereitet. Man munkelte davon seit Monaten, nun, da die Bombe geplatzt ist, reibt sich doch jeder vor Verwunderung die Augen« (Schloezer).

Warum, so fragt man sich heute, mußte dieser Schritt sein? Hatte Liszt mit seiner Ermitage nicht, was er brauchte?

Es gibt eine Reihe von Erklärungen, und sie werden wohl alle ein wenig zutreffen. Das gilt auch für die Argumente des Komponisten selbst: »Mein Gewand ist ein Zeichen der Entsagung, nicht der Begehrlichkeit oder irgendwelcher Berechnung.«

Berechnungen aber können gleichwohl im Spiel gewesen sein; manche vermuten, Liszt habe es auf einen hohen Posten im katholischen Kirchenmusik-

Rechts: Napoleon III.
Fotografie von Nadar.
Liszt schwärmte für den Monarchen
und sah ihn als neuen Cäsar

◄ Linke Seite:
Die Zypressen der Villa d'Este.
Titelblatt des 1883 erschienenen
Klavierstücks aus Band III der *Années
de pèlerinage.* Die Ansichten des alten
Parks regten Liszt zu neuartigen
meditativen Naturimpressionen an

Unten: Gran (Esztergom) mit der
1856 erbauten Kathedrale. Stahlstich
von Joh. Poppel (1807–1882) nach
Ludwig Rohbock. Zur Einweihung
der Kathedrale erklang im Sommer
1856 die *Graner Festmesse* von Liszt.
»Ich weiß nicht, wie das Ding klingen
wird, kann aber wohl sagen, daß ich
mehr daran gebetet als komponiert
habe«, schrieb er 1855 an Wagner

Buda und Pest mit der Kettenbrücke. Stahlstich von Georg Michael Kurz nach Ludwig Rohbock

betrieb abgesehen. Zu seiner egozentrischen Naivität hätte diese Erwartung gepaßt, denn nie wäre ihm in den Sinn gekommen, daß seine Musik alles andere war als das, was sich die geistlichen Herren von einem »zweiten Palestrina« erhofften.

Was die Vermutung betrifft, er wolle sich vor den Nachstellungen der heiratswilligen bis -wütigen Fürstin ein für allemal sichern, so widerlegt dies die Betroffene selbst gegenüber von Schloezer: »Er hat es weder getan, um einer Heirat zu entwischen, noch um den Kardinalshut zu ergattern.«

Doch es ist kein Zufall, daß die folgenden Daten so knapp beieinander liegen. Die Fürstin reist im Mai 1861 nach Rom, um ihre Scheidung mit ganzer Energie zu betreiben. Liszt läßt sich auffällig viel Zeit und trifft erst im Oktober des nächsten Jahres in Rom ein. Inzwischen konnte die Gegenpartei erfolgreich intervenieren. Die Heirat platzt. Beide sind vorerst resigniert. Carolyne wird beauftragt, Liszt für die Kirchenmusik zu gewinnen, und wohl zugleich darauf vorbereitet, auf eine künftige Verbindung mit ihm gänzlich zu verzichten.

Liszt wollte – wenn man dieser Version folgt – sichergehen; er kannte die Frauen und speziell Carolyne besser als ein päpstlicher Großalmosenier. Als Fürst Wittgenstein in Rußland gestorben war, hatte Liszt längst das Gerücht von seiner bevorstehenden Weihe zum Abbé verbreitet, und spätestens April 1865 ist er dann in Sicherheit. Denn eines weiß er genau: Wenn er den Rest von Zuneigung (vielleicht auch noch Liebe) zwischen ihnen erhalten will, dann nur noch auf Distanz. Eine Ehefrau, die ihn auf Schritt und Tritt begleiten würde, wäre ihm ein Alptraum gewesen. In der Kutte fühlt er sich sicher.

Es ist ein allgemeines Mißverständnis, daß ein Abbé das Keuschheitsgelübde zu leisten hätte. Der sogenannte »Weltgeistliche« hat weder die Rechte noch die Pflichten eines Priesters, also auch keine Pflicht zum Zölibat. So sind seine sämtlichen Beziehungen zu Frauen von 1865 an nach wie vor Privatangelegenheiten.

Aber ganz sicher trifft *auch* ein weiterer, schöpferischer Aspekt zu. Liszt will sich einen neuen Inspirationsquell, die Meditation und die Reduzierung der Lebensumstände, zuführen. Und die nun entstehenden Werke geben ihm darin weitgehend recht.

Die Reaktionen auf Liszts Schritt waren vorwiegend skeptisch bis negativ. Seine Mutter brach bei der Nachricht »in Tränen aus« und war »wirklich nicht gefaßt auf solche Nachricht von Dir. Nach Überlegung… ergab ich mich in Deinen, als auch den Willen Gottes.« Sie wird gewußt haben, warum zuerst ihr Mann und dann sie selbst den Sohn wiederholt von der geistlichen Laufbahn abgehalten hatten. Der Hang zur Grübelei und Absonderung, der schon bei dem Knaben beunruhigend war, könnte so noch gesteigert werden. Außerdem hatte schon Adam Liszt vor den Frauen gewarnt und in ihnen – sehr zutreffend – eine Gefahr für sein Kind gesehen. In welche Konflikte würde der Sohn im Lauf der Zeit geraten, wenn er etwa noch Priester werden wollte!

Selbst der Papst blieb skeptisch: »Wir haben einen neuen Palestrina und hoffen, daß er nicht sehr bald resigniert. Es ist fraglich, ob wir seine Seele an den Leib unserer Kirche festschmieden konnten. Liszt mag uns in manchem helfen und zuletzt auch wohl förderlich sein. Ob er sich mit seinem Schritt, gänzlich zu uns zu stoßen, *selbst* geholfen hat, wird sich zeigen… und sei es bei seinem Ende.«

Diese Skepsis war angebracht. Liszt, der noch in Paris bekannte: »Auch in den Armen eines Weibes kann ich Gott nahe sein« und später an Carolyne schrieb: »Glaube ist für mich das Entzücken einer ganz stillen Stunde… Dann können die Sterne oder die Sonne reden, Engel mich heimsuchen… und ich erfahre mehr, als jemals jemand auf dieser Erde erfahren hat…« – dieser Franz Liszt war ein Pantheist und außerdem ein Mensch, der seine Sinnlichkeit vollauf bejahte und Gott noch dafür danken konnte. Kaum geeignet für den kirchlichen Dienst, am wenigsten für den Vatikan oder gar als Leiter der Sixtinischen Kapelle.

Dankbar wird ihm die Presse gewesen sein. Ab jetzt reißen die Karikaturen nicht mehr ab. Man sieht ihn januskopfig, als Pilger und Mephisto, als Jungfrau Maria mit Wagner als Christuskind, als Schlange am Busen des Papstes. Die Vossische Zeitung spricht aus, was viele denken mochten: »Nachdem Herr Liszt der bedeutendste Virtuose der Zeit war und sich als Dirigent und Komponist einen Namen gemacht hat, gilt ihm als nächsthöheres Ziel das katholische Priestertum. Wer weiß, was er noch alles anstrebt, ist ihm doch zuzutrauen, daß er noch Diplomat… wird. Es erscheint uns so, als trüge er das Büßergewand wie ein Roué, der sich zum römischen Karneval eingefunden…«

Dieses Zitat läßt noch ein weiteres Motiv vermuten: Liszt ist als Virtuose abgetreten, ein »Comeback« wäre gegen seine eigenen Maximen; als Komponist ist er umstritten. Der Rückhalt einer übernationalen Macht, wie sie die katholische Kirche auch noch im 19. Jahrhundert darstellte, könnte ihm ungemein nützen.

Drei Tage bevor er die Tonsur empfing, hatte er sein letztes Konzert als Laie gegeben, dabei spielte er seine *Erlkönig-Transkription* und Webers »Aufforderung zum Tanz«. »Niemand ahnte, daß er schon die Abbatenstrümpfe in der Tasche trug… Dies ist das Ende des genialen Virtuosen, einer wahrhaft souveränen Persönlichkeit. Ich bin froh, daß ich Liszt noch spielen hörte; er und das Instrument schienen mir zusammengewachsen als wie ein Klavier-Centaur.«

Schon kurz danach muß sich Schloezer korrigieren. Von einem Besuch bei dem »neuen« Liszt erzählt er: »Die Verkürzung seines welthistorischen

Haares stand ihm sehr gut. Er trug die lange schwarze Soutane, Schuhe und Strümpfe. Der schwarze dreieckige Hut lag auf dem Tisch... Dabei beabsichtigte er keineswegs... der Musik zu entsagen: ›Ich werde ihnen schon zeigen, was Musik in der Kutte heißt!‹«

Bald schon gab er in seiner neuen Gewandung Konzerte, allerdings nur noch in Gesellschaften. »Wie ein Mephisto saß er am Flügel und schleuderte triumphierend rechts und links seine Blicke.«

Der Kritiker Stassow, der Liszt seit Petersburg verehrte, sieht ihn wieder und ist frappiert, wie wenig er sich im Wesen verändert hat: »Nur ein wenig in das Gespräch vertieft, ließ er sofort von den Abbé-Manieren ab, seine Bewegungen verloren die fromme und klosterhafte Demut, sein gebücktes Haupt erhob sich wieder, er schüttelte die Mönchsdekoration von sich, wurde wieder stark und mächtig, und Sie hatten wieder den alten, genialen Liszt vor sich, den Adler.«

Und was die Damenwelt anbelangt, ohne die Liszt auch im Alter nicht ausgekommen wäre, so faßt Gregorovius zusammen: »Er erntete noch als Abbé einen Nachsommer der Huldigung. Die Damen... überschütteten ihn mit Blumen von oben herab, Frau L. hätte ihn mit einem großen Lorbeerkranz fast erschlagen.« Noch über die römische Zeit hinaus wird er seine imposante Ausstrahlung behalten.

Wenn die folgende Beschreibung durch seine Schülerin Amy Fay nicht das Wörtchen »grau« enthielte, käme man wohl kaum auf die Vermutung, daß sie einem Siebzigjährigen gilt: »Liszt ist der denkbar interessanteste... Mann, groß und schlank, mit tiefliegenden Augen, buschigen Augenbrauen und langem grauem Haar. Sein Mund geht in den Winkeln etwas in die Höhe, was ihm, sobald er lacht, einen feinen mephistophelischen Ausdruck gibt. Die Eleganz seiner Manieren ist unvergleichlich. Wenn er in der Loge des Theaters aufstand, legte er, nachdem er sich von den Damen verabschiedet, die Hand auf sein Herz und machte eine leichte Verbeugung – nicht mit Affektation oder aus bloßer Galanterie, nein mit jener ruhigen Höflichkeit, die einem das Bewußtsein gab, daß keine andere Form, sich vor einer Dame zu verbeugen, recht und geeignet wäre.«

Er genoß seine Rolle: endlich mal wieder eine, die stimmte und die er beherrschte. Er genoß, daß man ihm zum Zeichen der Ehrfurcht die Hand küßte... Und Gesellschaft brauchte er ebenso wie Frauen, obgleich »diese Art von Erholung mir eher angenehm als nützlich ist«.

So ließ er sich in Rom halb wollüstig, halb angewidert wie eine Sehenswürdigkeit von den Zureisenden und Touristen bewundern. »Unbezahlbar ist es, wenn er in Gesellschaft zum Spielen aufgefordert wird und keine Lust hat. Er wird dann gegen die Wirte überschwenglich höflich, spricht geistreich über Musik, tritt ans Klavier, gibt einen beliebigen Akkord an, läßt dabei sein dämonisch-sarkastisches Auge durchs Zimmer blitzen, murmelt innerlich ›Ihr Ochsen!‹, nimmt seinen Hut und schrammt ab«, schreibt Schloezer.

In letzter Zeit hatte er wieder manch bitteres Erlebnis verarbeiten müssen. 1866 starb seine Mutter, die letzte Verbindung zur Heimat. Und Marie d'Agoult ließ überraschend ihren Schlüsselroman »Nélida« zum zweitenmal erscheinen. Das bedeutete den endgültigen Bruch; damit zerriß das letzte Band zu seinem ersten Leben.

Und aus München kam die fatale Nachricht, daß sich Cosima nicht an die Vereinbarung gehalten und Bülows Haus noch während der Theatersaison verlassen hat, um zu Wagner zu gehen. Liszt muß zu Bülow halten und isoliert sich selbst von seinem einzigen noch lebenden Kind und seinem einzigen Freund…

Der »geknebelte Cäsar« – Politische Standorte

Die Tatsache, daß Liszts Lieblingstochter Blandine Émile Ollivier heiratete, nachmals (allerdings erst nach ihrem Tod) Premierminister des Franzosenkaisers, könnte vermuten lassen, die auffällige Sympathie, die Liszt für Napoleon III. hegte, sei auf den Schwiegersohn zurückzuführen. Das kann gar nicht sein, denn er hatte den abenteuerlichen Neffen des Korsen schon 1840 in London kennengelernt, als sich der nach seinem ersten verfehlten Staatsstreich im Exil auf den nächsten vorbereitete. Ollivier war anfangs Republikaner; möglicherweise wird er erst durch Liszt dahingehend beeinflußt worden sein, daß er sich dem kaiserlichen Kabinett zur Verfügung stellte.

Selbst als Witwer behielt er Liszts Mutter im Haus, bis sie 1866 starb. Das rechnete ihm der Komponist hoch an.

Liszts Wertschätzung für den Abenteurer auf dem französischen Thron zeigt seinen rein persönlichen, durch Sympathie oder Antipathie geprägten und fast nie von objektiven Gegebenheiten bestimmten Standpunkt zu Politikern. Für ihn entscheidet die Ausstrahlung. Und da er selbst eine widersprüchliche, schillernde Persönlichkeit ist, wirkt das auf ihn bei anderen eher anziehend als abstoßend.

Seine Verehrung für Napoleon III. erstreckt sich auch auf dessen Verbündete, so den Papst mit seinem auf französische Regimenter gestützten Kirchenstaat und auf den von Napoleon protegierten Mexiko-Kaiser Maximilian (Bruder des Habsburgers). Auf dessen Erschießung 1867 durch Aufständische komponierte der fassungslose Liszt einen *Trauermarsch*. Und das Ende des dritten Napoleon 1873 auf englischem Boden beklagte er in ehrlicher Erschütterung: »Napoleon ist tot! Eine große Seele, eine alles umfassende Intelligenz, gewährte Lebensweisheit, ein sanfter und edler Charakter –

und eine unselige Bestimmung! Er ist ein gebundener und geknebelter Cäsar… In der Tat glaubte ich und glaube auch noch, daß die Regierung Napoleons die den Bedürfnissen und Fortschritten unserer Zeit entsprechendste gewesen ist. Er hat hohe Beispiele gegeben und große Taten vollführt… Und einst, am Tage der Gerechtigkeit, wird Frankreich den Sarg Napoleons III. abholen und ruhmvoll neben jenen Napoleons I. stellen.«

Liszt bewegte sich auf höchstem Parkett wie ein professioneller Diplomat. Als ihm der französische Kaiser 1861 in einer Anwandlung von Ermattung gestand, er fühle sich mitunter so alt wie hundert Jahre, antwortete ihm der Abbé: »Sie sind eben das Jahrhundert, Sire!«

Doch sitzt er nicht nur zwischen, sondern auch *auf* zwei Stühlen, er kann das. 1871 heißt es in einem Brief aus Rom zu den politischen Parteibildungen: »Meine hiesigen Befreundeten, *von beiden Seiten*, erweisen sich freundlichst gegen mich. – Anbei ein paar Zeilen des gelesensten offiziösen Blatts ›La Libertà‹ als Beleg meiner *harmlosen* Stellung.« Weniger harmlos, aber mit Sicherheit völlig unbedenklich, hatte er 1861 ein Zitat Garibaldis in sein Tagebuch eingetragen, das gegen den Papst zielte, dessen ewiges »non possumus« das letzte Hemmnis für die Einigung Italiens darstellte: »Der Tag ist nicht mehr fern, an dem der Komplice der Tyrannen, der *Priester von Rom*, gezwungen sein wird, eine Zuflucht zu suchen weit weg von dem Ort, den er so viele Jahre hindurch mißbraucht hatte…« Eine russische Memoirenschreiberin versichert sogar, sie hätte Liszt in der Soutane gesehen, wie er eine flammende Rede an die Garibaldisten hielt! Und das war dann kein Opportunismus, sondern die gute alte französische Sozialromantik von der Versöhnung der Klassen durch Priester und Künstler…

Unabhängig von politischen Zusammenhängen gilt Liszts Sympathie den Unterlegenen: den Lyoner Webern, den erschossenen ungarischen Freischärlern, aber auch Maximilian von Mexiko. Und er kann sogar rebellisch werden, wenn es um die Würde des Künstlers geht.

Musik aus der Stille

In meinem Alter ist es geraten,
zu Hause zu bleiben;
was man zu suchen hat,
findet sich inwendig, nicht auswärts.
Liszt aus seinem römischen Kloster

»In meinem Alter« – Liszt hatte gerade die 50 überschritten. Worte eines
Eremiten. Daß er sich die Kirchenmusik erwählt hat, liegt nur teilweise an
den Empfehlungen der Fürstin und des Klerus. Seinen Hang zu religiöser
Versenkung wird er jetzt ausleben, und ähnlich wie bei seiner Weimarer
Entscheidung, Sinfonische Dichtungen statt Opern zu schreiben, dürfte
auch jetzt die Überlegung mitspielen, daß ihm da der Gigant Wagner nicht
im Wege stehen würde.
Zuvor hieß es in diesem Brief an Brendel: »Ich bin fest entschlossen, längere Zeit hier ungestört, unaufhaltsam und konsequent fortzuarbeiten. Nachdem ich die mir gestellte sinfonische Aufgabe in Deutschland, so gut ich es
vermochte, zum größten Teil gelöst habe, will ich nunmehr die oratorische... erfüllen...«
Mit der *Legende von der heiligen Elisabeth* kommt er im Sujet seinem Freund
am nächsten (vgl. dessen »Tannhäuser«). Angeregt wurde Liszt zu dem vo-
luminösen, klangprächtigen Werk durch die Fresken, mit denen Moritz von
Schwind die Wartburg ausgestattet hatte (wo auch der »Tannhäuser« spielt).
Und natürlich war ein weiteres Argument für den Stoff, daß Landgraf Ludwig von Thüringen eine ungarische Prinzessin geheiratet hatte – noch heute liegt ihre sterbliche Hülle in der Matthiaskirche auf der Budapester
Fischerbastei, ihr Herz wird in Marburg, wo sie starb, aufbewahrt.
Die Partitur setzt sich aus ausgesprochen unterschiedlichen Elementen
zusammen: hier ungarische Volkslieder, da gregorianischer Choral, dort
Parfüm des Salons... Stilbrüche, die für den Kosmopoliten Liszt durchaus
typisch waren.
Bei der Arbeit hatte er zwar Mendelssohns »Paulus« im Auge, aber er hielt
sich eher an Meyerbeer. Und wie der stets auf einen effektvollen Marsch
Wert legte, so suchte auch Liszt nach einer Möglichkeit, ein paar schmissige
Takte einzufügen, und kam auf die Idee eines Kreuzrittermarsches, den er
dann auch für Klavier bearbeitete.
Wenn die Kirche nichts mit dem Werk anzufangen wußte, so war sich der
Komponist wenigstens des Beifalls seiner Magyaren sicher.
Die Uraufführung August 1865 in Pest leitete er selbst mit größtem Erfolg –
Ungarn enttäuschte ihn nicht. Aber auch München (unter Bülow) wurde

Uraufführung der *Legende von der heiligen Elisabeth* unter Liszt in Budapest 1865.
Zeichnung von Bertalan Székely. Die *Legende* wurde Liszts erfolgreichstes kirchenmusi-
kalisches Werk

ein Erfolg, in Prag brachte Smetana das Oratorium ebenfalls unter großer
Zustimmung heraus. Zur 800-Jahr-Feier der Wartburg konnte Liszt das
Werk an historischer Stelle selbst dirigieren. *Die Legende von der heiligen
Elisabeth* blieb sein einziges Oratorium, das sich durchsetzen konnte.
Im selben Jahr, da er die *Legende* abschloß, setzte er zu einem weiteren Oratorium an; die Texte hatte er selbst aus der Bibel und der katholischen Liturgie zusammengestellt. Ursprünglich war an eine Vorlage von Friedrich
Rückert gedacht, doch Kardinal Hohenlohe hielt nichts von dem prote-
stantischen Dichter. So kam ein etwas monotones Nebeneinander von Gebeten heraus, Dauer vier Stunden, von Liszt aber äußerst abwechslungsreich ausgefüllt – von Palestrina bis zur Zigeunermusik ist einfach alles
vertreten. Die Buntscheckigkeit machte das *Christus-Oratorium* nicht nur
den kirchenmusikalischen Instanzen verdächtig. Liszt waren, wie Wagner

fand, einfach die Kompositionsmittel durchgegangen »wie dem Fuhrmann ein wildes Gespann«. Und Schüler Karl Tausig trifft den Kern: »Es gibt zu weite, leere Flächen… zuviel Unkraut zwischen den herrlichen, hellen Lilien. Die Lilien sehen die wenigsten. Am Unkraut wird sein Rang gemessen.« Das letzte war für seine Situation in der deutschen Musikszene besonders bedauerlich. Liszt verdeckt seine Vorzüge durch zuviel Dekor.

Das dritte oratorische Werk, die *Ungarische Krönungsmesse* von 1867, verzichtet dann bewußt auf Pracht und Buntheit, will kurz und prägnant sein. Als stilistisches Kuriosum sei ein Offertorium (Gesang während der Opferung von Hostie und Kelch) erwähnt, dem Liszt ein Violinsolo nach Zigeunerweisen mit dem zackigen Rhythmus des Hackenzusammenschlagens einarbeitet, wie man es aus der ungarischen Werbetanz-Musik kannte.

Wie zu erwarten, wirken die Klavierkompositionen jener Zeit ausgewogener. Besonders gehaltvoll sind die beiden *Legenden* jeweils auf einen heiligen Franziskus – die in E-Dur auf den Franz von Paula, Liszts Namenspatron, der auf den Wogen schreitet, die andere in A-Dur auf den bekannteren Franz von Assisi, der den Vögeln predigt. Die meisterhaften Stücke nehmen schon den virtuos-impressionistischen Satz eines Ravel voraus.

Zum Wertvollsten der Rom-Zeit gehören dann die *Variationen über »Weinen, Klagen«*, ein chromatisches Thema aus der Bach-Kantate gleichen Namens. Liszts primäre Erfindungskraft nimmt ab. Er muß das gespürt haben. Als er nach einem Privatkonzert, wo man ihn wieder einmal begeistert gefeiert hatte, mit Schloezer nach Hause ging, »blieb er, noch erregt von den vorangegangenen Beifallsstürmen, stehen, legte mir die Hände auf die Schultern und sagte mit Tränen in den Augen: ›Mein Freund, glauben Sie mir, allen Jubel, alle Begeisterung würde ich hingeben, wenn ich nur einmal ein wirklich schöpferisches Werk hervorbringen könnte.‹«

Die Aufführungsgeschichte der letzten großen Werke war nicht frei von bitterem Beigeschmack. Die Reaktion auf die *Legende von der heiligen Elisabeth* fiel bereits zwiespältig aus. Inzwischen war Liszts Buch *Die Zigeuner und ihre Musik in Ungarn* herausgekommen und hatte heftige Kontroversen ausgelöst. Besonders kränkend waren die Begleitumstände der *Krönungsmesse*.

Anlaß war die Wiederherstellung einer ungarischen Verfassung und die Erhebung Ungarns zu einem autonomen Königreich innerhalb der Doppelmonarchie. Liszt schwamm auf den Wogen des Patriotismus. Daß er den Auftrag zur Komposition der *Krönungsmesse* erhielt, verdankte er dem Einfluß der ihm befreundeten Magnaten. Doch die Wiener Musiker dachten nicht daran, den Komponisten einzuladen. So kam es, daß Liszt sein eigenes Werk als normaler Konzertbesucher hören mußte. Als er dann allein aus der Matthiaskirche trat, wo die ungarische Bevölkerung den Krönungszug erwartete, »brach ein elementares Éljen-Rufen die ganze Linie entlang aus. Alles glaubte, der Festzug käme – nein, es war nur inmitten der frei gelasse-

nen Feststraße die dahinschreitende Gestalt des Meisters im feierlichen
schwarzen Abbétalar zu sehen. Schritt für Schritt sich dankbar tief vernei-
gend, nahm er die unerwartete spontane Huldigung bewegt entgegen.«
Obwohl keine römische Komposition, sei hier doch die *Graner Festmesse* an-
gereiht, die Liszt zur Einweihung der riesigen Kathedrale von Gran (heute
Esztergom) am Donauknie 1856 selbst dirigiert hatte; damals war er noch
Weimarer Kapellmeister. Wenn dem Wiener Hof bei der *Krönungsmesse* der
Fauxpas passiert war, Liszt nicht einzuladen, so gebührt damals in Gran der
nicht etwa schon betagten, sondern gerade erst inthronisierten Majestät,
dem österreichischen Kaiser Franz Joseph I., das Verdienst, die Aufführung
verschlafen zu haben. Das wäre an und für sich verzeihlich gewesen, wenn
es nicht anschließend geheißen hätte, das Werk habe nicht das Gefallen des
Herrschers gefunden. Der Fürstprimas, der den Auftrag gegeben hatte,
konterte: »Ein Kaiser, der nur darauf achten muß, daß er nicht auch noch
während des Hohen Aktes schnarcht und durch die Nase allerhöchsten
Odem bläst, ist nicht wohl geraten, um solche erhabene Musik zu kritisieren.« Nun, dazu muß man wissen, daß der Fürstprimas ein *Ungar* und dazu
ein *kirchlicher* Würdenträger war.

»Tot genug bin ich noch nicht« – römische Resignation

> Er ist ausgebrannt. Nur noch die
> Wände stehen von ihm, worin ein ge-
> spenstisches Flämmchen herumzüngelt.
> *Gregorovius*

Der ständige Wechsel zwischen Salon und Zelle, äußerlich wie innerlich,
regt Liszt zwar an, zehrt aber auch an seiner Kondition. Die deutsche Presse
schreibt sogar von einer »physisch gebrochenen, verwitterten Ruine«.
Liszt altert rasch. Adelheid von Schorn: »Er konnte nicht mehr genug essen,
sein Magen war durch den Cognac und die starken Virginiazigarren verdorben. Je schwächer er sich fühlte, je mehr trank er Rotwein und Cognac.
Das war un cercle vicieux...«
Hinzu kamen die Anforderungen durch das weibliche Geschlecht. Dieselbe
Berichterstatterin stellt »mit Grausen« fest, daß sich noch immer »solche
fanden, die den ruhebedürftigen Greis als begehrenswerte Beute betrachte-
ten... Liszt gab sich jedem weiblichen Wesen gegenüber, wie es von ihm
verlangte. Daß so viele Frauen Liebe von ihm haben wollten, ihm leidenschaftlich entgegenkamen, gereicht unserem Geschlecht nicht zur Ehre...
Liszt... hat mir einmal... in einer sehr ernsten Stunde gesagt: ›Ich habe nie
ein junges Mädchen verführt.‹ ...Leider habe ich nur zu oft gesehen, wie

sich ihm die Weiber aufdrängten, daß man hätte denken sollen, die Rollen
wären vertauscht.«

Es ist kein Wunder, daß unter diesen Umständen seine Vitalität rasch abnahm und damit auch sein Selbstbewußtsein. Das wiederum zog den Verfall
seiner künstlerischen Kreativität nach sich, die erst später wieder eine letzte
ungeahnte Blüte erreichen sollte. »Meine 55 Jahre haben mich alt gemacht,
und meine Musik ist einsam«, heißt es 1866; und im Jahr darauf: »Mit meinen 56 Jahren könnte ich mich nicht zu den jungen Komponisten zählen,
und tot genug bin ich noch nicht, damit man sich in Paris ernstlich mit meinen Werken befaßt.«

Allmählich wird ihm klar, daß er mit seinen Kompositionen die Zeitgenossen nicht mehr erreichen wird. So trägt er resigniert das Goethe-Wort in
sein Tagebuch ein: »Meine Sachen können nicht populär werden, wer daran
denkt und dafür strebt, ist im Irrtum. Sie sind nicht für die Masse geschrieben.« Diese Notiz stammt von 1861! Wie hätte es ihn gefreut, den Erfolg-
gewöhnten, Erfolgverwöhnten, ebenso für Zehntausende zu *komponieren*,
wie er für sie gespielt hatte! Aber er weiß, daß »Mr. Litz« (er spielt auf seine
Wunderkindauftritte in Paris an) »fast überall willkommen ist, zeigt er sich
am Klavier, aber daß man ihm nicht verzeiht, wenn er so denkt und schreibt,
wie es ihm beliebt«. Doch kommt es ihm nicht in den Sinn, geschmackliche
Zugeständnisse zu machen. Unablässig arbeitet er weiter, komponiert und
schreibt unbeirrt, wozu es ihn drängt.

»Ist meine Musik ganz unnütz für andere, beweist sie wenigstens mir selbst
einen guten Dienst – indem sie meine Tage auf die erdenklich angenehmste
Art ausfüllt.«

Man spricht heute viel über Liszts Spätstil. Der aber wird schon über Jahrzehnte vorbereitet durch Werke, die wie Trittsteine in einem Bachbett
liegen und hinüber zum andern Ufer führen.

Da gab es etwa die *Harmonies* nach Lamartine. Jetzt, in der römischen Periode, sind es unter anderem drei *Traueroden*. Die erste, *Les morts*, geht auf
Lamennais zurück, die zweite, *La notte*, ist eine Orchesterversion von *Il penseroso – Der Sinnende* auf die Statue des Michelangelo (sie hat auffälligerwei-
se ungarische Wendungen!), und die dritte ist ein Epilog zur Sinfonischen
Dichtung *Tasso* aus der Weimarer Zeit.

»Sollte bei meiner Beisetzung Musik gemacht werden, würde ich es schät-
zen, wenn man dafür die zweite dieser Traueroden wählen wollte, wegen des
Motivs mit magyarischer Kadenz...« Und über der Partitur steht ein nostal-
gisches Zitat aus der »Äneis« des Vergil: »Dulcis moriens reminiscitur Argos – Sterbend gedenkt er des lieblichen Argos.«

Sein Wunsch, so bescheiden er sich ausnimmt, wird ihm nicht erfüllt. An
seinem Grab erklingt weder jene *Trauerode* noch überhaupt Musik von
Franz Liszt. Dafür sorgt Cosima Wagner.

Das
»viel zu beschwerliche Triangel« –
Rom/Weimar/Pest

Locomotion ist ihm Bedürfnis,
Medizin.
Hans von Bülow 1881

Durch Ortsveränderung, »Locomotion«, kommt Liszt wieder aus seinem römischen Tief heraus. Es bahnt sich seine letzte große Lebensperiode an, die des international gefragten Klavierpädagogen. Eine Zeit, die
er selbst als »viel zu beschwerliches Triangel« bezeichnet, da er seine Jahre
jetzt in Trimester teilen wird: pendelnd zwischen seiner einstigen Wir-
kungsstätte Weimar, der ältesten Metropole Europas – Rom, und der jüngsten – Budapest. Die meisten und besten Schüler hat er in Weimar, unter
ihnen auch enge Freunde und Freundinnen. Die kleinste »Klasse« ist die in
Rom. Hier wohnt er meistens in Tivoli, in der prächtigen Villa d'Este des
Kardinals Hohenlohe. Die Parkansichten der Villa sind aus seinem Spätwerk, jener mitunter rätselhaften, in sich abgeschlossenen Klangwelt, nicht
mehr wegzudenken.
Während man 1869 noch dreieinhalb Stunden mit der Kutsche von Rom
nach Tivoli brauchte, gab es 1880 schon die Straßenbahn. Mit der Elektri-
schen – die Haltstelle befand sich fast am Parkeingang – sparte Liszt zwei
Stunden.
Ab 1880 mietete er sich dann auch gern in einem Hotel nahe der Fürstin
ein, wo die meisten seiner römischen Schüler wohnten. Hierhin schickte
ihm Carolyne das Mittagessen, und nachdem er mit seinen Schülern die ob-
ligate Partie Whist gespielt hatte, begab er sich von hier aus regelmäßig um
acht Uhr zum Souper zur Fürstin. Aber das war wohl kein ungetrübtes Vergnügen mehr, denn Carolyne wurde immer seltsamer. Die »Sibylle der Via
Babuino« lebte und arbeitete nur noch in abgedunkelten, von der Außenluft
hermetisch abgeriegelten Räumen. Wer zu ihr wollte, mußte erst »in Qua-
rantäne« – in einem Vorzimmer einige Minuten warten, damit sich jede Spur

der Außenluft an seiner Kleidung verlöre. Ein Besucher: »Sie saß im Zentrum eines großen Salons wie die Spinne in ihrem Netz.« Sie schrieb, seit Jahren, an ihrem Lebenswerk, einer 24bändigen Geschichte der Kirche und ihrer Irrtümer.

Die römische Abgeschiedenheit bis zum Triangel war ohnehin nur eine halbe Sache gewesen. Da waren Reisen zu Uraufführungen seiner Werke in Ungarn, aus privatem Anlaß nach Paris, zu Wagner an den Starnberger See, zu dem Maler Kaulbach nach München, nach Karlsruhe zur Tonkünstlerversammlung des Allgemeinen Deutschen Musikvereins. Doch regelmäßig kehrte er nach Rom zurück. Das ändert sich erst, als er 1869 auf Bitten des Großherzogs wieder nach Weimar kommt und das Angebot annimmt, sich in der ehemaligen Hofgärtnerei des Schloßparks einzuquartieren, wo zuvor der Maler Preller sein Domizil gehabt hatte. Allerdings – und das war Bedingung: ohne die Fürstin. Im Jahr darauf kann er die Beethoven-Feier in Weimar leiten, läßt er sich in München von Lenbach malen, bleibt demonstrativ der Hochzeit seiner Tochter mit Wagner fern und verbringt fast ein Vierteljahr in Ungarn. Damit ist seine letzte Lebensperiode, das Dreieck Rom-Weimar-Budapest eröffnet.

In Europas jüngster Metropole – Budapest

Das Ungarn um 1870 war nicht mehr das, in dessen Fluren Adam Liszt die Schäfer beaufsichtigt hatte. Durch den Sieg Preußens über Österreich 1866 hatten die Magyaren beträchtliche Vorteile erlangt. Immerhin mußte der Kaiser aus Wien nach Buda kommen, um sich dort 1867 vom ungarischen Fürstprimas zum »Apostolischen König von Ungarn« krönen zu lassen; das Land hatte ein eigenes Parlament und eigene Ministerien. Das Selbstbewußtsein stieg. Die Ungarn wurden im Umgang mit den eigenen Minderheiten (Rumänen, Deutschen) das, was die Österreicher früher für sie selbst gewesen waren – erste Kategorie. Nach der Vereinigung von Pest und Buda 1872 und dem Bau weiterer Brücken über die Donau blühte Budapest mit einem Male wie von einem Zauberstab berührt auf – zu einer mondänen Weltstadt.

Hier war der alte Liszt Vertragspartner. Als Präsident der neugegründeten Musikakademie hatte er für ein Jahresgehalt von 4000 Gulden die besten Studenten zu unterrichten. Doch gibt selbst die Biographin Clara Hamburger zu, daß seine dortigen Schüler die schlechtesten waren – man stand ja erst am Anfang einer systematischen Musikausbildung.

Hatte die Fürstin in Weimar eine Kundschafterin in Person der Adelheid von Schorn stationiert – sie wohnte der Hofgärtnerei gegenüber und konnte den Publikumsverkehr um Liszt genau kontrollieren – und stand er darüber

Liszt mit Lina Schmalhausen
und dem ungarischen Musikverleger Taborski. Fotografie.
Lina war dem hinfällig gewordenen Maestro von der
Kaiserin Augusta als Haushälterin und Vorleserin
geschickt worden

Weimar, die ehemalige Hofgärtnerei (heute Liszt-Haus).
Fotografie von Louis Held

Liszt und seine Schüler in Weimar.
Fotografie von Louis Held aus den
1880er Jahren. Von links nach rechts:
vorn Liebling, Siloti, Friedheim,
Sauer, Reisenauer, Gottschalg; dahin-
ter Rosenthal, Victoria Drewing,
Mele Paramanoff, Liszt, Frau Friedheim, Mannstedt

Rechte Seite: Liszts Bechstein-Flügel
in der Hofgärtnerei

Alexander Borodin. Fotografie 1885.
Als Abgesandter der »Russischen
Fünf« (zu denen u. a. noch Mus-
sorgski und Rimski-Korsakow ge-
hörten) hatte Borodin den Abbé in
Weimar besucht. Die ausführlichen
Briefe, die er seiner Frau nach
Petersburg schrieb, gehören zu den
aufschlußreichsten Erinnerungen
an Liszt

hinaus noch jahrelang unter der direkten »Aufsicht« der Baronin Meyendorff, so hatte er in Budapest Ruhe vor beiden Sibyllen.

Der skeptisch gewordenen Fürstin gegenüber verteidigte er sich: »Sie werden verstehen, daß es für mich nicht schicklich wäre, jetzt ein Land zu verlassen, in welchem man mir eine zu schätzende Sympathie bezeigt und welches das meinige ist.« Nach wie vor sei es sein alter Wunsch, »in Zurückgezogenheit zu arbeiten und zu leben, ohne Verbindung mit der Welt«, aber er müsse auch dem »Strom des *ungarischen Wohlwollens* nachkommen und bezeigen, was ich wert bin«.

Sein 50jähriges Künstlerjubiläum wurde glanzvoll begangen – als ein nationaler Akt. Man stelle sich vor: Der ungarische Justizminister, ein Liszt-Verehrer, deklamierte auswendig eine Ode, die der maßgebliche Dichter des Landes, Mihály Vörösmarty, auf den Maestro verfaßt hatte. Man erwartete offensichtlich, daß sich Liszt ganz in Ungarn niederließe. Aber er fürchtete zu Recht, allzusehr in den Musikbetrieb eingespannt zu werden (der ohnehin erst einmal aufgebaut werden mußte). »Seit Jahren trachte ich bloß nach der Absonderung von der Welt – mit ein wenig Arbeit und auch etwas träumerischer Faulenzerei, manchmal. Siehe da, nun werde ich mitten in eine äußerliche Aktivität gejagt, und meine Freunde laden mir die schwere Bürde auf, für das Gedeihen und den Ruhm der gesamten kirchlichen und weltlichen Musik in Ungarn zu sorgen. Wie soll ich das bloß anfangen? Apollo selber käme in Verlegenheit, es mir beizubringen.«

Er hatte in Ungarn manche treue Freunde, unter ihnen Anton Baron Augusz. Auf dessen Landsitz verbrachte er gute Stunden mit dem Geiger Reményj, mit seiner besten Schülerin Sophie Menter und den Komponisten Mihalovich und Mosonyi. Echte Freunde waren auch der Graf Albert Apponyi und der einarmige Pianist Graf Zichy. Doch konnte Liszt nur bei den wenigsten auf objektive Wertschätzung seines Schaffens rechnen, man verstand nichts davon. In einem Lande, wo es noch nicht einmal eine professionelle Musikkritik gab, verwundert es nicht, wenn ein Ministerpräsident, Graf Andrássy, eingesteht: »Ich verstehe nichts von Musik, aber ich verstehe Liszt.« Sogar Kardinal Haynald, dem er die *Cäcilienlegende* gewidmet hatte und der selbst Amateurpianist war, muß zugeben: »Lieber Liszt, ich liebe Ihre Person, verstehe aber nichts von Ihren Werken.«

Und es stimmt nachdenklich, wenn Clara Hamburger anmerkt, daß ausgerechnet in Ungarn Liszts Werke immer seltener gespielt wurden. Neben

◄ Liszt 1884. Fotografie Preßburg. Liszt legte später sogar Wert darauf, daß seine Warzen (es waren genau sieben) vom Fotografen nicht unterschlagen wurden. Ein Zeichen dafür, daß seine allgegenwärtige Eitelkeit gegen Lebensende abnahm

den schon erläuterten Vorbehalten mag auch der Umstand eine Rolle gespielt haben, daß Liszt die Magyaren mit seiner Musik überfordert hat.
Denn nicht einmal in seinem eigenen Institut, wo er doch selbst unterrichtete, vermochte man ein Konzert aus seinen Kompositionen zusammenzu-
stellen, da die Schüler während seiner Abwesenheit nicht vorbereitet werden konnten – denn die Lehrer hatten »von den großen Werken des
Meisters gar keine Ahnung«.

Um so mehr freute er sich, wenn Besuch aus Weimar kam und er seinen ungarischen Schülern zeigen konnte, wie weit man dort sei. Er ließ es sich dann
nicht nehmen, die Gäste am Bahnhof selbst abzuholen, und begrüßte sie
»wie vor langer Zeit Verlorene. Er besaß soviel Überschwang und Herzlich-
keit, daß man darunter bisweilen zu ersticken drohte. Er scheute sich nicht,
seine Soutane zu raffen und uns bereits auf dem Bahnhof herumzuschwen-
ken«, erinnert sich eine Schülerin.

Die Ungarn konnten mit ihm zufrieden sein, er versuchte sogar, Vorträge in
der Landessprache zu halten, die allerdings vorwiegend aus französischen
Passagen und Fremdworten bestanden. Man reichte ihn in der Gesellschaft
herum. Weil er bei einem dieser Vorträge einmal die Rondoform mit gestell-
ten Paaren erläutert hatte, bat man ihn jetzt, auch andere musikalische Formen zu erklären. Die Frau seines Förderers Graf Andrássy war speziell er-
picht »auf die Sonatenform, wobei sie es nie begreifen wollte, daß man die
Reprisen nicht in beliebiger Zahl durchführen konnte«, schildert Liszt
seine seltsame Lehrtätigkeit.

Wie hoch Liszt zumindest 1856 in Kurs stand, gibt der Toast zu erkennen, den
Graf Andrássy auf den Komponisten ausbrachte: »Man ärgert sich..., daß dieser neuerstandene Mozart nicht den Österreichern gehört. Gott sei Dank, es
ist nicht so. Die hohen Herrschaften würden dieses Genie wie den Wolfgang
verludern lassen... Wir sind für Liszt, und wir werden alles tun, ihn für uns
und mit uns wirken zu lassen, zum Ruhme Ungarns und der ganzen Welt.«

Doch dieses fabelhafte Verhältnis zwischen ihm und seiner selbsterwählten
Heimat Ungarn wurde in den letzten Lebensjahren getrübt. Erstens durch
die Anfeindungen seitens der Ultranationalen, die ihm seinen souveränen
Umgang mit Zigeunermusik und ungarischer Volksmusik verübelten, zweitens durch die peinlichen Vorgänge um das *Ungarische Königslied.*

Als Österreich 1711 einen ungarischen Aufstand niederschlug, hatten die Rebellen auch eine Melodie gesungen, die so beliebt wurde, daß man schon
bald den aus ihr hervorgegangenen *Rákóczi-Marsch* als die heimliche National-
hymne der Ungarn ansehen konnte. Als man Liszt den Ehrensäbel über-
reichte, mußte er diesen Marsch viermal spielen, den er dann seinen *Ungarischen Rhapsodien* als Nr. 15 einfügen wird. Auch Berlioz benutzte die Melodie als »couleur locale« für seine Musik zu »Fausts Verdammung«.

Inzwischen waren über anderthalb Jahrhunderte seit jenem Aufstand ver-

gangen, und die Melodie war im Grunde genommen politisch schon neu-
tralisiert. Doch der Wiener Zentralregierung blieb der zündende Marsch
trotzdem noch immer unheimlich – die Erinnerungen an die 48er Revolution waren noch zu frisch –, und schon mehrmals hatte man seine Aufführung verboten. Liszt hat entweder überhaupt nicht bedacht, daß diese
Melodie zur hochoffiziellen Einweihung des Budapester Opernhauses 1884
für ein kaiserlich-königliches Auftragswerk ungeeignet sein könnte, oder er
wollte – unverbesserlicher Sozialromantiker, der er war – wieder einmal als
Künstler zwischen den Fronten vermitteln. Er hatte einen neuen, loyalen
Text unterlegt und war empört, als ihm der Intendant, ein ungarischer
Baron, folgendes schrieb: »Zu unserem Bedauern steht dem Vortrage des
Königsliedes ein unüberwindliches Hindernis im Wege, da dessen Melodie-
motive einem allgemein bekannten und gegen das allerhöchste Herrscher-
haus gerichteten revolutionären Liede entnommen sind.« Das war objektiv
einleuchtend.
Noch einleuchtender war allerdings Liszts Erwiderung: »Umwandlungen
sind sowohl in der Kunst wie im Leben nichts Seltenes. Aus zahllosen heid-
nischen Tempeln wurden katholische Kirchen… Die Musik bleibt immerdar
Musik, ohne überflüssige und schädliche Deutungen.« (Dasselbe läßt sich
auch zu seiner Sinfonischen Dichtung *Les préludes* nach ihrem Mißbrauch
durch die Nationalsozialisten sagen.)
Jedenfalls fand die Einweihung des Opernhauses ohne Liszts *Königslied*
statt. Im Budapester Feuilleton hieß es daraufhin, Liszts Statue vor dem
eröffneten Gebäude »denkt darüber nach, ob sie nicht die Partitur in ihrem
Schoße zuklappen und vom Sockel steigen soll, da ihr der Eintritt in das
Haus verweigert wird«.
Zu tragisch darf man diesen Gang der Dinge allerdings nicht nehmen. Liszt
war nach wie vor in Ungarn hochgeehrt.

»Der alte Feuerkopf« – Liszts späte Aura

> Wenn er ausgeht, grüßt ihn wie einen
> König jedermann. Liszt sieht aus, als
> wäre er durch alles gegangen. Sein Antlitz
> ist gleichsam mit Erfahrung bedeckt.
> *Liszts Schülerin Amy Fay 1882*

Trotz der Betriebsamkeit dieser letzten Periode, die sich zwischen drei
Kunstmetropolen abspielt, wirkt sie doch in gewissem Maße statisch. Eher
läuft Liszts Leben von selbst ab, als daß er es bewußt gestaltet.
Äußerlich hielt er sich noch sehr gut, zumindest in den 70er Jahren. Alex-

ander Borodin, einer der »Russischen Fünf«, der ihn 1877 in Weimar besuchte, erlebte ihn faszinierend: »Er sprach sehr schön, frei, schnell, hin-
reißend und viel, wie nur die Franzosen reden können... Er saß keine Minute lang still auf einem Fleck, ging auf und ab, gestikulierte und machte am
allerwenigsten den Eindruck eines Geistlichen...« Und Amy Fay schwärmt
geradezu: »Seine ganze Art und Erscheinung hat etwas von jesuitischer
Leichtigkeit und Eleganz...«

Das änderte sich gegen Lebensende. 1883 war seine hohe Gestalt eingesun-
ken; wie die Bilder – nun auch Fotografien – zeigen, waren die Zähne ausgefallen, »er war beleibt, und sein Rücken war ziemlich gekrümmt, was ihn
kleiner erscheinen ließ, als er war«, beschreibt ihn der Dirigent Weingartner.
Aber: »Auffallend helle Augen blitzten aus dem mächtigen Kopfe hervor,
von dem langes, schneeweißes Haar in unverminderter Fülle herabfiel.«

Die auch aus der Ferne noch eine gewisse Kontrolle ausübende Fürstin be-
klagt den Verfall seiner Garderobe, er sähe aus wie ein armer alter Organist,
und in seinen Schuhen könne man eine Bootsfahrt veranstalten.

Carl Lachmund, 1882/84 Schüler bei Liszt, beschreibt die Ausstrahlung
des Meisters: »...gekrönt von seinen siebzig Jahren, sanft gebeugt und in
einer heiligen Ruhe, die durch keinerlei Hochmut getrübt war. Er trug einen
schwarzen Samtrock und Hausschuhe von feinstem Leder, aber an den Fer-
sen niedrig geschnitten, so wie Schlafzimmer-Pantoffeln, die jedes Gefühl
von Gezwungenheit verscheuchten, ohne aber dem Mann auch nur im mindesten das Würdevolle zu nehmen.« Hanslick als objektiver Beobachter beschreibt die Wirkung, die der Abbé als Dirigent ausstrahlte. Unter seiner
Leitung erlebte er eine Aufführung der *Graner Festmesse*, wo ihm sogar Un-
terdirigenten zur Verfügung standen. »Die Aufführung... bot einen merkwürdigen Anblick – das Sehen war ja dem Publikum in erster Linie wichtig.
Auf einer erhöhten Dirigententribüne steht Liszt, in langem schwarzen Abbé-
kleid, aus dessen oberen Knopflöchern ein langes schweres Büschel von Mi-
niaturorden herabhängt, eine wahre Malaga-Traube von Ordenskreuzchen.
Zahlreiche um das Pult gehängte und gelegte Blumen-Girlanden und Lor-
beerkränze bilden eine Art kleinere Bouquets, von deren dunklem Grün
sich das imposante weiße Haupt Liszts effektvoll abhebt... Wenn er manchmal die Hand weit ausstreckte über Sänger und Musiker, da sah es mehr wie
ein Segnen aus als wie ein Dirigieren. Alles aber, er mag tun was immer,
kleidet ihn vornehm und bedeutsam und übt *den bekannten, halbhundert-
jährigen Zauber* auf jung und alt.« Und an anderer Stelle: »Dirigiert er selbst
eine seiner Kompositionen, so schweigen nicht bloß die bekannten Mißlau-
te der Opposition..., nein, das Opponieren selbst, das innere Widerstreben
so mancher Zuhörer gegen Liszts Schöpfungen schweigt besänftigt, wenn
das von Geist und Wohlvollen leuchtende Antlitz des *alten Feuerkopfes* sie
anblickt, Liszts Musik gleichsam durch seinen Mund spricht.«

Drei Frauen um den Abbé:
Schwarze Katze, Kosakenblut, Gretchen

Ebensowenig, wie der gütige Liszt oder der »Jupiter tonans« der *ganze* Liszt war, darf man glauben, was er 1876 der Fürstin versicherte: »Das Ewig-Weibliche zieht mich nicht mehr hinan.« Von wegen. Nach wie vor sonnte er sich in der erotisch knisternden Umgebung des schönen Geschlechts. Ein ungarischer Geiger beobachtete den 71jährigen nach einem Konzert in Belgien: »Die Damen drängten sich an ihn und bedeckten sein Gesicht, seine Hände, ja seine Soutane mit Küssen... Liszt fühlte sich unaussprechlich wohl... und setzte sich zum Dank abermals ans Klavier...«
Aus der Fülle der Affären um den Abbé heben sich drei heraus, teils, weil die Bewerberinnen besonders hartnäckig waren, teils, weil sie wirkliche Weggefährten für den alternden, einsamen Mann darstellten. Es ist sogar – bei ihm die große Ausnahme – eine Bürgerliche dabei, die nichts anderes zu bieten hat als aufopfernde Liebe.
Die »schwarze Katze«, geborene Prinzessin Olga Gortschakow und mit einem russischen Baron Meyendorff verheiratet, hatte Liszt noch in seiner römischen Periode kennengelernt. Sie begleitete ihn dann nach Weimar und führte dort bald ein der Fürstin vergleichbares Regime ein, das Liszt offen-

Olga Gräfin Meyendorff,
Liszts Hausdame
in der Weimarer Hofgärtnerei

bar wohl- und not tat. Die Abende hatte er fortan bei ihr zu verbringen; wer
ihn noch spielen hören wollte, mußte den Weg über die Baronin nehmen.
Borodin hat das dann auch so gemacht. »Wenn Sie Liszt hören wollen‹, sagte
sie, ›kommen Sie am besten zu mir. Er hat manchmal Launen; dann können
Sie ihn nicht dazu bewegen, daß er spielt; aber ich bringe es immer fertig.‹«
Von noch ganz anderem Schrot und Korn als die siegreiche Russin war die
nach Lola Montez dramatischste Erscheinung in seiner Damen-Galerie. Für
die Meyendorff hatte sie übrigens (in Anspielung auf die Fürstin in Rom)
nur die knappe Bezeichnung »Sibylle Nr. 2« parat.
Die ungemein temperamentvolle und scharfzüngige Italo-Russin, Gräfin
Olga Janina, war 1869 ebenfalls noch in Rom als Schülerin zu Liszt gekommen. Sie muß ihm regelrecht verfallen gewesen sein und folgte ihm zwei
Jahre lang überallhin. Dabei hatte sie den Stolz der Kosaken, deren Blut in
ihren Adern floß. Als für Liszt die Affäre beendet war, bedrohte sie ihn mit
dem Revolver, nahm dann Gift und erst auf sein Flehen hin ein Gegengift,
um dann auf Nimmerwiedersehen zu verschwinden. Sie verarbeitete ihre

Olga Gräfin Janina.
Fotografie. Die gebür-
tige Kosakin hatte
Liszt noch in Rom
kennengelernt; sie war
ihm zwar regelrecht
verfallen, bewahrte
sich aber ein unbe-
stechliches Auge für
seine Schwächen. Ihre
Memoiren fügten dem
landläufigen Liszt-Bild
wichtige neue Züge
hinzu

dramatischen Erlebnisse literarisch. Dank ihrer Abstammung hatte die Janina nicht die scheinheilige Etikette des Salons nötig, wie sie Marie d'Agoult in »Nélida« beachten mußte. *Ihre* Memoiren sind die Tagebücher einer tödlich verletzten Frau, die kein Blatt vor den Mund nimmt: »Souvenirs d'une Cosaque«, »Les Amours d'une Cosaque«, »Mémoires d'un Pianiste« und »Le Roman du Pianiste et de la Cosaque«. Die Hauptpersonen heißen sehr durchsichtig François und Nélida. Was die Janina schreibt, ist zwar von Bosheit getränkt, bestätigt aber das Bild von einem bis zur Paradoxie zwiespältigen Menschen und Künstler. Hier ihr Bericht von einem Karfreitag. Liszt war zur Kirche gegangen, danach kam er zu Olga. »Seine Augen waren feurig, leidenschaftlich. Er umarmte mich: Nie hat ein Christ die Auferstehung seines Heilandes besser zelebriert. ›Siehst Du‹, sagte er, ›nichts tut so gut, als wenn man sein Gewissen in Ordnung bringt.‹ Ich verstand dann, daß er an ein periodisch wiederkehrendes Büßen gewöhnt war. In der Tat widmete er alle sechs Monate eine Woche der Rettung seiner Seele. Ohne Zweifel glaubte dieser Mann an die Wirksamkeit, in den Augen des Himmels, seiner erbärmlichen Heucheleien.«

Wie keine andere drang Olga Janina in die Klüfte seines Denkens und Fühlens ein, und Liszt scheint ihr auch alles anvertraut zu haben. Denn als die Kosakengräfin im Schlüsselroman »Sylvia Zorelli« intime Details über seine Beziehung zu Marie d'Agoult ausplauderte, mußte Marie öffentlich protestieren. Was zur Folge hatte, daß die Zeitschrift »L'Ambassadeur« anmerkte, Madame Stern alias d'Agoult gestehe durch ihre Empörung ein, daß der betreffende Roman auf Tatsachen beruhe. Die Fürstin in Rom war so entsetzt, daß sie Liszt zu einer Wallfahrt nach Syrakus schicken wollte! Liszt zog Paris vor, und zwar die Gesellschaft der Exkaiserin Eugénie.

In der Liszt-Literatur wird die Janina meist als Nymphomanin bezeichnet und ihr Bericht als Verleumdung abgetan. Aber in vielen Punkten erweist sie sich als real und modern denkende Frau. Ihrer schonungslosen Ehrlichkeit war Liszt auf Dauer nicht gewachsen.

Was sie von seiner Einstellung gegenüber Rang und Besitz überliefert, paßt zu dem, was man vom Beginn seiner Beziehung zur Fürstin weiß. »Als ich ihm von meiner hohen Geburt und meinem Vermögen erzählte, schwoll er vor Stolz und Behagen förmlich an...« Um ihn zu testen, fragte sie einmal, was geschehen würde, wenn sie ihr Vermögen verlöre: »›Dann würdest Du bald die Luft Deines Heimatlandes einatmen...‹ Er ist durch Eitelkeit *verfault*. Er hat mich nur deswegen geliebt, weil ich reich war.«

Lina Schmalhausen war gewissermaßen Bestandteil des kostbaren Inventars, das ihm 1881 anläßlich seines 70. Geburtstages mitsamt einer komfortablen Wohnung in der ungarischen Landesmusikakademie übereignet wurde. Von seinen Räumen aus hatte er dirckten Zugang zum Musiksaal; die Möbel waren ein Geschenk der ungarischen Adelsdamen, der Flügel eine Stiftung des

Wiener Fabrikanten Bösendorfer. Und als Haushälterin und jugendliche Liebhaberin erwartete ihn Lina – als »Stiftung« der weitsichtigen Kaiserin Augusta. Lina sollte gerade in diesem Jahr noch zusätzliche Bedeutung für Liszt gewinnen, denn in seiner Weimarer Wohnung stürzte er schwer und wurde zeitweilig zu einem Pflegefall. Es gibt ein rührendes Foto, wo man den Greis mit seiner Mähne dem Mädchen mit dem wachen, dienstfertigen Blick gegenübersitzen sieht. Sie kochte für ihn die Magendiät, die er brauchte, kümmerte sich um seine Garderobe und las ihm vor, was er mit seinen zunehmend schlechter werdenden Augen nicht mehr entziffern konnte. Ausgerechnet über *sie* rümpfte man die Nase, Bülow fand das Verhältnis skandalös, und als Liszt in Bayreuth starb, wurde Lina nicht vorgelassen.

Stall oder Hofstaat – Europa in Weimar

> Die Kunst ist dramatisch und schwerwiegend genug, so daß es gut ist, wenn man den Weg zu ihr... heiter und unbeschwerlich geht...
> *Franz Liszt*

Eigentlich konnten alle Beteiligten zufrieden sein. Liszt und dem Großherzog, der endlich begriff, wen er einst hatte ziehen lassen, war das Kunststück gelungen, die Fürstin aus dem neuen Alltag in der Hofgärtnerei auszuschließen. Sie kam diesem Bemühen sogar selbst entgegen, weil sie lieber in der Heiligen Stadt bleiben wollte, um dort an ihrem nicht enden wollenden Traktat weiterzuschreiben. Liszt wußte, wie er sie in guter Stimmung halten konnte: indem er ihre Lieblingszigarren besorgte, die in Westfalen für sie in einer Länge von 30 cm gefertigt wurden.

Wenn man Wagners herrschaftliche Residenzen – zuletzt den Palazzo Vendramin in Venedig oder auch »nur« Villa Wahnfried in Bayreuth – zum Vergleich heranzieht, dann wirkt Liszts zweite Behausung an der Ilm mehr als schlicht. Er bewohnte in der ehemaligen Hofgärtnerei eine geräumige Oberetage in reizvoller Parklandschaft; unten lebten die Angestellten. Doch die Einrichtung war durchaus komfortabel.

Damit hatte es seine besondere Bewandtnis. Freund Wagner war zu Besuch gewesen, hatte von rosa Seidentapeten, goldlila Brokat und besonderen schweren Gardinen geschwärmt und dann von seiner Wiener Dekorationsfirma die Sachen liefern lassen, zur freudigen Überraschung des Hausherrn. Was hinterherkam, konnte der nicht ahnen. Oder: als langjähriger Freund Wagners hätte er es eigentlich wissen müssen. Nach Monaten kamen nämlich die Rechnungen, ausgestellt auf Liszts Namen.

Die Zahl der Schüler, die Liszt in Weimar (wie immer kostenlos) unterrichtete, schwankte zwischen 25 und 40. Die Talentierten unter ihnen werden später wieder selbst Schüler haben und ihnen das Beste, was sie von Liszt mitbekommen haben, weitergeben. Von der alten Hofgärtnerei des Großherzogtums geht die Tradition einer bestimmten ganzheitlichen »Pianistik« aus. Die berühmtesten Schüler – Künstler, die ihrem Lehrmeister Ehre gemacht haben – heißen Eugen d'Albert, selbst bekannter Komponist (»Tiefland«), Alexander Siloti (Lehrer von Rachmaninow), Emil Sauer, Karl Tausig, Karl Klindworth, Sophie Menter, István Thomán (Bartóks Lehrer), Xaver Scharwenka (der in Berlin und New York eigene Klavierschulen eröffnen wird) und Moritz Rosenthal. Aber auch spätere Komponisten von Rang besuchten ihn und nahmen gelegentlich Unterricht oder wohnten ihm bei – neben Borodin sind es César Franck, Camille Saint-Saëns, Bedřich Smetana, Mac Dowell und Edvard Grieg.

Das Völkergemisch in den Räumen der Hofgärtnerei muß für damalige Begriffe unfaßbar gewesen sein. Lachmund zählte zwölf Nationen: Deutschland, Holland, England, Norwegen, Schweden, Polen, Bulgarien, Portugal, Türkei, Schweiz, Amerika und Rußland. Um sich die Sache zu vereinfachen und Farbe in den Unterricht zu bringen, redete Liszt die Schüler oft mit Ländernamen an. »Nun, was hat Holland heute mitgebracht?« oder: »Das müssen Holland und Amerika für uns spielen!«

Das Begrüßungszeremoniell reichte vom Hofknicks einer Novizin über die linkische Verbeugung eines jungen Mannes bis zum Handkuß; vertrauteren Schülern strich er über die Wange, küßte sie wohl auch auf die Stirn und gestattete ihnen, ihn selbst auf die Wange zu küssen. »Er liebte seine Schüler, das war ganz offenbar. Und da er kein Familienleben führte, waren sie ›seine Kinder‹, seine Familie«, schreibt Lachmund. Auch Borodin, der 1877 als Abgesandter der »Russischen Fünf« nach Weimar kam, fiel auf, daß zwischen Liszt und seinen Schülern »gewissermaßen ein patriarchalisches Verhältnis besteht, ein ganz aufrichtig familiäres und herzliches, das gar nicht an die gewöhnlichen, formellen Beziehungen der Schüler zum Professor erinnert; es ist vielmehr das Verhältnis der Kinder zum Vater...«

Von den jungen Leuten selbst erfuhr der russische Gast, daß Liszt »nur ungern neue Schüler annimmt und daß es nicht leicht ist, zu ihm zu kommen; soll das geschehen, so muß entweder er selbst sich für die betreffende Persönlichkeit interessieren, oder es müssen sich Leute für dieselbe einsetzen, die Liszt besonders schätzt. Hat er aber jemand einmal zugelassen, dann bleibt es diesem gegenüber selten bei dem kühlen Verhältnis des Lehrers zum Schüler, sondern bald nimmt Liszt auch an dem Privatleben seiner Schüler warmen Anteil; manchmal ist er in ihre intimsten, materiellen und seelischen Interessen und Bedürfnisse eingeweiht...«

Ein Schüler hatte sich seine Kritik so sehr zu Herzen genommen, daß er zu trinken begann; ihn suchte der Meister persönlich auf und half ihm wieder aus dem moralischen Tief. Als Edvard Grieg bei einer freundschaftlichen Balgerei mit Raff die Hosen platzten, hat sie der Lehrer höchstpersönlich wieder geflickt! Der Norweger hütete diese Beinkleider noch jahrzehntelang als Reliquie.

Am Ende des Unterrichts, wenn die Schüler aufbrachen, »leitete Liszt sie in das Vorzimmer; einigen half er in die Mäntel, viele Schülerinnen küßten ihm beim Abschied die Hand, und er küßte sie auf die Stirn. Als alle gegangen waren, sah er ihnen lange nach; dann wandte er sich zu mir und sagte: ›Ach, wenn Sie wüßten, was das alles für prächtige Leute sind...! Und wieviel Leben steckt in ihnen...‹ – ›Ja, und doch steckt dieses Leben *in dir*, du lieber Mensch!‹ hätte ich zu ihm sagen mögen...« So Borodin.

Oft verbrachte er mit seinen »Kindern« auch die Freizeit; gern spielte er mit ihnen Whist – eine seiner unschuldigen Leidenschaften. Nur verlieren konnte er nicht. Und die Schüler taten ihr möglichstes, damit er seinen Spaß hatte, und ließen ihn gewinnen.

Höhepunkte der Gemeinsamkeit waren auswärtige Exkursionen. Borodin erlebte die Ankunft der Schülerschar bei einer Stellprobe zu einem Kirchenkonzert in Jena. »Gegen 12 Uhr geriet alles in Aufregung... Die Türen wurden aufgerissen, und herein trat die charakteristische schwarze Gestalt Liszts mit einer Dame am Arm, der Baronin Meyendorff... Ihnen folgte die ganze Phalanx der Lisztschen Schüler und Schülerinnen, richtiger der Schülerinnen, denn es war nur ein einziger Schüler dabei, Zarembski, ein Pole... Diese ganze Gesellschaft drängte sich sehr ungezwungen und formlos in die Kirche und verteilte sich, in allen möglichen Sprachen plappernd, in den Bänken...« Nach dem Konzert scharten sich die jungen Leute »ziemlich ungeniert um den großen Meister, und obwohl sie ihm sichtlich den Hof machten, zeigten sie keine Spur von Unterwürfigkeit«.

Dann gab es im Haus eines vermögenden Freundes Thüringer Bratwürstchen. Auf dem Weg dahin blieben die »Vorübergehenden – Soldaten, Studenten, Kaufleute, Offiziere und Damen usw. –, wenn sie Liszt begegneten, stehen und verbeugten sich ehrerbietig«. Die Rückfahrt nach Weimar, schon mit der Eisenbahn, bereitete Probleme. Liszt, der schläfrig war und wieder unter seiner Gastritis litt, hatte man in einem Wagen 1. Klasse »langgelegt«, doch fehlte es an Platz für die ganze Gesellschaft. Es wurde ein Waggon angehängt für Liszts Hofstaat.

Für diesen hatte Hans von Bülow eine andere Bezeichnung: »Stall«, denn die Schülerschar war durchaus ungleichwertig. Bülow behauptete sogar, so schlecht wie sommers in Weimar werde in der ganzen Welt sonst nicht gespielt.

Die Kosakengräfin Janina schreibt gar von einem Schwarm »pensionierter Mätressen«, die den Meister wie Fliegen umgaben. Für eine besonders un-

fähige Schöne hatte Bülow den Kommentar: »Der Meister mag sie vielleicht geküßt haben, aber die Muse nicht!«
Einmal traf Hans von Bülow den Hausherrn krank an, und um zu verhindern, daß er trotzdem unterrichtete, übernahm er die Stunde. Diese Gelegenheit, den Augiasstall auszumisten, wollte er sich nicht entgehen lassen.
Lina Schmalhausen, die weniger des Klavierspiels wegen bei Liszt war, stahl
sich zur Tür. »Nein, nein – gerade Sie wünsche ich zuerst zu hören!« Als
das zitternde Mädchen danebengriff: »Ich habe gehört, daß es Leute gibt,
die nicht bis drei zählen können. Sie aber können offenbar nicht einmal bis
zwei zählen!« Die Berichterstatterin Emma Grosskurth, selbst keine der
ersten oder zweiten Garnitur, beschreibt das Chaos: »Nun, ich sage euch, es
war, als ob ein Habicht in einen Hühnerhof herabgestoßen wäre. Einige von
uns versuchten, sich zitternd irgendwo zu verstecken... Aber Hans von
Bülow holte sich noch mehrere weitere Opfer, bis endlich diese Schreckens-
lektion ihr Ende hatte.«

Ein unkonventioneller Klavierpädagoge

Zwang inspiriert zu nichts...
Franz Liszt

Wöchentlich unterrichtete Liszt dreimal von vier bis sechs; zu den Schülern
kamen oft noch besorgte Mütter, Freunde mit Anwesenheitsprivileg – unter
anderem der Großherzog – und von Liszt selbst Eingeladene, mitunter waren es 35 und mehr Personen. Lachmund gegenüber meinte Liszt: »Es sind
wahre Kautschukräume, denn ganz gleich, wie viele Gäste ich mitbringe, sie
dehnen sich aus, um auch dem größten Andrang standzuhalten.«
Seine Methode war ein Muster der Spontaneität. Wer nichts konnte, konnte auch nichts lernen. Wer nicht selbst arbeitete, dem vermochte er auch
nichts zu vermitteln. Er gab prinzipiell Gruppenunterricht, die Gruppen
bestanden aus circa zehn Schülern. Nur zweien war es gelungen, Liszt zu
Einzelstunden zu bewegen: Bülow und Tausig.
Die Schüler legten ihre Noten auf einen besonderen Tisch, wo sich Liszt
dann heraussuchte, was er mit ihnen durchnehmen wollte. Erstaunlicherweise ließ er Stücke der »Brahmsianer« spielen, kaum aber seine eigenen
Kompositionen. Da konnte er sogar ungnädig werden. Als eine Schülerin
seine *Wasserspiele der Villa d'Este* mittelmäßig vortrug, bekam sie zu hören:
»Meine Gnädige, das sind nicht die Wasserspiele im Park der Villa d'Este
gewesen, das war die *Wasserspülung* im kleinsten Lokale der Villa d'Este...«
Generell akzeptierte er die Eigenarten seiner Schüler. »Seinen eigenen Vor-
tragsstil zwingt er keinem Schüler auf, äußert keine besonderen ins einzelne

gehenden Wünsche, was die Haltung, den Fingersatz, den Anschlag betrifft, weil er zu gut weiß, daß dabei das Individuum eine zu große Rolle spielt. Doch verschließt er sich nie davor, seine eigenen Griffe zu erklären, wenn er sieht, daß der Schüler irgendwelche Schwierigkeiten hat«, beobachtete Borodin. Und d'Albert geht noch weiter: »Was kümmert ihn die Genauigkeit des Vortrags, wenn nur Leben darin steckt, weg mit der pedantischen Schulmeisterei!«

So hat Liszt den Schlachtruf Victor Hugos »Nieder mit dem Alexandriner!« von Paris nach Weimar getragen, und von dort wird er in alle Welt gehen. Und wie einst, so galt auch hier das Charakteristische als der höchste Trumpf. »Je dämonischer gespielt wurde, um so zufriedener war er«, erinnerte sich der Schüler und Sekretär Stradal. Was Liszt nicht vertragen konnte, war, wenn jemand unvorbereitet zum Unterricht kam. Dann sagte er wohl, man solle seine Schmutzwäsche zu Hause reinigen. »Starke Techniker, die daneben musikalisch unbedeutend sind (wie das beim Klavier ja leider möglich ist – CR), werden von ihm geradezu malträtiert und auf ein Konservatorium... verwiesen«, versicherte Stavenhagen. Überhaupt war für ihn (wohl in bitterer Erinnerung an seine einstige Ablehnung durch Cherubini) ein Konservatorium so etwas wie eine Besserungsanstalt für Unfähige, speziell »drohte« er gern mit dem Leipziger... »So spielt man nur in Leipzig, da erklärt man Ihnen, daß es eine *übermäßige Sexte* ist, und bildet sich ein, das genüge; aber *wie* sie zu spielen ist, wird man Ihnen nie ordentlich zeigen!« Oder zu einer farblos gespielten Chopin-Etüde: »In Leipzig würde man dies sehr lieb finden!«

Aber ohne Technik lief auch bei Liszt nichts, und er konnte zuweilen streng sein. Amy Fay, die als eine seiner Lieblingsschülerinnen zu glauben schien, sich Freiheiten herausnehmen zu dürfen, wollte keine Terzenläufe üben. Liszt soll sie vier Tage lang bei Brei und Milch in ein Übzimmer eingesperrt haben. Als danach die Doppelläufe nur so perlten, erhielt Amy von seiner Hand das folgende Diplom: »Fräulein Fay hat durch die Kraft des Hirsebreis und durch die Stärkung gewöhnlicher Kuhmilch eine außergewöhnliche Meisterschaft im Klavierspiel erreicht. Sie ist in der Lage, Terzen...gänge in hervorragender Weise auszuführen. Dies bescheinigt Franz Liszt zu Weimar.« Sein Unterricht hatte Wärme und Esprit. Ließ er Balakirews hochvirtuose »Orientalische Fantasie ›Islamej‹« von seiner russischen Meisterschülerin Vera Timanowa spielen, forderte er sie auf: »Nun lösen Sie, bitte, die orientalische Frage (die damals politisch in der Luft lag – CR) auf Ihre Art!« Die Timanowa hatte sehr kleine Hände und arbeitete deshalb mit bestimmten Tricks. Wenn Liszt merkte, daß andere ähnliche Schwierigkeiten hatten, sagte er bisweilen: »Versuchen Sie einmal, es à la Vera zu spielen!« Und wenn jemand meinte, er könne dies oder das nicht spielen, nötigte ihn Liszt dennoch an den Flügel und bat: »Nun zeigen Sie uns, wie Sie das *nicht* können.«

Nach diesen Mitteilungen über den Klavierpädagogen Liszt, die wir Alexander Borodin verdanken, sind besonders informativ die Erinnerungen Carl Lachmunds.

Erstaunlicherweise war der pathetischste aller Virtuosen empfindlich gegenüber jeder Form von Übertreibung. »Albertus magnus«, wie er d'Albert wegen seiner großen Begabung nannte, spielte ihm manchmal zu heftig. Ihm riet er, in einen Mäßigkeitsverein einzutreten. Als eine Schülerin ein Chopin-Nocturne zu sentimental spielte, setzte er sich selbst an das Instrument und ahmte sie nach, nahm die Miene »unsäglicher Traurigkeit an« und wiegte seinen Kopf »rührselig hin und her..., als schwände sein Herz dahin in übergroßem Liebesschmerz. Wir lachten Tränen, und auch die junge... Dame... stimmte in das Lachen mit ein. Wir alle aber hatten daraus wieder etwas gelernt.«

Kritische Bemerkungen verband er gewöhnlich mit freundlichem Humor. Eine Schülerin vergewisserte sich bei Sprüngen immer erst, ob sie richtig treffe – »als ob Sie erst nach der richtigen Hausnummer ausschauen wollten«, tadelte Liszt. Wenn Läufe und Arpeggien nicht exakt waren: »Spielen Sie das zu Hause, dort wird es für Ihre Tanten und Cousinen genügen.« Und wenn es zu arg war: »Das riecht zu sehr nach Unschuld. Aber diese Unschuld grenzt schon beinahe an Dummheit.« Nur selten geriet er außer sich: »Wegen dieses Fehlers verdienten Sie Prügel!«

Langweiliges Spiel, auch wenn es exakt war, verglich er mit »Strümpfe stopfen«. Mademoiselle Lourie spielte ihm Chopins e-Moll-Etüde wie eine »Kaffeemühle«; bei Schumanns 8. Novelette warnte er vor zu raschem Tempo, sonst »haben wir einen Schumannschen Maikäfer vor uns«.

Da er keine systematische Ausbildung betrieb, wiegen seine wenigen konkreten Empfehlungen doppelt. »Wenn Bässe in regelmäßigen Abständen absteigen, müssen Sie sie beim Hinabgehen ein wenig verstärken.« Bei Aufwärtsläufen sah er darauf, daß die letzten Noten ein Crescendo erhielten, damit sie deutlich blieben. »Es darf nicht so klingen wie das Vorspiel eines Klavierstimmers.« Um Synkopen hervorzuheben, »erweitere ich den Wert der synkopierten Note ein wenig und verkürze die darauffolgende Note ganz leicht«.

Und der erfahrene Konzertpianist gab Ratschläge fürs Podium. »Man darf nicht nur für die Leute in der ersten Sitzreihe spielen, denn sie sind meist Inhaber von Freibillets – spielen Sie lieber für die oben in der Galerie, die 10 Pfennige für ihren Platz zahlen. Diese sollten nicht nur etwas Schönes hören, sondern auch sehen!« Dabei hob er die Hand etwa 30 cm hoch, bevor er sie zu wichtigen Kantilenen senkte. Wenn einer danebengriff: »Macht nichts, macht gar nichts – Rubinstein selbst wendet nie etwas gegen ein paar ›ungeladene Gäste‹ ein!« Und wie schon bei der Auffassung der Synkopen und seinem Eintreten für ausdrucksvolles, nie automatenhaftes

Bayreuth, Auffahrt zum Festspielhaus. Ölgemälde von G. Láska 1894. Die Grundstein- ▸
legung 1872 war der Beginn der Aussöhnung zwischen Liszt und dem Ehepaar Wagner.
Gegen den Protest der Fürstin reiste er auch zur Eröffnung 1876 und wurde schon bald
zu einer Leitfigur für den Bayreuth-Gedanken. Nach Wagners Tod trug man denn auch
ihm die Leitung der Festspiele an; er beschränkte sich allerdings auf eine repräsentative
Funktion als Präsident

Spiel hier ein ganz entscheidender Grundsatz, den er einer Schülerin ein-
schärfte, die ständig den Takt mit dem Kopf nickte: »Um Gottes willen –
nur nicht metronomisieren!«
Was man jedem Tänzer und Schauspieler sagt, das empfahl Liszt auch seinen Schülern. »Erblicke vor dir ein Bild, wenn du spielst. Wenn du ›Gretchen am Spinnrade‹ spielst, dann *sei* auch wirklich Gretchen und leide mit
ihr, empfinde dich verlassen, liebend und gebrochenen Herzens!«
Als einen ganz besonderen Patron seiner Unterrichtsstunden rief er häufig
den »heiligen Bimbam« an, was aus dem Munde eines Abbés sehr auflok-
kernd wirken mußte.
Daß in der Hofgärtnerei manchmal auch Betroffenheit und Stille einkehren
konnten, schildert Siloti. Ein Werk ließ Liszt nicht spielen – Beethovens
sogenannte »Mondscheinsonate«. Eine junge Amerikanerin (Amy Fay?)
wußte das nicht und legte die Noten auf den Tisch. »Liszt sah das junge
Mädchen an und sagte: ›Liebes Kind, man darf mir dieses Stück nicht bringen;
ich erlaube nicht, daß man es spielt, weil es in der Jugend mein Steckenpferd
gewesen ist, aber da wir heute in guter Stimmung sind, so werde ich Ihnen
die Sonate vorspielen.‹ ...Liszt spielte im kleinen Zimmer mit Teppichen auf
dem Fußboden, und in diesem kleinen Raum waren 35 bis 40 Menschen anwesend; der Flügel war abgespielt, ungleich und verstimmt. Als er kaum die
Einleitungstriolen gespielt hatte, fühlte ich schon, daß ich in diesem Zimmer
fast nicht mehr existierte; aber als nach 4 Takten das *gis* in der rechten Hand
anfing, verstand ich nichts mehr. Dieses *gis* hob er nicht hervor, aber es war
ein mir unbekannter Ton, welchen ich jetzt, nach 27 Jahren, noch deutlich
höre. Er spielte den ganzen ersten Satz, dann den zweiten, den dritten fing
er nur an und sagte, daß er zu alt sei und nicht genug physische Kraft habe...
Ich habe diese Sonate nie öffentlich gespielt; noch mehr, ich habe sie nie
mehr gehört; wenn ich im Konzert, wo sie gespielt werden sollte, anwesend
war, verließ ich den Saal.«

Konzert in Villa Wahnfried, Wagners Heim in Bayreuth. Im Vordergrund links Cosima ▸
mit Sohn Siegfried

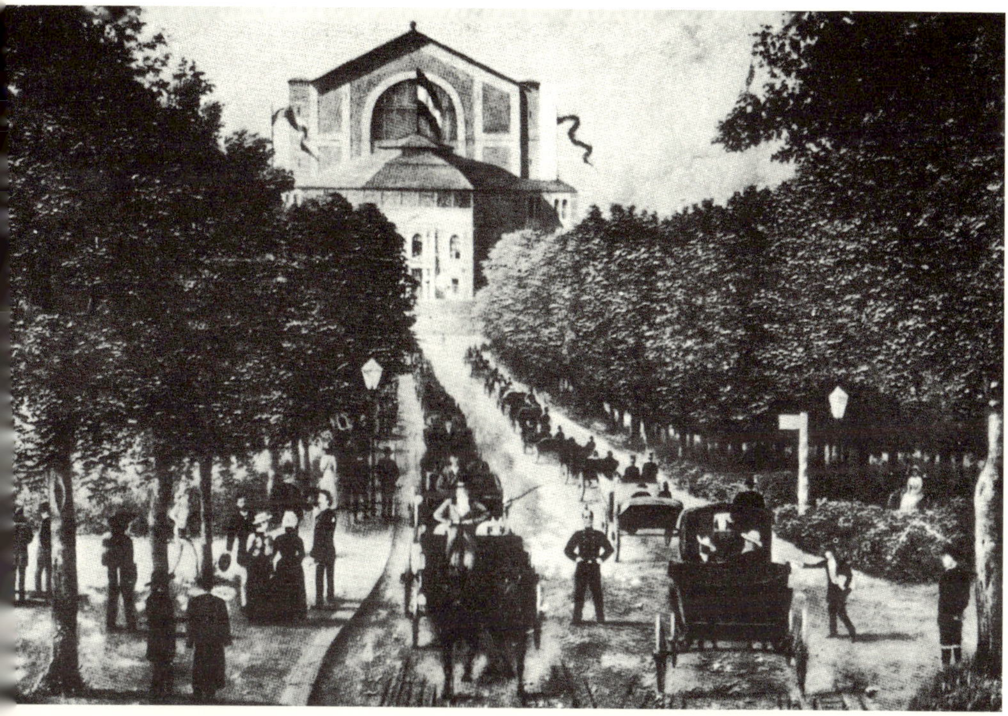

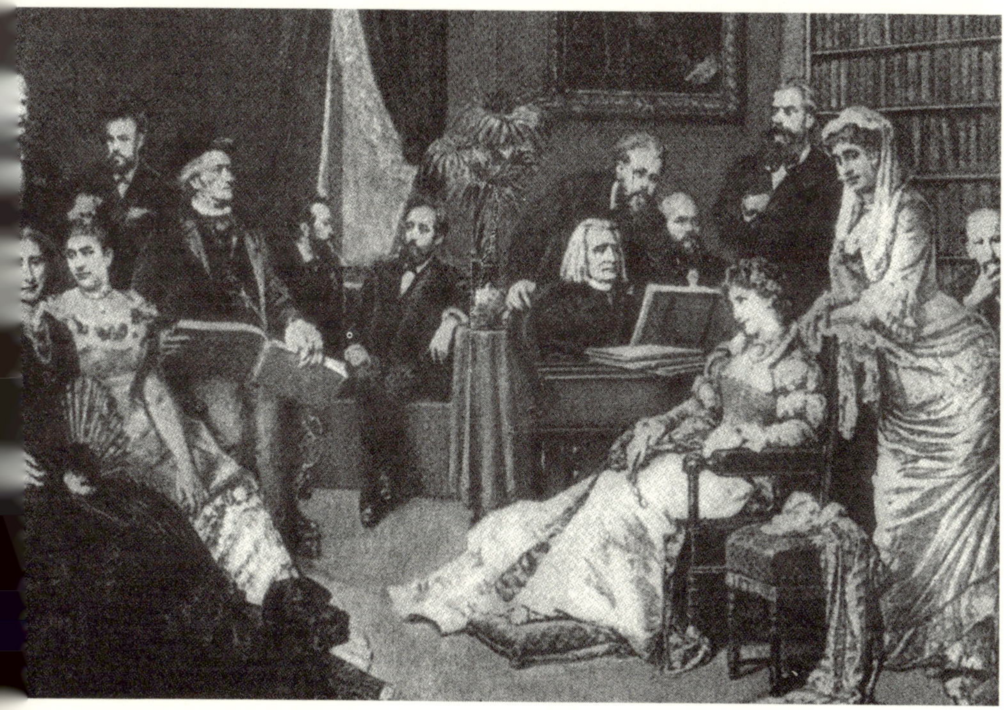

Venedig, Palazzo Vendramin. Holzstich. Hier besuchte Liszt Tochter und Freund im Winter 1882/83. Einen Monat nach seiner Abreise starb hier Wagner. Liszt erfuhr davon durch die Presse

Eugénie, Gemahlin Napoleons III. Nach einem Gemälde von Franz Xaver Winterhalter. Auch sie erreichte der Charme des Virtuosen; Liszt spielte mit ihr vierhändig und wurde noch in seinem letzten Lebensjahr von der Exkaiserin empfangen ▶

Letzte Triumphe: Paris 1886.
Noch im Todesjahr besuchte er ein
letztes Mal seine geistige Heimat,
die französische Hauptstadt

Franz Liszt auf dem Totenbett. Er
starb in den letzten Stunden des
31. Juli in Bayreuth, aber nicht in
Villa Wahnfried

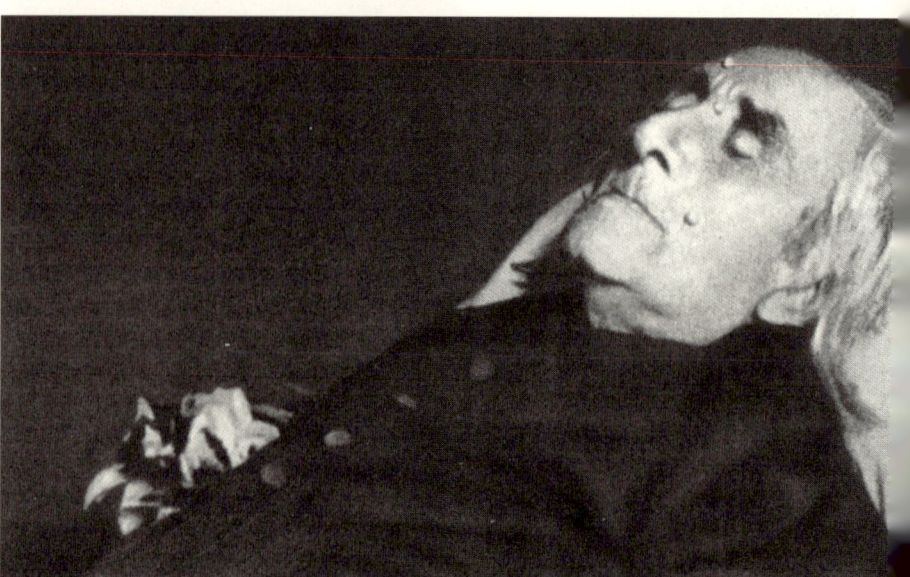

»Ex oriente lux« – Smetana und Borodin

Es blieb nicht bei den »direkten« Zöglingen. Zu ihnen kam noch eine nicht
genau zu beziffernde Anzahl »indirekter« Schüler, denen Liszt den Weg als
Komponisten gewiesen oder geebnet hat.

Stellvertretend für die Flut ähnlicher Schreiben mit ähnlichen Anliegen soll
ein Brief von Smetana stehen, der Liszts neue Form der Sinfonischen Dichtung begeistert übernommen und vielfältig ausgearbeitet hatte. Im März
1880 schrieb Smetana aus Prag: »Wenn ich Sie, verehrter Meister, mit der
Zusendung des einen Teils meiner jetzigen Tätigkeit belästige, so geschieht
dies, weil Sie es sind, der mich von jeher mit wohlwollender Güte beurteilt
und mich zur Tätigkeit geweckt hatte. Auch daß ich Sie bitte, meinen Werken durch Ihre mächtige Fürsprache, wenn Sie sie dessen würdig finden,
den Weg zu öffentlichen Aufführungen und Vorträgen zu bahnen, müssen
Sie mir verzeihen, denn mein trauriges Los (Smetana war seit 1874 völlig
taub – CR) nötigt mich, meine Werke öffentlich, soviel es geht, bekannt zu
machen... werde ich sie Ihnen zusenden mit der Bitte, auch fernerhin mir zu
bleiben, was Sie waren, *Lehrer und Meister, Gönner und – Freund!*«

Liszt nahm sein Engagement für alles Östliche sehr ernst, zumal er sich
selbst für einen Osteuropäer hielt. Außerdem glaubte er, und suchte diese
These durch sein Wirken nach Kräften zu stützen, daß aus dem Osten das
frische Blut komme, das Europa brauchte. Speziell dachte er da an Rußland.
»Der Meister behauptete, in Rußland habe man kaum noch das erste Wort
gesagt von alldem, was das übrige Europa nahezu erschöpft hat. Dieses Rie-
senland habe noch mehr geistige Horizonte zu entdecken, als Strecken zu
explorieren. Von dort würden uns alle möglichen Neuerungen kommen, auf
dem Felde der Wissenschaft, Literatur und Kunst«, schreibt Janka Wohl
1887 in ihren »Erinnerungen einer Landsmännin«. Und er selbst ist nach
der Beschäftigung mit den »Russischen Fünf« überzeugt, daß »die von diesen gesäte Furche doch mehr Früchte bringt als die der verspäteten Nach-
ahmer Mendelssohns und Schumanns« (1879 an die Fürstin).

Begonnen hatte der konkrete Kontakt mit russischen Komponisten, als
Borodin, Cui, Rimski-Korsakow (von der Gruppe der »Fünf«) und der
Korsakow-Schüler Anatoli Ljadow dem Weimarer Meister ihre »Paraphrasen« über ein sehr leichtes Thema übersandt hatten – eigentlich ein musikalischer Scherz, aber durchaus mit pädagogischem Nutzeffekt. Liszt war
von dieser unkonventionellen Gruppenkomposition natürlich begeistert
und würde »am liebsten... den Professoren für Komposition in allen Kon-
servatorien in Europa vorschlagen, Ihre Paraphrasen in ihrem Unterricht
als praktischen Leitfaden zu verwenden«.

Borodin konnte ihn in Weimar besuchen, mit Cui und Korsakow wechselte
er Briefe. Mussorgski wäre gern ebenfalls nach Weimar gereist, aber er kam

aus seinem Ministerium nicht frei. Als er hörte, wie angetan Liszt von seinem Liederzyklus »Kinderstube« war, schrieb er an Stassow: »Was wird Liszt
erst sagen oder denken, bekommt er einmal… meinen ›Boris‹ zu sehen?«
Borodin gegenüber klagte Liszt: »Hier wird viel geschrieben… aber, mein
Gott, wie ist das alles flach! Nicht ein einziger neuer Gedanke! Aber bei
Ihnen fließt ein lebendiger Strom; früher oder später… wird er sich auch bei
uns Bahn brechen.« Und das waren keine leeren Worte, Liszt hatte die russischen Partituren eifrig studiert. Als der Gast seinem inständigen Drängen
endlich nachgab und mit ihm vierhändig seine 1. Sinfonie durchspielte, kam
er aus dem Staunen nicht heraus: »An mehreren Stellen hatte er schon vorher alle möglichen Bleistifteinzeichnungen gemacht, und irgendwo waren
in der Korrektur ausgelassene Zeichen… eingesetzt!« Genüßlich kostete er
die verwegenen Dissonanzen und ungewöhnlichen Akkorde aus, mit denen
der Chemieprofessor und Doktor der Medizin Alexander Borodin einige
seiner Romanzen gewürzt hatte. »›Aha! Hier werden Sie bestimmt die Kritiker gegen sich haben…!‹ – ›Ist das Paprika?‹ erwiderte ich. – ›Nein, es ist
Cayennepfeffer!‹ lachte Liszt.«

Via crucis – Bilanz der Trauer

> Das einzige aktive und sehr starke
> Gefühl, welches ich bewahre, ist das des
> Mitleids mit den heftigen Bebungen
> des menschlichen Lebens.
> *Liszt 1882*

Als Ende 1882 in Olliviers zweiter Ehe ein Junge geboren wurde, gratulierte Liszt auf eine bedrückende Art: »Das menschliche Dasein ist so voll von Gram und Enttäuschungen, daß ich mich nicht mehr recht über das Zurweltkommen eines kleinen Wesens freuen könnte, welches all unseren Unvollkommenheiten, unserem Unglück und Wahnsinn preisgegeben ist. Im Gegenteil, der Tod meiner Bekannten bekümmerte mich nicht übermäßig. Ich halte ihr Los vielmehr für beneidenswert, weil sie das *harte Joch des Lebens* und die damit unzertrennlich verbundene Verantwortung nicht mehr zu schleppen brauchen.«

Den Tod hatte er in nächster Umgebung und in der Musikwelt mehrfach erleben müssen. 1868 starb Rossini, im Jahr darauf Berlioz, 1870 der ungarische Komponist Mosonyi, 1871 sein Schüler Karl Tausig, 1872 Liszts Jugendliebe Caroline geb. Saint-Cricq, 1874 sein Freund und einstiger Sekretär Cornelius, 1876 – in einem Jahr – Marie d'Agoult und George Sand, 1878 war es der ungarische Freund Baron Augusz, 1882 Joachim Raff, sein ehemaliger Assistent in Weimar. Kein Wunder, daß jetzt auch seine Gedanken um das Ende kreisten, teils bitter, teils sehnsüchtig, teils ergeben.

Von einem Treppensturz in der Hofgärtnerei im Juli 1881, der vielleicht durch einen leichten Schlaganfall verursacht wurde, hat Liszt sich nie wieder ganz erholt; nicht nur sein Gang blieb beeinträchtigt, sondern er hatte zeitweilig sogar Sprachstörungen und Lähmungserscheinungen. Man machte sich Sorgen um ihn. Bülow schrieb: »Seine Unbehilflichkeit und körperliche (wie leider auch geistige) Schwäche ist in so hohem Grade Tag für Tag zunehmend, daß ihm ein wirkliches Malheur zustoßen könnte, wenn er sich selbst überlassen bliebe.«

Trotzdem reiste Liszt, von Bülows Tochter Daniela, seinem »Schutzengel«
begleitet, nach Rom, um dort seinen 70. Geburtstag zu feiern. Er durfte zufrieden sein: Der deutsche Botschafter gab für ihn eine Matinee und über-
reichte ihm die Ernennungsurkunde zum Ehrenpräsidenten des Allgemeinen Deutschen Tonkünstlerverbandes. Der Verband selbst hatte eine Liszt-
Medaille anfertigen lassen und an die Mitglieder versandt, aus Wien kam
sehr positive Presse und aus Leipzig die Nachricht, daß der berühmte Rie-
delchor seinen *Christus* aufs Programm gesetzt habe. In Rom selbst erklang
die *Dante-Sinfonie*.
Aber aufheitern konnte das den 70jährigen nicht. Seine Tage mündeten in
die rätselhafte, verhangene Atmosphäre der Via Babuino, wo ihn abends die
alte Fürstin erwartete. Niemand hat das Gemisch aus Anhänglichkeit, Resignation, Entfremdung und Sehnsucht besser erfaßt als Carolynes Tochter,
die der Liszt-Biographin La Mara mitteilt: »Von nun an entspinnt sich das
qualvolle Martyrium dieser beiden Menschen, die einander alles gewesen
und die jetzt wie Erblindete einander unaufhörlich suchen, ohne sich je zu
finden. Es hindert sie so vieles im eigenen Innern, einander anzugehören,
und trotzdem können sie nicht voneinander lassen! Dantes Phantasie, die
das ganze Fegefeuer unerfüllten Sehnens heraufzubeschwören vermochte,
hat keine schmerzvollere Sühne erfunden für den vielleicht frevelhaften
Übermut, keine anderen Schranken als die selbstgezogenen im Leben an-
zuerkennen.«

Bayreuth – Wagner stirbt

> Einen gibt's, der hätte Dir viel sein
> können...
> *Bülow an Wagner*

Die Fürstin war, spätestens seit der skandalösen Eheschließung zwischen
Wagner und Cosima, erklärte Gegnerin Wagners. Als Liszt sich 1872 vor-
nahm, zur Grundsteinlegung des Festspielhauses nach Bayreuth zu reisen,
schrieb sie ihm: »Das wäre, als wenn Sankt Peter sich zu Judas Ischariot
begäbe.«
»Sankt Franziskus« ließ sich aber nicht beirren und fuhr hin. In Bayreuth
brauchte man Geld, viel Geld für das grandiose Unternehmen. Liszt war die
geeignete Person, um Spender zu aktivieren. Er half natürlich (»als Torhü-
ter«, wie er der Fürstin schrieb), sah er doch in Bayreuth eine »Aufgabe, die
das Schicksal an mich stellt«.
Leider gab es Streit in Villa Wahnfried, denn Wagners teutonische Einstellung und Liszts Kosmopolitentum prallten aufeinander, und Cosima tat das

ihre, den Streit zu schüren. Nicht nur einmal stand Liszt hungrig und wütend vom Tisch auf, um eine politische Diskussion abzubrechen.

Trotz allen Bemühens konnte das Festspielhaus nicht schon 1873 eröffnet werden. Doch am 13. August 1876 ist es dann soweit.

Der Wagner-Tenor Albert Niemann sah Liszt kurz vorher beim Empfang: »Er war ein Fürst unter Fürsten.« Cosima fürchtete, ihr Vater könne den Ruhm Richards verdunkeln, und gab ihm zu verstehen, er möge sich zurückhalten: »Den Clan der Fürsten laß für Richard! Bleibe bei denen, die für dich taugen!« Liszt saß bereits in der Kutsche, als ihn diese Worte wie Peitschenhiebe trafen. Seine Schüler Stavenhagen (der es überliefert) und Ansorge saßen neben ihm und hörten den bitteren Kommentar: »Dieses Weib ist der Stachel zu meinem Ende!« Ausnahmsweise sah die Presse einmal klar, wie die Gewichte verteilt waren. In der Vossischen Zeitung hieß es: »Über allem aber stand ein guter Geist, der in Person anwesend war: Franz Liszt. Wagner weiß, was er diesem Großartigen zu verdanken hat... zumindest die Legitimierung seines wahnwitzigen Unternehmens... Liszt war der eigentliche Held neben dem Komponisten.«

So sind es zwei Frauen, die schließlich verhindert haben, daß sich die Beziehung Liszt–Wagner vertiefen konnte. Dennoch haben sich die Freunde über alle Meinungsverschiedenheiten hinweg immer wieder verständigt, und die Begegnungen mit Wagner gehören zu den positiven Erlebnissen von Liszts letzten Lebensjahren. Obgleich Egoist par excellence, hat Wagner doch nie vergessen, was er dem Älteren verdankte. Nach der Premiere des »Parsifal« 1882 hatte er geschrieben: »Als ich, um auf deutsch zu reden, ein ganz aufgegebener Mußjöh war, da ist Liszt gekommen und hat von innen heraus ein tiefes Verständnis für mich und mein Schaffen gezeigt. Er hat dieses Schaffen gefördert, er hat mich gestützt, hat mich erhoben wie kein anderer. Er ist das Band gewesen zwischen der Welt, die in mir lebte, und jener Welt da draußen.«

Cosima sah das später bewußt anders. Sie behauptet in ihrem beinahe würdelosen »Gedenkblatt von seiner Tochter«, daß Liszt den künstlerischen Gehalt seiner letzten Jahre nur »seiner Teilnahme an dem Werke von Bayreuth« verdanke. Wie es wirklich damit aussah, können die Umstände um Wagners Tod belegen.

Von dem erschütternden Ereignis erfuhr Liszt nicht etwa durch seine Tochter, sondern durch die Presse. Er wollte es anfangs nicht glauben und telegraphierte nach Venedig. Erst da erhielt er das Telegramm, das Daniela im Auftrag ihrer Mutter aufgegeben hatte: »Mama bittet Sie, nicht nach hier zu kommen, sondern ruhig in Pest zu bleiben. Wir bringen die Leiche mit geringem Aufenthalt in München nach Bayreuth.« Mit geringem Aufenthalt – tatsächlich hatte Cosima sogar eine Musikfeier in München abgesagt. Aber keineswegs mit geringem Aufwand. Es war einer der pompösesten

Wagners Widmung des »Parsifal« an Liszt

Leichenzüge seit der Heimführung von Napoleons sterblicher Hülle. Bronzesarg, schwarz ausgeschlagener Wagen eines Sonderzugs mit Salonwagen für Familie, Freunde, Förderer und wichtigste Mitarbeiter des Wagnervereins. In Bozen, Innsbruck, Kufstein und München stumme Menschenmengen, die von Wagner Abschied nehmen wollten. In Bayreuth Totenfeier mit Delegationen aus dem ganzen Land, in Villa Wahnfried Empfang für 80 geladene Gäste. Noch kleiner war der Kreis, als der Sarg am Abend im Garten der Villa versenkt wurde. Liszt fehlte.

Der von der Beisetzung Ausgeladene ging nach Weimar und gab an Wagners Geburtstag ein Gedächtniskonzert. Neben Vorspiel und Karfreitagszauber aus »Parsifal« dirigierte er seine eigene *Musik am Grabe R. Wagners.* Wie bescheiden sich Liszt dem Verstorbenen gegenüber verhielt, zeigt die Widmung dieses merkwürdigen Stücks für eine ungewöhnliche Besetzung (Harfe und Streichquartett): »Richard Wagner erinnerte mich einst an die Ähnlichkeit seiner Parsifal-Motive mit meinem früher geschriebenen ›Excelsior‹. Möge die Erinnerung hiermit verbleiben. Er hat das Große und Hohe in der Kunst unserer Zeit vollbracht.«

Die Musik hat eine seltsame Entstehungsgeschichte. Noch im Winter 1882/83 war er bei Wagners in Venedig zu Besuch gewesen; man residierte im Palazzo Vendramin. Von den Fenstern aus sah Liszt eine Trauergondel auf dem Kanal vorübergleiten. Und so überschrieb er die Komposition, die sofort entstand, *La lugubre gondola.* Dasselbe Thema kehrt dann in der *Musik am Grabe Wagners* wieder.

Als wollte ihn ein gütiges Geschick für die Kränkung durch Cosima entschädigen, erreicht ihn nun – formuliert von Richard Pohl, Sprecher der Bayreuther Wagnerfreunde – ein überaus ehrenvolles Angebot. Er soll die Leitung der Festspiele übernehmen. »Wir müssen ein Haupt haben, das über alles emporragt, *einen* Willen, der entscheide, eine Autorität, der wir uns beugen, und das sind Sie allein. Alles, was Sie seit 33 Jahren begründet und gefestigt haben, könnte... in seiner praktischen Verwirklichung gefährdet sein, wenn Sie nicht an der Spitze bleiben, vor allem in Bayreuth... Es ist meine feste Überzeugung, daß es ohne Sie in inniger Verbindung mit Ihrer Tochter nicht vorwärts gehen kann.«

Es zeigt sich, daß Liszt seine Unstimmigkeiten mit Cosima diskret zu halten wußte. Aufschlußreich aber auch, daß man Liszt als das Haupt der Neudeutschen Musikrichtung ganz natürlich auch als den berufenen Leiter der Festspiele sah.

Liszt lehnte ab, es mangele ihm an der Rednergabe, ihm fehle die spezifische Bühnenkenntnis und außerdem die Verbindung zum bayrischen Hof. In Wahrheit fühlte er sich schon zu hinfällig. So berief man ihn dann 1884 zum Präsidenten der Festspiele, eine rein protokollarische Funktion, die aber vorsah, daß Liszt sämtliche Vorstellungen besuchte. 1884 wohnte er wochenlang in einem Privathaushalt nahe der Villa Wahnfried, ohne daß ihn Cosima besucht oder eingeladen hätte. Das letzte Mal hatte er sie einen Monat vor Wagners Tod in Venedig zu Gesicht bekommen. Wiedersehen wird er sie erst einige Wochen vor seinem eigenen Ende.

Das Jahr 1886

> Ruhm ist die Strafe des Verdienstes.
>
> *Der alte Liszt*

Triumphal, wie in alten Zeiten, war schon der Auftakt. Am Weihnachtstag 1885 spielte Liszt, zum letztenmal öffentlich, in Rom. Der Deutsche Künstlerverein hatte ein Konzert ausschließlich mit seinen Werken angesetzt, das einige Liszt-Schüler bestritten, unter ihnen Ansorge und Stavenhagen. Der Beifall war so stürmisch, daß sich der Komponist zuletzt noch selbst aufs Podium begab und seine *13. Rhapsodie* spielte.

Fast wäre er im Frühjahr 1886 wieder nach Rußland gereist. Sophie Menter, die Liszt als seine »legitime Klaviertochter« bezeichnete und die jetzt eine Professur am Petersburger Konservatorium bekleidete, hatte angeregt, den Meister zu einer Aufführung seiner *Heiligen Elisabeth* und zu einem Konzert in die russische Hauptstadt einzuladen. Liszts Antwort: Erstens sehe er sich gesundheitlich kaum in der Lage, zweitens dermaßen gemindert in seinem Leistungsvermögen als Pianist und Dirigent, daß er kein Honorar zu verlangen wage, und drittens sei er außerstande, die Reise zu bezahlen...

Ende Januar nahm er Abschied von Rom und der Fürstin. Stavenhagen begleitete ihn über Florenz nach Venedig. Dort erwartete ihn die Baronin Meyendorff. Dann folgte Budapest, wo die Landesmusikakademie jetzt endlich einmal ein Konzert mit Werken ihres Präsidenten veranstaltete, freilich noch immer nicht mit ungarischen Schülern. Der Terminplan sah nun Lüttich vor. Hier freute es den diesbezüglich oft enttäuschten Künstler besonders, daß man einmal weder den Pianisten noch den Dirigenten feiern wollte, sondern den Tonsetzer. Überhaupt gestaltete sich die anschließende Tournee über Paris, London, Antwerpen und wieder nach Paris zu einer späten Würdigung des Komponisten Liszt. Zwanzig Jahre nach ihrer ersten Pariser Aufführung erklang wiederum in St. Eustache die *Graner Festmesse* unter Edouard Colonne. Das umjubelte Konzert – unter den Gästen der Staatspräsident und der Erzbischof – mußte wiederholt werden. Außerdem gab es drei Abende mit seinen Sinfonischen Dichtungen und eine Klaviersoiree bei Érard, die der Meister zusammen mit Stavenhagen bestritt.

Liszt wurde mit Huldigungen überschüttet. Die Exkaiserin Eugénie empfing ihn und plauderte mit ihm über Offenbach. Liszt bedauerte, daß er ihn

nicht kennengelernt habe. Überhaupt habe er versäumt, sich um die heitere
Muse zu kümmern. Sollte er ihren Vertretern dereinst in der anderen Welt
begegnen, »dann würde ich sagen: ›Seid mir gegrüßt, meine Brüder, ihr
habt euren Lohn wie die gestrengen Meister der Tonkunst. Eure Musik hat
einen größeren Gewinn als die der ernsten. Sie hilft den Menschen.‹«
Pauline Lucca, gefeierte Sopranistin, trug auf Bitten Eugénies ein Offen-
bach-Couplet vor. Liszt schenkte ihr zum Dank das Autograph eines kürzlich entstandenen Liedes. Die Lucca denkt zurück: »Gebückt, fast blind
kam er... zum Tee. Sein Priesterkleid war abgewetzt. Die Kaiserin mußte ihn
führen. Sie hielt ihm die Tasse, die zu schwer für ihn geworden war, und
steckte ihm die Kekse in den Mund... Sie hatte einen fast kindlichen Um-
gangston mit ihm, und hatte er etwas Liebes zu ihr gesagt, segnete er sie von
ferne...«
Liszt ließ sich auf den Père Lachaise fahren und suchte die Gräber von Cherubini, Rossini und Chopin auf.
In Paris traf er auch den ungarischen Maler Munkácsy, der ein Porträt von
ihm begann. Seine charmante Frau wird ihn jetzt nach London begleiten und
ihn dort betreuen; das Bild soll bei seiner Rückkehr beendet werden.
Das hatte selbst er noch nicht erlebt – diesen Starkult, der ihn im Vorfeld
der Londoner Konzerte erwartete. Eine Reporterin des »Daily Telegraph«
und der Bechstein-Vertreter für London kamen ihm nach Paris entgegen,
der Dirigent Mackenzie und Liszts Gastgeber, der Musikverleger Littleton,
holten ihn in Dover ab, wo ein Salonwagen für ihn bereitgestellt war.
Sein Londoner Erfolg stand ganz im Zeichen der *Legende von der heiligen
Elisabeth*, die vor der ausverkauften St. James Hall aufgeführt wurde und
eine Woche später wiederholt werden mußte. Queen Victoria, die schon als
junge Königin sein Spiel genossen hatte, empfing ihn auch jetzt. Für sie
spielte er noch einmal.
In Antwerpen erwartete ihn eine Überraschung: Zwölf Pianisten führten
Werke von ihm auf. Der erneute Paris-Aufenthalt brachte das wohl monu-
mentalste Konzert seines Lebens – ein Aufführung der *Heiligen Elisabeth*,
wieder unter Colonne, im Trocaderosaal vor 7000 Hörern.
Ein Schwächeanfall des greisen Komponisten bewog die Munkáczys, ihn
auf ihren Sommersitz nach Luxemburg einzuladen. Doch zuvor mußte er
nach Weimar, Unterricht geben. Stradal schildert, wie er Liszt wiedersah.
»Wir mußten ihn förmlich aus dem Coupé heben und zum Wagen tragen,
so schwach war er geworden... Liszt war fast ganz blind,... die Füße und
Beine waren ihm bis zu den Knien angeschwollen.«
In der Hofgärtnerei tauchte überraschender Besuch auf: Cosima, die seit
Wagners Tod jedes Zusammentreffen mit ihrem Vater vermieden hatte,
wollte diesmal ganz sicher gehen, daß Liszt auch dieses Jahr nach Bayreuth
kommen würde. Ihre Sorge war begründet, denn er hatte schon gegenüber

der Fürstin verlauten lassen, er habe keine Lust, dort wieder »den Pudel« zu machen. Doch gerade nach seinen jüngsten internationalen Triumphen würde seine Anwesenheit besonderen Glanz für die Festspiele bedeuten, die ja jetzt unter Cosimas Leitung standen. Ihr zusätzliches Argument, daß Liszts Lieblingsenkelin Daniela im Juli in Bayreuth den Kunsthistoriker Thode heiraten würde, gab dann wohl den Ausschlag für seine Zusage. Befriedigt reiste Cosima zurück, offenbar ohne den zerrütteten Gesundheitszustand ihres Vaters bemerkt zu haben.

Das ihm abgerungene Versprechen war in mehrfacher Hinsicht verhängnisvoll. Erstens bedeutete es, daß er *zweimal* nach Bayreuth fahren mußte, denn zwischen Hochzeit und Festspielen lagen Wochen, die er dringend zur Erholung brauchte, und die würde er dort nicht finden. Zweitens stand er jetzt unter moralischem Druck; gerade weil sich Cosima zum erstenmal wieder nach jahrelanger Distanz an ihn gewandt hatte, wollte er ihr unter allen Umständen helfen. Das wird ihn, objektiv gesehen, das Leben kosten. Denn er muß über die Grenzen seines physischen Leistungsvermögens gehen. Er wird bewußt die Alarmsignale seines Körpers überhören, er wird sich buchstäblich opfern. Aus der Reue eines Vaters heraus, der über dem mitverschuldeten Gang der Ereignisse ratlos und trostlos geworden ist?

Erfreuliche Neuigkeiten kamen aus Leipzig. Hier hatte in letzter Zeit Siloti viel für die Verbreitung von Liszts Klaviermusik getan und sich das konservative Publikum erobert. Noch Mitte vergangenen Jahres begeisterten er und Arthur Friedheim die Messestädter mit einem Konzert, wo sie die beiden (oft geschmähten) Sinfonien ihres Lehrers, die *Faust-* und die *Dante-Sinfonie* in der Bearbeitung für zwei Klaviere darboten. Und zu seinem 74. Geburtstag hatte man an der Pleiße sogar einen Liszt-Verein unter dem Patronat des Weimarer Großherzogs gegründet, dessen Vorsitzender der Musikreferent des einflußreichen »Leipziger Tageblattes« war. Dieser Verein veranstaltete jetzt, im neuen Jahr, allein sechs Sinfoniekonzerte ausschließlich mit Liszt-Werken. Das letzte, im Mai, dirigierte ein junger hoffnungsvoller Kapellmeister, der auch aus Ungarn kam und Liszt schon in Weimar besucht hatte – Arthur Nikisch.

Ein weiterer Zyklus war für den Herbst geplant; da hätte Liszt vielleicht Zeit gefunden, nach Leipzig zu fahren. Aber den Herbst wird er nicht mehr erleben. Die Meyendorff brachte es fertig, den Widerstrebenden unter einem Vorwand (es ging um Schmerzen im Arm, die ihn beunruhigten) nach Halle zu einem Arzt zu locken, der eine alarmierende Diagnose stellte: Wassersucht und grauer Star. Man empfahl eine Badekur in Kissingen und später eine Augenoperation. Das dürfte Liszt kaum überrascht haben, denn in einem SOS-Brief an Lina Schmalhausen heißt es ganz sachlich: »Meine Augenschwäche verschlimmert sich, ich kann jetzt nicht mehr lesen und schreibe nur mit Anstrengung selbst meine überflüssigen Noten, wovon ich

doch eine ziemliche Anzahl von Seiten vor meinem Ableben fertigbringen
möchte. – Schreiben Sie mit großen Lettern und mit roter Tinte. Wenn
möglich, kommen Sie ein paar Wochen nach Bayreuth... Mehr als halb er-
blindet, schreibt Ihnen diese Zeilen F. L.«
In Sondershausen wurde derweil das fällige Deutsche Tonkünstlerfest vorbereitet, das diesmal – ohne sein Zutun – unter anderem vier Sinfonische
Dichtungen zur Aufführung vorsah. Liszt, der nicht enttäuschen wollte,
erschien schon zu den Hauptproben. Besonders rührte ihn, daß man in Vor-
ausnahme seines 75. Geburtstages im Dom das *Christus*-Oratorium aufführen will. Ausruhen konnte er sich anschließend etwas auf den Dornbur-
ger Schlössern bei Weimar, wohin ihn der Großherzog eingeladen hatte.
Von dort ging es nach Bayreuth, zur Hochzeit seines »Schutzengels«. Stavenhagen begleitete ihn dann nach Luxemburg auf das malerische Schloß
Colpach zu den Munkáczys, wo es außerordentlich luxuriös zuging. Besonders freute Liszt, daß er hier, ebenfalls als Gast, einen alten ungarischen
Bekannten vorfand, Kardinal Haynald.

Ein glanzloses Ende

> So bleibt er ein Heimatloser...
> in Erde, die ihn nicht verdient hat.
> *Bülow an die Fürstin*

Eine Erkältung, die er sich unterwegs zugezogen hatte, machte ihm zu
schaffen und verhinderte auf Colpach eine wirkliche Erholung. Am 19. Juli
ließ er sich dort ein allerletztes Mal auf dem Klavier hören, mit drei kurzen
Stücken. Zwei Tage später traf er in Bayreuth ein, wo ihn Lina Schmalhausen und Schüler August Göllerich erwarteten. Wieder wohnte er nicht bei
Cosima; sie ließ ihm das Essen aus ihrer Villa bringen, konnte sich aber
sonst kaum um den Kranken kümmern.
Die erste »Parsifal«-Vorstellung überstand er mit knapper Not. Den folgenden Tag verbrachte er in seinem Quartier; weitere Schüler trafen ein, Sophie
Menter und Alexander Siloti. Trotz seines bedenklichen Zustandes zwang
er sich, am abendlichen Empfang in der Villa Wahnfried teilzunehmen.
Es ist schier unbegreiflich, daß man den Zustand des alten Mannes nicht allgemein bemerkte. Albert Niemann, der Wagnersänger: »Er griff dauernd
in die Leere, als suche er einen Halt... Niemand gab ihm den. Statt dessen
reichte man ihm ein Champagnerglas nach dem anderen; er leerte sie in einem
Zuge und war zum Schluß in einem Zustand zwischen Leben und Sterben.«
Am Sonntag, dem 25. Juli 1886 hütete Liszt das Bett und ließ sich aus Dantes »Göttlicher Komödie« und aus Literatur zu »Tristan« und »Parsifal«

vorlesen. Doch nach dem Mittagsschlaf hielt es ihn nicht mehr. »Ich habe versprochen zu erscheinen, und gehe«– zur »Tristan«-Aufführung. In seiner Loge muß er unsagbar gelitten haben, denn er hielt sich, sobald es dunkel war, tief im Hintergrund und preßte das Taschentuch vors Gesicht. Vor Beginn und nach jedem Akt aber trat er an die Brüstung und nahm die Ehrenbezeigungen des Publikums entgegen.

Endlich wurde ein Arzt gerufen, nicht von Cosima, sondern von Göllerich. Der konstatierte Lungenentzündung, verordnete Bettruhe und Alkoholverzicht, ohne zu ahnen, daß das bei Liszt Entzugserscheinungen auslösen mußte. Das Essen aus Villa Wahnfried war als Krankenkost denkbar ungeeignet, so daß er wenig zu sich nahm und rasch verfiel. Ab 26. Juli stand Liszt nicht mehr auf. Lina stahl sich zu ihm hinein, aber als Cosima am nächsten Morgen den Zustand ihres Vaters sah, verbot sie jeden Besuch und ließ nur noch ihre Töchter zu ihm.

Der Sterbende, nicht mehr fähig sich zu äußern, blieb einsam. Keiner war um ihn, mit dem er die letzten Jahre geteilt hatte. Das Delirium setzte mit dem 30. Juli ein, nur noch kurz soll Liszt in der Nacht zu Bewußtsein gelangt sein und »Luft!« geschrien haben. Nach anderer Überlieferung war sein letztes Wort »Tristan!«

Den Champagner, den ihm Cosima versagt hatte, bekam er – als er schon nichts mehr davon merkte – vom Arzt eingeflößt. Aber seine Schüler durften nicht zu ihm. Sie mußten das weitere Geschehen im Garten abwarten. Oben, hinter verhängten Fenstern, starb ihr Lehrer, ihr Freund, ihr Vater, allein, ohne seine Schüler, die seine eigentlichen Kinder waren, ohne seine Lina. Liszt starb ohne eine liebende Hand, die sich ihm auf die heiße Stirn legte. Doch ihm streckte sich jetzt eine andere Hand entgegen, auf die er vertraute und die er ergreifen durfte. Am Ende stand Hingabe, der Kern seines Wesens... *Bonum est diffusivum sui.* Das Gute liegt im Sichverströmen. Kurz vor Mitternacht des 31. Juli 1886 hatte Franz Liszt ausgelitten, ohne das Bewußtsein wiedererlangt zu haben. Am 22. Oktober desselben Jahres wäre er fünfundsiebzig geworden.

Das Sterbezimmer blieb gesperrt; erst am Nachmittag des 2. August durften seine wahren »Nächsten«, seine Schüler, von ihm Abschied nehmen. Da lag er aufgebahrt in Villa Wahnfried, zu seinen Häupten eine Wagnerbüste. Und so wurde er zum Fotografieren und zum Defilee freigegeben.

Das glanzlose Ende umschreibt die Fürstin, die Liszt nur um ein halbes Jahr überleben wird. »Ich ließ mir die Bayreuther Zeitungen... vom 28. Juli bis 10. August kommen. Denken Sie sich, daß darin nicht ein einziges Mal der Erkrankung Liszts Erwähnung getan ist: wie in einem Badeort, wo man Krankheit und Tod verheimlicht, um bei den Badegästen keine peinlichen Empfindungen wachzurufen. Ich schicke Ihnen die Zeitung vom 2. August, in der man dann ganz unvermittelt seinen Tod meldet... Aus der Nummer vom 11. August können Sie ersehen, daß die, welche drei Jahre lang ihren eigenen Vater nicht sehen wollte, zehn Tage später in der Kneipe ›Zum Frohsinn‹ weilte! Die beiden letzten Abende war man im Theater, denn die Vorstellungen durften nicht unterbrochen werden, und Cosima spielte so sehr den Regisseur, daß sie Tag und Nacht im Theater blieb.«

Es gab in der Tat einen aktuellen Grund, der es Cosima erschwerte, beidem gerecht zu werden – der Pietät *und* den Festspielen. Die Entscheidung, Liszt in aller Diskretion aufzubahren, bis ein geeigneter Zeitpunkt für die Beisetzung gekommen wäre, hatte man deshalb getroffen, weil sich für den 1. August höchster Besuch aus Berlin angesagt hatte: der deutsche Kronprinz und nachmalige 99-Tage-Kaiser Friedrich III. Bei dem Stellenwert, den die Zentralregierung in Berlin für das Unternehmen Bayreuth besaß, war das *der* Festspielgast. Die Stadt war beflaggt. Ein toter Liszt hätte nur Verwirrung gestiftet oder zumindest die Stimmung verdorben. Und bei der Galavorstellung am 1. August konnte Cosima ebensowenig fehlen wie in der besagten »Kneipe«: Im Restaurant »Zum Frohsinn« fand das zeremonielle Schlußfest der Mitwirkenden an den Festspielen statt.

Man muß sich, bevor man ein allzu bitteres Urteil über diese Tochter fällt, daran erinnern, was Liszt ihr mitunter für ein Vater gewesen war. Als Marie d'Agoult gestorben war und Cosima für die Mutter einen Gedenkgottesdienst abhalten lassen wollte, empfahl er ihr, lieber einen Scheiterhaufen zu errichten und darauf alle ihre Erinnerungen an sie zu verbrennen. Jetzt kam der Bumerang zurück. Wie oft wird Cosima sich nach einem Vater gesehnt haben – mehr als nur Erzeuger und Ernährer –, dessen Nähe sie hätte spüren können und der seiner Familie zuliebe wenigstens hin und wieder auf »Saus und Braus« und eine rücksichtslose Selbstverwirklichung verzichtet hätte... Nun ließ sie ihn einsam und in der Kälte sterben.

Auch objektiv waren die Festspiele eine so verantwortungsvolle Aufgabe, daß man Cosima einzelne Fehlentscheidungen, gar noch in Hektik getroffen, nicht anlasten sollte. Aber daß sie ihren Vater von seinen Schülern isoliert hat, bleibt ebenso unverzeihlich wie die Tatsache, daß sie alles unterdrückte, was an Franz Liszt als an eine eigenständige Künstlerpersönlichkeit hätte erinnern können, und ihn als eine Art Wagner-Ableger hinzustellen versuchte. Das bleibt auch in den Augen der Nachwelt unentschuldbar. Der Biograph Kapp: »Kein Ton Lisztscher Musik erklang während der ganzen Zeit in Bayreuth. Weihe- und würdelos war Liszts Sterben und Begräbnis in der Wagnerstadt, die doch zum Teil auch ihm ihr Werden verdankte.«

Ein Gedächtniskonzert wäre das Selbstverständlichste gewesen. Aber das wollte Cosima keinesfalls, denn das hätte den Glanz Wagners gemindert. Nicht einmal am Grabe erklang Lisztsche Musik, und bei der Trauerfeier am Tage nach dem Begräbnis improvisierte der schon fast sklavische Wagner-Bewunderer Anton Bruckner auf Cosimas Wunsch an der Orgel über das

Glaubensthema aus »Parsifal« – als hätte ihr Vater nicht allein siebenund-
zwanzig teils ausgedehnte Kompositionen für Orgel hinterlassen...
Cosima hatte verfügt, daß Liszt auf dem Bayreuther Stadtfriedhof beigesetzt werde. So wurde der Tote auch weiterhin für die Stadt, in der er zufällig gestorben war, vereinnahmt. Der Bürgermeister hielt die Trauerrede, in
die er »Tristan«-Zitate flocht. Den Sarg trugen nicht etwa die Schüler Liszts,
die zu dem Toten ein echtes Verhältnis gehabt hatten, sondern Ehrenbür-
ger Bayreuths.
Was nun folgte, war eine Tragigroteske. An Carolyne hatte Liszt wenige
Jahre vor seinem Tod geschrieben, er wolle dort begraben werden, wo er
einst sterbe – still und schlicht. Daß das dann auch so geschah (*Ganz* so still
und schlicht hätte er es sich vielleicht selbst nicht vorgestellt!), lag nicht
daran, daß Cosima diesen Wunsch gekannt hätte, sondern weil es so am
besten in die Festspielplanung paßte.
Doch jetzt ging es um die endgültige Ruhestätte, denn es meldeten sich An-
wärter auf Liszts sterbliche Hülle. Die »Herrin von Bayreuth« hatte bewußt
vermieden, ihren Vater dort beisetzen zu lassen, wo es alle Welt verstanden
und wohl auch gebilligt hätte: im Park der Villa Wahnfried, neben seinem
einzig ebenbürtigen Freund, Richard Wagner. So konnte der Weimarer
Großherzog vorschlagen, ihm ein Mausoleum im Garten der Altenburg zu
errichten. Auch die Ungarn kamen, unter ihnen Kardinal Haynald, und plä-
dierten für eine Überführung nach Budapest. Beides scheiterte an Cosimas
anmaßenden Forderungen. Von Weimar verlangte sie, Liszt in der Fürstengruft beizusetzen. Von Ungarn erwartete sie allen Ernstes einen Beschluß
beider Kammern, betreffend die »feierliche Heimholung der Leiche von
Staats wegen« von Bayreuth nach Budapest. Diesem Ansinnen schloß sich
sogar der Budapester Schriftsteller- und Künstlerverein an; der Plan scheiterte am Widerstand nationalistischer Parlamentarier, die noch immer über
Liszts einstige Ausführungen zur Musik der Zigeuner verärgert waren.
Auch von dritter Seite, von der katholischen Kirche, wurde Liszts Leich-
nam angefordert. Die Budapester Franziskaner, die ihn schon 1856 als Con-
frater aufgenommen hatten, wollten ihn in ihrem Gotteshaus bestatten und
wurden hierin von Liszts Universalerbin, der Fürstin, voll unterstützt. Sie
konnte sogar aus seinen Briefen stichhaltige Argumente beibringen, aber
ihr Tod verhinderte, daß dieser Plan vielleicht doch realisiert worden wäre.
Sie hatte übrigens gerade noch ihren Traktat über die Kirche beenden können, der – Ironie des Schicksals – prompt auf dem Index landete.
Die Musik Liszts, die ihm am eigenen Grabe versagt geblieben war, erklang
bei ihrem Begräbnis auf dem deutschen Friedhof zu St. Peter – sein *Requiem*.

Die alte Fürstin 1876 in Rom. Carolyne überlebte Franz Liszt um sieben Monate ▶

»...in den unendlichen Raum der Zukunft« – das Spätwerk

> Glauben Sie mir, daß ich weder Orden,
> weder irgendwelchem Lob, weder
> Auszeichnungen oder Zeitungsartikeln
> nachjage... Meine einzige Ambition als
> Musiker war und wird es sein, meinen
> Speer in den unendlichen Raum der
> Zukunft zu schleudern...
> *Liszt 1874 an die Fürstin*

Hier haben wir den *ganzen* Liszt – halb Dichtung, halb Wahrheit. Natürlich ist er Orden und Beifall nachgejagt. Aber ebenso wahr ist sein Bedürfnis, Bleibendes zu schaffen. Das offenbar nicht aus Eitelkeit (dann hätte er weiter Tagesproduktion geliefert oder zumindest marktgerecht geschrieben), sondern aus seinem romantisch-schwärmerischen Auftragsbewußtsein heraus. Er hat den Erfolg der Tagesproduktion voll ausgekostet und war relativ früh an die Grenze des Ekels vor dem Banalen gelangt. Deshalb spricht er in den Jahren der inneren Einkehr und äußeren Resignation eine bewußt andere Sprache. Das bedeutet gleichzeitig, daß sein Spätwerk kein krönender Abschluß des Bisherigen, eine Apotheose sein kann, keine Bilanz. Es ist ein neuer, unerwarteter Ansatz, sein »Speer in den unendlichen Raum der Zukunft«, wie er es selbst visionär umschreibt. Darunter kann man sich wenig vorstellen, wenn man diese Musik nicht auch hört, die sogar ein Wagner teilweise für die Ausgeburt eines verkalkten Gehirns hielt. Doch es sei wenigstens versucht, mit einigen Sätzen eine Charakteristik zu geben.
Die späte Musik Liszts ist das blanke Gegenteil seiner bühnen- und beifallsbezogenen Klavierschöpfungen. Eher gibt es eine inhaltliche Verwandtschaft zu den packenden Partituren der Weimarzeit und den großen Oratorien. Die Klangsprache ist jetzt erschreckend ungefällig, dissonant, in harmonischer Hinsicht geradezu tollkühn; erst diese Musik rundet das Bild des Komponisten, wie es uns überliefert ist, zum *ganzen* Liszt.
Dabei waren seine letzten Werke nicht etwa für die Schublade geschrieben; er hätte sie schon noch »an den Mann« gebracht, auch wenn er sich über ihren Erfolg keine Illusionen gemacht haben dürfte. Schon 1830 hatte er ein Lamartine-Zitat vor seine erschreckend neuartigen *Harmonies poétiques et religieuses* gesetzt: »Diese Verse wenden sich nur an wenige.«

◄ Liszt-Denkmal von Strobel in Budapest

Der ungarische Liszt-Biograph Bence Szabolcsi beschreibt Liszts späte
Musik als »dürr und knochig, rauh und herb, oft geradezu stechend – tief-
gründiger und bedrückender, dämonischer und drohungsvoller als je eine
Musik vorher... Er trennte oder entfernte sich zumindest von seinen alten
illustrativen, pittoresken und dekorativen Neigungen, von der ständigen
und überlegenen Betonung der literarischen und künstlerischen Beziehungen, vom gesellschaftlichen Zauber, von der Schauspielerrolle, vom Kultus
der wirksamen Erfolge, von der romantischen Rhetorik. Seine Farben wurden sparsam und düster.«

Es gibt eine Reihe großer Komponisten, deren Alterswerk eine neue, ungeahnte Qualität aufweist und die Zeitgenossen entweder verschreckt oder
überhaupt nicht erreicht hat: Bach mit der »Kunst der Fuge« und dem
»Musikalischen Opfer«, Beethoven mit seinen letzten Klaviersonaten und
Streichquartetten, Strawinsky mit seiner späten Kirchenmusik. Liszt stößt
mit seinem »Speer« das Tor zum neuen Jahrhundert auf...

Hatte er in der ersten Schaffensperiode Weltschmerz und revolutionäres
Pathos in Töne umgesetzt, waren es später große, konfliktgeladene, schick-
salhafte Themen aus der Weltliteratur, die die Weimarer Werke inspirierten,
so ist es jetzt das Nachsinnen über die Vergänglichkeit und den Tod. Wie
später der alte Strawinsky, schreibt Liszt jetzt eine Art musikalische Todes-
lyrik. So enthält Band III der *Années de pèlerinage* einen *Trauermarsch* für
Maximilian von Mexiko sowie zwei *Threnodien – Klagelieder* (es handelt sich
um Untertitel der beiden gleich überschriebenen Stücke *Aux cyprès à la Villa
d'Este*). Später folgen drei Totentänze in Csárdásform – *Csárdás, Csárdás
macabre* und *Csárdás obstiné* (eine Art Vorläufer zum berühmten »Allegro
barbaro« von Bartók). Weiter Klavierminiaturen mit symbolischen Über-
schriften *Schlaflos, Unstern, Trübe Wolken, Preludio funèbre, Zum Abschied*
(nach einem russischen Lied), zwei *Trauergondeln* und zwei gramvolle
Stücke um Wagners Tod, *R. W. Venezia* und *Musik am Grabe Richard Wagners*.
Und nicht zuletzt teils diabolische (die späten *Mephisto-Walzer*), teils philo-
sophische Werke (Sinfonische Dichtung *Von der Wiege bis zum Grabe*). Fast
alle diese Werke weisen bestimmte ungarische Stilzüge auf; damit gehören
in diesen Umkreis auch noch die drei *Ungarischen Rhapsodien* auf eigene
Themen (nicht mehr auf Zigeunermotive) sowie die *Historischen ungarischen
Bildnisse* auf berühmte Magyaren und von 1885 ein Stück mit dem bezie-
hungsreichen Titel *Puszta-Wehmut*. Nur noch versprengt, wie später etwa
der Bewegungsimpuls des Tanzes in Ravels »La Valse«, tauchen hingegen
Reminiszenzen an den französischen Salon auf – aber in seltsam herbem
Gewand (vier *Valses oubliées*). Dafür gewinnt eine Art vorimpressionistische
Farben- und Lichtpoesie an Bedeutung. In diesem Zusammenhang muß die
Begeisterung des alten Liszt für den russischen Plein-air-Maler Weresch-
tschagin erwähnt werden. 1883 hatte er auf einer Budapester Ausstellung

Werke dieses Meisters der Atmosphäre, der Licht- und Wassereffekte gesehen und der Fürstin sogleich Reproduktionen geschickt. Es war seit den italienischen Erlebnissen mit Marie d'Agoult und Kaulbachs »Hunnenschlacht« das erste Mal, daß sich Liszt wieder intensiv mit bildender Kunst beschäftigte, hier offenbar im Hinblick auf das eigene weitere Schaffen. Denn in seinem Spätwerk finden sich ebenso kühne wie poetische Impressionen der Naturelemente – nicht mehr romantische Abschilderungen oder Wiedergaben der durch bestimmte Anblicke ausgelösten Emotionen.

Das verblüffendste dieser späten Werke, die bereits die Klangsprache eines Debussy und Ravel vorwegnehmen, ist *Les jeux d'eaux à la Villa d'Este* noch von 1877. Die Fürstin war die erste, die diese *Wasserspiele* zu hören bekam. »Nicht, daß mich diese Musik berührte wie sein *Liebestraum*... Aber sie berührte mich so, daß ich fassungslos wurde. Eine neue Welt tat sich mir auf, in welche bisher nur er Einblick hatte. Es sind Klänge, die ich nicht erklären kann; und *er* sie wohl noch weniger. Und doch ist es seine Musik, vermischt mit Tönen, die ihm nur der Allerhöchste eingegeben haben kann.«

Wagner merkte sofort, worum es hier ging. »Ich gönne Dir... diese Musik nicht. Sie ist uns so weit voraus, daß niemand in dieser Zeit sie begreifen wird. Aber *ich* habe sie begriffen. Ich sage Dir, daß sie alle Musik künftig grundlegend beeinflussen wird. Lege sie gut fort, die Noten, und unterstehe Dich, sie irgend jemand zu zeigen. Es könnte sein, daß man dich verspottet.« Es war die Geburt des musikalischen Impressionismus.

In den großangelegten Werken arbeitet Liszt (wie schon in der Weimarer Zeit) mit den Formprinzipien der Monothematik und der Variation *(Von der Wiege bis zum Grabe)* und wie schon in der römischen Periode mit dem Stilprinzip der bewußten Verschmelzung heterogener Ebenen (etwa Bach, Gregorianik und Spätromantik in *Via crucis*). Die Passionskantate *Via crucis*, deren Texte die Fürstin zusammengestellt hat, ist auch in anderer Hinsicht ein bekenntnishaftes Werk: Der Sozialromantiker und Kosmopolit wollte nicht nur die Klassen miteinander versöhnen und die Nationen einander annähern, sondern auch die Konfessionen. So findet sich neben dem katholischen »Stabat mater« der protestantische Choral »O Haupt voll Blut und Wunden«, den Bach ins Zentrum seiner »Matthäuspassion« rückte. Das Autograph der Partitur trägt das beziehungsvolle Zitat aus der »Parsifal«-Dichtung: »Durch Mitleid wissend...«

Eine wichtige Kompositionstechnik der Spätwerke ist das Ostinato, das mehr oder weniger wörtliche Beibehalten kurzer Motive als Untergrund oder sogar anstelle einer Melodie. Die unerbittliche Wiederkehr eines Motivs oder auch nur eines Tones ist seit Beethoven Symbol für Verhängnis, Schicksal und Tod. Bei Liszt spielt auch der ostinate Rhythmus (ohne Beibehaltung einer melodischen Formel) eine wichtige Rolle; so wird etwa im 6/8-Takt der *Trauergondeln* durch das starre Ostinato aus dem wiegenden

Schaukeln ein grauenhaftes, bedrohliches Moment. Es gibt wohl keine Musik, die besser das mittelalterliche Bild des Totentanzes umsetzt.

Die Harmonik ist das Experimentierfeld des alten, grübelnden Komponisten. Es gab schon frühe Beispiele für Verwegenheit: den *Harmonies* fehlte jeder Hinweis auf eine Tonart, jetzt heißt eine *Bagatelle* direkt *sans tonalité – ohne Tonart.* Als Akkorde bevorzugt Liszt übermäßige Dreiklänge sowie (bis zu sechsfache) Terzen- und Quartschichtungen. Der Chorsatz *Ossa arida* auf einen Text des Propheten Hesekiel (es handelt sich um die Vision von der Auferstehung der Toten) erschreckt die Hörer durch einen ungeheuerlichen Klang, der den 12tönigen Schockakkord bei der Ermordung Lulus aus Alban Bergs Oper vorwegnimmt: Liszt hat einfach alle Töne der Leiter als Terzen aufeinandergetürmt! Die verpönten Quintparallelen klingen dumpf im *Csárdás macabre.* Neue Tonleitern werden konstruiert und teilweise ohne Rücksicht auf die entstehenden Zusammenklänge eingesetzt. Es handelt sich stets um eigentümliche Kombinationen aus Dur/Moll, Kirchentonarten und Zigeunerskalen.

Der Gedanke, überhaupt neue Leitern zu verwenden und dann jeweils für eine Komposition konsequent einzusetzen – simultan als Harmonie und sukzessiv als Melodie –, weist einmal voraus auf Skrjabin und sein neues Klangdenken (Harmonie und Melodie als Erscheinungsformen desselben Akkordmaterials), zum andern auf das Musizieren mit Reihen, das unabhängig voneinander Hauer und Schönberg Anfang des neuen Jahrhunderts erproben werden (bei Schönberg: das Komponieren mit 12 aufeinander bezogenen und gleichberechtigten Tönen).

Nirgends wird deutlicher, wie weit Liszt mit diesen späten Werken seinen »Speer in den unendlichen Raum der Zukunft« geschleudert hat, als bei einem Vergleich mit Richard Strauss, der ein halbes Jahrhundert nach ihm geboren und der maßgebliche Wagner-Nachfolger wurde und blieb. Das Spätwerk Strauss' ist das Gegenbeispiel zu dem Liszts. Es versickert und hat nicht mehr die Kraft, neu anzusetzen; Liszt, der anders als Wagner und Strauss relativ wenige Kompositionen von innerer Ausgewogenheit und zeitlosem Bestand zu schaffen vermochte, *hat* neu angesetzt. Und wenn ihm dafür nicht frenetisch Beifall gezollt wurde und jetzt erst allmählich Gerechtigkeit widerfährt – seinen Beifall hat er für sein übriges, heute wiederum halbvergessenes Werk, und mehr noch für seine fulminante Virtuosität schon zu Lebzeiten erhalten – *mehr als ein Dutzend anderer Künstler zusammengenommen.*

Aber der Erfolggewohnte durfte auch Ablehnung erfahren, leiden und einsam werden. Und damit zu Verdichtetem, Gültigem gelangen.

Auch dem Menschen Liszt hat das ausgleichende Schicksal schließlich vergönnt, unglücklich zu sein. Gewiß wird sein unleugbarer Glaube verhindert haben, daß aus Einsamkeit und Enttäuschung Verweigerung und Verbitterung wurden. Wenn zuletzt von Franz Liszt Imponiergehabe und Mittel-punktsstreben abfällt, wird das Wesen seiner Persönlichkeit als Künstler und Mensch sichtbar: Hingabe aus einem übervollen Ich. *Si vis amari, ama –* Willst du geliebt sein, liebe! hieß es bei Seneca. Liszt hat die Menschen ge-liebt, und von unverkrampften Herzen wurde diese Haltung gern erwidert – auch über künstlerische und geschmackliche Diskrepanzen hinweg. Mit seinem Spätwerk beschenkt er die Kommenden.

Anhang

Zeittafel

Der Start 1811–1823

1809	Haydn gestorben, Mendelssohn geboren
1810	Chopin und Schumann geboren
1811	Franz Liszt in Raiding (Doborján) geboren (20 Jahre nach Mozarts Tod.)
1813	Napoleon verliert die Völkerschlacht bei Leipzig
	Wagner und Verdi geboren
1814	Wiener Kongreß einberufen, Napoleon auf Elba verbannt
1815	Herrschaft der 100 Tage, Waterloo; Napoleon nach St. Helena; Ludwig XVIII. König von Frankreich
1820	Erstes Konzert des jungen Liszt in Ödenburg (Sopron)
1821	Napoleon auf St. Helena gestorben
	Liszt zieht mit den Eltern nach Wien; Unterricht bei Czerny und Salieri
1822	Erstes Wiener Konzert

Geistige Heimat Paris 1823–1835

1823	Beethovens Musenkuß (?); Reise nach Paris, Cherubini verweigert die Aufnahme ins Conservatoire; Unterricht bei Paër und später bei Reicha
1824	Karl X. König von Frankreich
	Byron gestorben, Bruckner und Smetana geboren
	Erstes Pariser Konzert, erstes Londoner Konzert
1825	Nikolaus I. Kaiser von Rußland; erste Eisenbahn verkehrt in England
	Uraufführung der Oper *Don Sancho* in Paris
1826	Vater gestorben

1827	Beethoven gestorben
	England-Tournee. Liszt als Klavierlehrer in Paris
1828	Schubert gestorben
	Caroline de Saint-Cricq; tiefe seelische Krise
1830	Französische Julirevolution, Louis Philippe König der Franzosen (Bürger-könig)
	Hans von Bülow geboren
	Liszt lernt Berlioz kennen und hört dessen »Fantastische Sinfonie«
	Entwurf der *Revolutionssinfonie*
1831	Liszt lernt Paganini, Chopin und Mendelssohn kennen
1832	Goethe gestorben
1833	Brahms und Borodin geboren; Berlioz heiratet Harriet Smithson
	Transkription der *Fantastischen Sinfonie* von Berlioz
1833/34	Liszt begegnet George Sand und Marie d'Agoult

Wanderjahre zu zweit 1835–1839

1835	Bellini gestorben
	Marie d'Agoult geht mit Liszt nach Genf; Tochter Blandine geboren
	Erste Schubert-Transkription *La rose (Heidenröslein)*
1836	George Sand kommt in die Schweiz; Wettstreit mit Thalberg in Paris
1837	Victoria Königin von England
	J. N. Hummel gestorben
	Liszt und die Gräfin d'Agoult bei George Sand auf Nohant zu Gast. Tochter Cosima geboren
1838	Bei Rossini in Mailand; Überschwemmung in Pest, Wohl-tätigkeitskonzerte in Wien; Begegnung mit Clara Wieck
	24 Grandes études, Petrarca-Sonette u. a.

Konzertreisen 1839–1848

1839	Mussorgski geboren
	Sohn Daniel geboren; Liszt trennt sich von der Familie, um als Virtuose zu reisen. Ungarn-Tournee
1840	Zola und Tschaikowski geboren; Schumann heiratet Clara Wieck
	In Pest wird Liszt geadelt; Triumphe u. a. in Wien, Leipzig, London und Hamburg
1841	Dvořák geboren
	Liszt lernt Wagner in Paris kennen, kommt erstmals nach Weimar und Berlin und verbringt die Sommermonate mit Marie und den Kindern auf der Rheininsel Nonnenwerth

1842	Berlin-Triumphe (u. a. »Pour le mérite«); Liszt lernt Charlotte von Hagn und Bettina von Arnim kennen. Fürstin Galitzin vermittelt ihn nach Rußland. In Königsberg erhält Liszt die Ehrendoktorwürde; Erfolge in Petersburg (Begegnung mit Glinka); als Kapellmeister in außerordentlichen Diensten am Weimarer Hof
1843	Grieg geboren, Leipziger Konservatorium gegründet
	Wieder in Rußland; Liszt trifft auf Lola Montez
1844	Rimski-Korsakow geboren *; Nietzsche geboren*
	U. a. Spanien- und Portugal-Tournee; endgültige Trennung von Marie, die Kinder kommen zu Liszts Mutter. Zerwürfnis mit Heinrich Heine
1845	Verschiedene Tourneen (von Spanien nach Basel)
	In Bonn leitet Liszt die Feierlichkeiten zur Enthüllung des Beethovendenkmals
1846	Gastspiele u. a. in Wien, Ungarn und Siebenbürgen. Marie d'Agoult veröffentlicht ihren Schlüsselroman »Nélida«
1847	Mendelssohn gestorben
	Gastspiele in der Ukraine; in Kiew Begegnung mit Carolyne von Sayn-Wittgenstein. Weitere Tournee bis Konstantinopel, in Elisabethgrad (heute Kirowograd) letztes Konzert des reisenden Virtuosen

»Sammlung und Arbeit in Weimar« 1848–1860

1848	Aufstände in Österreich, Ungarn, Preußen und Bayern. Februarrevolution in Paris, Frankreich wird Republik; Franz Joseph I. Kaiser von Österreich
	In Weimar dirigiert Liszt seine erste Opernvorstellung. Wagner besucht ihn von Dresden aus
1849	Maiaufstand in Dresden
	Chopin gestorben; Wagner flieht über Weimar ins Ausland
	Carolyne von Sayn-Wittgenstein trifft in Weimar ein und bezieht die Altenburg
	Dante-Sonate; Uraufführung *Tasso*
1850	Liszt leitet die Uraufführung von Wagners »Lohengrin«
	Bergsinfonie, Prometheus
1851	Hans von Bülow kommt nach Weimar, empfohlen von seinem Freund Wagner
1852	Louis Napoléon, Neffe Napoleons I., wird als Napoleon III. Kaiser der Franzosen
	Berlioz-Woche in Weimar
1853	Agnes Street trifft in Weimar ein; Besuch von Brahms; Liszt bei Wagner in Basel
1854	Weimarer Erstaufführung von Wagners »Holländer«
	Les préludes

1855   Alexander II. Kaiser von Rußland
           Nikisch geboren
                    Uraufführung *Klavierkonzert Es-Dur*
1856   Heine und Schumann gestorben; Sigmund Freud geboren
           In Zürich Teilaufführung der »Walküre« durch Liszt,
           Wagner und andere
                    Schriften über *Berlioz* und *Schumann;* Uraufführung
                    Graner Festmesse
1857   Glinka und Czerny gestorben
           Cosima heiratet Hans von Bülow, Blandine den Juristen
           und Politiker Émile Ollivier
                    Uraufführungen: *Faust-Sinfonie, Die Ideale, Klavier-
                    konzert A-Dur, Sonate h-Moll*
1858   Puccini geboren
           Cornelius' Oper »Der Barbier von Bagdad« ausgepfiffen,
           Liszt legt sein Amt nieder
1859   Metternich gestorben
           Sohn Daniel gestorben
1860   Hugo Wolf, Albéniz und Mahler geboren
           »Protest« von J. Joachim, Brahms und anderen gegen die
           Neudeutsche Schule; Carolyne geht nach Rom, um die
           Trauung zu organisieren. Liszt schreibt in Weimar sein
           Testament

Neun Jahre Rom –
Meditation am Tiber 1861–1870

1861   Wilhelm I. König von Preußen (nachmals Deutscher Kaiser); Italien geeint.
        Philipp Reis erfindet das Telefon
           Gründung des Allgemeinen Deutschen Musikvereins
                    Liszt reist über Paris (Aufnahme in die Ehrenlegion) nach
                    Rom; die zu seinem 50. Geburtstag geplante Trauung schei-
                    tert; er läßt sich in Rom nieder, aber getrennt von der Fürstin
                             Uraufführung *Der Tanz in der Dorfschenke (1. Mephi-
                             sto-Walzer)*
1862   Debussy geboren
           Blandine nach ihrer ersten Entbindung gestorben
                    Abschluß *Die Legende von der heiligen Elisabeth,
                    Variationen »Weinen, Klagen«*
1863   Delacroix gestorben
           Liszt zieht ins Kloster, wo ihn Pius IX. besucht; Cosima
           und Wagner erklären sich ihre Liebe
1864   Meyerbeer gestorben, R. Strauss und d'Albert geboren
           Liszt erstmals in der Villa d'Este zu Gast; bei Wagner am
           Starnberger See

1865	Sibelius und Glasunow geboren; Uraufführung von Wagners »Tristan« unter Bülow
	Liszt zum Abbé geweiht; Isolde von Bülow, erste Tochter Wagners, geboren
	Uraufführung *Die Legende von der heiligen Elisabeth* (Pest); *2 Legenden* für Klavier
1866	Österreich unterliegt Preußen und verläßt den deutschen Reichsverband Busoni geboren
	Liszts Mutter gestorben. Neuauflage von Marie d'Agoults Roman »Nélida«
	Abschluß des Oratoriums *Christus*
1867	Franz Joseph I. zum König von Ungarn gekrönt
	Bülow Hofkapellmeister in München, Eva von Bülow (Wagners zweite Tochter) geboren
	Liszt besucht Wagner in Tribschen
	Uraufführung *Krönungsmesse* (Pest)
1868	Rossini gestorben; Uraufführung von Wagners »Die Meistersinger von Nürnberg« unter Bülow
	Cosima verläßt Bülow mit allen vier Kindern und zieht für immer zu Wagner; Liszt bricht den Verkehr mit Tochter und Freund ab
1869	Berlioz gestorben
	Cosima bringt Wagners Sohn Siegfried zur Welt; Liszt unterrichtet von jetzt an wieder alljährlich in Weimar (ehemalige Hofgärtnerei); er lernt Olga Gräfin Janina kennen. Grieg in Weimar
1870	Lenin geboren; Deutsch-Französischer Krieg, Napoleon III. in Gefangenschaft; der Kirchenstaat wird säkularisiert und Rom italienische Hauptstadt
	Cosima und Wagner heiraten. Liszt bleibt der Zeremonie fern

Rom – Weimar – Pest 1871–1886

1871	Deutsches Kaiserreich gegründet; Wilhelm I. Deutscher Kaiser; Pariser Commune
	Liszt wird Kgl. Ungarischer Rat und hält sich von jetzt an alljährlich auch einige Monate in Pest auf
1872	Buda und Pest vereinigt
	Skrjabin geboren. Grundsteinlegung in Bayreuth
	Versöhnung mit Wagner; Ehepaar Wagner zu Besuch in Weimar. Liszt unterstützt das Festspielvorhaben und reist erstmals nach Bayreuth
1873	Reger und Rachmaninow geboren
	In Budapest wird mit großem Aufwand Liszts 50jähriges Künstlerjubiläum begangen
1874	Schönberg geboren

1875	Ravel geboren
	In Budapest Gründung der Ungarischen Landes-Musik-akademie, Liszt ist ihr Präsident
1876	Marie d'Agoult und George Sand gestorben; Liszt zur Eröffnung des Festspielhauses in Bayreuth
1877	Borodin in Weimar
	Les jeux d'eaux... und *Aux cyprès de la Villa d'Este*
1878	Liszt für Ungarn in der Jury der Pariser Weltausstellung
	Passionsoratorium *Via crucis*
1879	Stalin geboren
	Liszt wird Kanonikus von S. Albano zu Rom
	Orgelwerke; geistliche Chöre, u. a. *Ossa arida*
1880	Offenbach und Flaubert gestorben; Kölner Dom vollendet
	2. Mephisto-Walzer
1881	Alexander II. von Rußland durch Attentat getötet, Nachfolger wird Alexander III.
	Mussorgski gestorben, Bartók geboren
	Liszt stürzt in seiner Weimarer Wohnung (Schlaganfall?); in Rom Festkonzert zu seinem 70. Geburtstag
	Von der Wiege bis zum Grabe, Trauergondel, Trübe Wolken

Via crucis 1882–1885

1882	Dreibund zwischen Deutschland, Österreich und Italien (gegen Frankreich)
	Kodály und Strawinski geboren
	Liszt zur Uraufführung von Wagners »Parsifal« in Bayreuth; Winter bei Wagners in Venedig. Enkelin Blandine heiratet Graf Gravina
1883	Wagner gestorben
	Liszt, von den Trauerfeierlichkeiten ausgeschlossen, dirigiert in Weimar ein Gedächtniskonzert anläßlich von Wagners 70. Geburtstag
	Musik am Grabe Richard Wagners
1884	Smetana gestorben
	Liszt-Standbild vor der neuen Budapester Oper; Skandal um das
	Ungarische Königslied
1885	V. Hugo gestorben
	Im Leipziger Gewandhaus findet erstmals ein reines Liszt-Konzert statt
	Ungarische historische Bildnisse

Das Jahr 1886

1886	Furtwängler geboren
	Triumphe in Lüttich, Paris, London; Enkelin Daniela heiratet Henry Thode (Bayreuth); 19. Juli letztes öffentliches Spiel (Luxemburg); Liszt, schon krank, bei den Bayreuther Festspielen; er stirbt am 31. Juli und wird am 3. August auf dem städtischen Friedhof beigesetzt
1887	Carolyne von Sayn-Wittgenstein gestorben

Quellenverzeichnis
(erfaßt wird die wichtigste verwendete Sekundärliteratur)

d'Agoult, Marie: Memoiren, Dresden 1928
Bourniquel, Camille: Frédéric Chopin, Hamburg 1983
Dömling, Wolfgang: Franz Liszt und seine Zeit, Laaber 1985
Fay, Amy: Musikstudien in Deutschland, Berlin 1882
Felix, Werner: Franz Liszt, Leipzig 1969
Friedell, Egon: Kulturgeschichte der Neuzeit, Band 2, München 1983
Gregor-Dellin, Martin: Richard Wagner. Sein Leben, sein Werk, sein Jahrhundert, München 1983
Hahn, Arthur: Franz Liszts Symphonische Dichtungen, Berlin o. J.
Hamburger, Klara: Franz Liszt, Budapest 1973
Helm, Everett: Franz Liszt, Reinbek 1980
Hildebrandt, Dieter: Pianoforte. Der Roman des Klaviers, München 1985
Kapp, Julius: Liszt, Berlin o. J.
Kloiber, Rudolf: Handbuch der Symphonischen Dichtungen, Wiesbaden 1980
Kókai, Rudolf: Franz Liszt in seinen frühen Klavierwerken, Budapest 1968
Kraemer, Hans: Das XIX. Jahrhundert in Wort und Bild, Band I und II, Leipzig o. J.
Lachmund, Carl: Mein Leben mit Franz Liszt. Aus dem Tagebuch eines Liszt-Schülers, Eschwege 1970
La Mara: Liszt und die Frauen, Leipzig 1919
László, Zsigmond, und Béla Mátéka: Franz Liszt. Sein Leben in Bildern, Budapest 1967
Liszt, Franz: Schriften zur Tonkunst, Leipzig 1981
Oehlmann, Werner: Reclams Klaviermusikführer, Stuttgart 1973
Raabe, Peter: Franz Liszt, Tutzing 1968
Ramann, Lina: Franz Liszt. Als Künstler und Mensch, Leipzig 1880, 1887, 1894
Rehberg, Paula: Liszt. Eine Biographie, München 1978
Rueger, Christoph: Klaviermusik A–Z. Konzertbuch, Leipzig 1982
Schnerb, Robert: Europa im 19. Jahrhundert, München 1979
Schrader, Bruno: Franz Liszt, Berlin 1921
Szabolcsi, Bence: Franz Liszt an seinem Lebensabend, Budapest 1959
Wagner, Cosima: Die Tagebücher, München 1982
Weilguny, Hedwig: Das Liszthaus in Weimar, Weimar 1975, darin die Erinnerungen von Borodin
Weilguny, Hedwig, und Willy Handrick: Franz Liszt, Leipzig 1980
Wessling, Bernd W.: Franz Liszt. Ein virtuoses Leben, München 1979

Franz Liszt. Musik-Konzepte 12, München 1980
Richard Wagner. Dokumentarbiographie, hrsg. von Egon Voss, München 1983

Verzeichnis der im Text erwähnten Werke

Sämtliche Artikel bleiben bei der Alphabetisierung unberücksichtigt: der/die/das, le, la, les, il; »Année I, II, III« bezieht sich auf die drei Jahrgänge der *Années de pèlerinage*.

Personenverzeichnis

*Hör-
und
Lesegenuß*

Christoph Rueger, Erfolgs-
autor der »Musikalischen
Hausapotheke«, vereint in
diesem Band erstmals die
Klassiker der musikali-
schen Kindererziehung in
einem liebevoll gestalteten
Buch mit CD. Eine amü-
sante Entdeckungsreise in
Wort, Bild und Ton für alle,
die glauben, die beiden
Werke längst zu kennen.

Langen Müller

Kurzweil
für alle
Musik- und
Lebensfreunde

CHRISTOPH RUEGER

Von Katzenorgeln
und Ehefluchtern

Ein musikalisches
Raritätenkabinett

LANGEN MÜLLER

Immer wieder spannend ist der Blick in den Alltag der Meister - wie Beethoven kochte, Reger trank und Händel aß. Aus dem unerschöpflichen Fundus der Jahrhunderte läßt der Autor eine erstaunliche und höchst amüsante Musikgeschichte entstehen.

Langen Müller

*Eine der
bedeutendsten
Sängerinnen
unseres
Jahrhunderts*

**Elisabeth
Schwarzkopf**
Die Biographie
von Alan Jefferson · Langen Müller

Langen Müller

In diesem Buch wird die außergewöhnliche Karriere einer Künstlerin mit einzigartigen stimmlichen und interpretorischen Qualitäten nachvollzogen. Das Leben dieses Stars wird spannend und anekdotenreich vor dem Leser ausgebreitet.

Riccardo Muti, der Künstler und der Mensch: ein Portrait aus der Nähe

HELGA SCHALKHÄUSER

Riccardo Muti
Begegnungen und Gespräche
Mit einem Vorwort von Yehudi Menuhin

Langen Müller

Langen Müller

Der Dirigent Riccardo Muti gilt momentan als einer der bedeutendsten in seinem Metier. Der charismatische, weltoffene Maestro spricht in diesem Buch über seinen Werdegang, seine Erfahrungen, seine Ziele und auch über Privates. Mit einem Vorwort von Yehudi Menuhin.

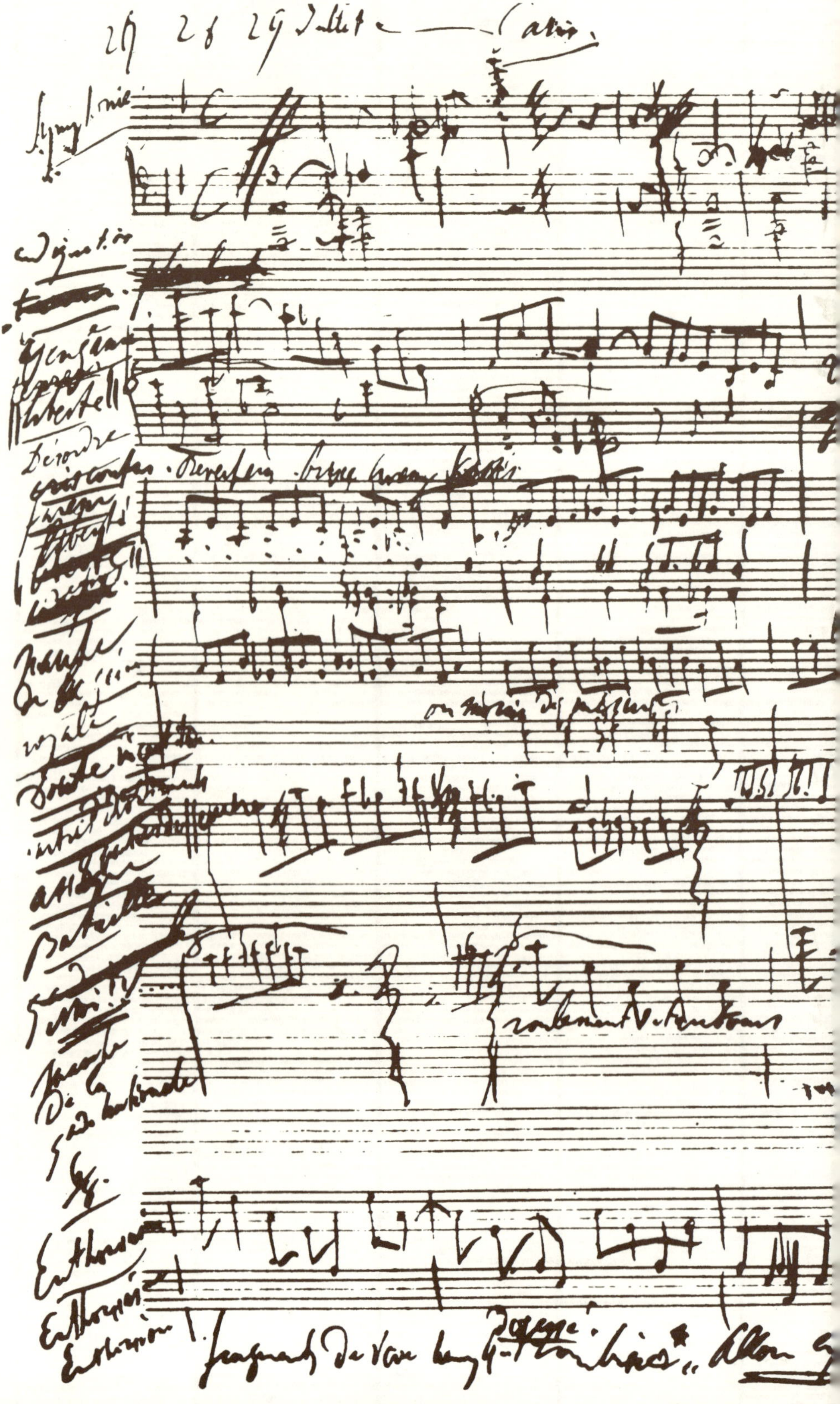